现代汉语虚词研究
与对外汉语教学

（第九辑）

齐沪扬　杜　轶　主　编

学林出版社

目　录

普通话语气词的本质与聚合系统*

王　珏

○、缘　起

　　语气词系统既是一个相对封闭的聚合系统,也是一个相对封闭的功能系统。① 因此,"它们也必须作全面的系统研究,以便能在更高的视野来看它的表达功能"(赵元任,2002:718－733),亦即"从系统性方面去考察每个语气助词的语气意义"(胡明扬,1988)。但由于学界向来"不太重视语气词的系统性及单个语气词在系统中的地位的研究"(李小军,2013:25),所以尽管百年来发表了数以百计的论著,但"迄今为止,对那些典型语气词的作用还是见仁见智,仍然没能取得相对一致的认识"(齐沪扬、张谊生、陈昌来合编,2000:302),而且"很少有人把整个汉语的语气系统描写清楚"(齐沪扬,2002:前言)。首先,赖以构建语气词聚合系统的视角各异,认可的语气词数量悬殊,分类及其排列也都存在严重分歧。② 其次,功能分类或依据句类分布,或依据自身功能,或依据共现词类,更

---

　　* 本文曾在第九届现代汉语虚词研究与对外汉语教学学术研讨会(2020 年 10 月 31 日至 11 月 1 日,宁波)和中国语言学会第二十届学术年会(2021 年 4 月 10 日至 12 日,杭州)上宣读,已发表于《华东师范大学学报》(哲学社会科学版)2020 年第 6 期。此次发表,仅对极个别文字做了改动。本研究得到国家社会科学学术基金资助(现代汉语语气系统研究,13BYY119)。

　　① 语气词又名"语助词"或"语气助词",间或也称之为"句末助词"。除直接引用文献外,一律简称"语气词"。

　　② 学界构建语气词聚合系统主要有以下 3 个视角。视角一:将零声母语气词(以下简称"零母词")分为强弱式(黎锦熙,2007:295;吕叔湘,2002:259－261;郭小武,2000;上神忠彦,1968)。视角二:将"辅音语气词(以下简称'辅音词')＋零母词"选用造成的迭合词视为合成词(赵元任,1992;吕叔湘,2006:86;丁声树等,1961:209－215;胡明扬,1981a、1981b;朱德熙,1982:212)。视角三:将"了、的、么、呢、吧、啊"等 6 个视为"基本语气词",它们的连读音变、迭合词、临时变读乃至异体字都视为"派生语气词"(吕叔湘,2006:86;孙也平,1982;胡裕树主编,1995:375;张谊生,2000:276;张斌主编,2002:337;黄伯荣、廖序东主编,2007:33－35)。其中,强弱式聚合系统认可 5—30 个语气词,合成词聚合系统认可 10—23 个语气词,基本/派生语气词聚合系统认可 18—23 个语气词。

多依据选用顺序,分别提出二分、三分和四分功能系统。① 最后,研究方法至今未能完全摆脱随文释义的窠臼,导致重复性研究与日俱增,结论大都陈陈相因或大同小异,言人人殊或截然对立。表面上,已有聚合和功能系统的不同似乎是由观察视角或依据标准造成的,其实是对语气词本质的认识偏差才导致了如此众多面貌迥异的聚合和功能系统。如怎样确定语气词的聚合系统,如何分类,如何排列,语气词个体的音义关系如何,彼此之间的关系如何等等,无不涉及对语气词本质的认识。对于诸如此类的问题,学界至今缺乏应有的认识。鉴于上述,本文首先尝试从语言类型学角度、非语气词和语气词对立角度和音义关系角度探讨语气词的本质,然后尝试构建新的语气词聚合系统。为使讨论更加集中,仅就句末单纯语气词展开讨论。

一、从语言类型学看汉语语气词的本质

学界通常认为,传统所谓三大类型的语言表示语气(mood)的手段不同(姑且不加区别地使用"语气"一词),屈折语使用动词形态,黏着语使用语气附缀或语气词,分析语使用语气词(赵元任,1992、2002;王力,2005:295;戴昭明、董丽梅,2016;意西微萨·阿错,2018)。其次,从语调和语气词互为补偿关系出发,依据音高或基频的作用层面与功能类型,将人类语言分为声调语言和语调语言(哈特曼和斯托克,1981:359;吴宗济,1982),汉藏语是典型的声调语言,印欧语是典型的语调语言。

遗憾的是,以上分类对如下 3 个事实重视不够,分别留下了 3 个问题。首先,三大形态类型语言都用语调表示语气,分析语、黏着语还用语气词(意西微萨·阿错,2018),屈折语还用形态表示语气。由此带来问题一:汉藏语、黏着语的语调和语气词,屈折语的语调和形态之间的关系如何? 其次,三大类语言都用数量不等的疑问标记(疑问代词、析取连词、反复谓语)表示语气。由此带来问题二:语调、语气词和疑问标记的关系如何? 最后,汉藏语既然是语调兼声调语言,其中的非语气词和语气词都用声调作为别义手段。但语气词的有无、多寡和声调同步(赵元任,1992;游顺钊,1980;Wakefield,2011),非语气词的有无、多寡和声调则无此关联;同时"语气词可以分析为语调的一种变体",一旦受到声调干

---

① 二分系统见太田辰夫(2003:327),三分系统见胡明扬(1981a、1981b)、朱德熙(1982:208)和徐晶凝(2000),四分系统见黎锦熙(2007:260)、王力(1985a:245)、吕叔湘(2002:259)和胡明扬(1981a、1981b)。

扰和拒阻,语调就有可能转化为语气词(冯胜利,2015),但不能转化为非语气词。由此带来问题三:汉藏语的非语气词和语气词的语音形式是否具有同一性? 以上 3 个问题合起来,可将三大形态类型语言的语气手段及其对立表示如下:

表 1　三大形态类型语言的语气手段及其对立

语气手段 语言类型	语　调	疑问标记	形态/附缀	语气词	声　调
印欧语	＋	＋	＋形态	－	－
阿尔泰语	＋	＋	＋附缀	＋	－
汉藏语	＋	＋	－	＋	＋

上表显示,按语气词有无,屈折语为无语气词语言,黏着语和分析语为语气词语言;按声调有无,黏着语为无声调语言,分析语为声调语言。为解决汉语的语调(及疑问标记)和语气词及其功能的关系问题,我们由学界已有假设出发,依据语气词必然和语调(及疑问标记)强制性共现的种类、频次、层次和功能关系而提出"语气结构假设"(mood structure hypothesis),即述题/谓语之上有一个语气结构,其模式为:语调/疑问标记$_{语气(\text{speech act mood})}^{n=1}$＋语气词$_{口气(\text{tone of voice})}^{n=0-3}$。[①] 语调(及疑问标记)强制性择一出现表示上位语气(upper mood),语气词可选性出现 0—3 个表示相应语气的下位口气(subordinate tone of voice),[②]两两以不同种类、频次、层次和功能关系构成 3 类 75 式语气结构,表示 75 种"语气＋口气"综合值(王珏,2020a)。如:

(1) 大立,金枝她好点儿了吗?　　　　　　　　(升调＋吗)
(2) 据说菜汤的营养价值更高,请你喝了吧!　　(降调＋吧$_2$)
(3) 别担心,我带着地图呢。　　　　　　　　　(平调＋呢)
(4) 你这个小金县长啊!　　　　　　　　　　　(曲调＋啊)

前两例是原型语气结构,后两例是准原型语气结构。例(1)的语气结构是"升调＋吗",前者表示是非问语气,后者表示其下位的低确信兼低委婉口气,合

---

① "speech act mood"本为徐晶凝(2008:66)用语,用以对译"言语行为语气"。本文借来对译"语气"一词。"tone of voice"一语为笔者自创以对译"口气"一词(简称"tone"),以此有别于孙汝建(1999:9)所用"口气(tone)"及其复杂多样的所指。

② 关于语调是普通话强制性语气手段的最新实验证据见杨洋、郑礼珊(2019)。

作表示"是非问语气＋低确信兼低委婉口气"。例(2)的语气结构是"降调＋吧",前者表示祈使语气,后者表示其下位的高委婉口气,合作表示"祈使语气＋高委婉口气"。例(3)的语气结构是"平调＋呢",前者表示陈述语气,后者表示其下位的强肯定兼强提醒口气,合作表示"陈述语气＋强肯定兼强提醒口气"。例(4)的语气结构是"曲调＋啊",前者表示感叹语气,后者表示其下位的中性惊讶口气,合作表示"感叹语气＋中性惊讶口气"。①

语气结构假设合理地解决了语调、疑问标记和语气词的关系问题,并以此为平台确定了每个语气词的上位语气范畴及其口气。下面将重点讨论问题三,即汉语里非语气词和语气词的音节及其要素尤其是声调是否具有同一性。先讨论两者的音节及其要素的共时和历时对立,而后讨论其音义关系。

二、由非语气词和语气词音节的共时 对立看语气词的本质

2.1 语气词和非语气词的功能对立

传统语法学依据句法分布将语气词归入虚词大类,和介词、连词和助词并驾齐驱。这种分类传统是基于非语气词语言提出的,对汉语这种语气词语言不免有圆凿方枘之感。因为,语气词不分布于句法结构即词组或短语层面,而只能分布于句末述题/谓语之后,这与非语气词具有质的不同。

首先,除了助词、介词和拟声词,语气词可以不受限制地位于各类非语气词之后。包括最实在的体词、谓词,意义最虚泛的语气副词和天马行空、永远独立成句的叹词之后,且加上语调都可成句。如:

(5) 她们穿的是什么? 吊带衫吗?

(6) 一亿三千万呀! 这不是小数目。

(7) 着火了——! 走啊!

(8) "你能否从照片上辨认出他来?""或许吧。你认得他?"

(9) 老天爷啊,你睁睁眼吧! 我就这么一个闺女呀!

---

① 广义情态观将语气词纳入情态词,广义话语标记观将语气词纳入话语标记。但广义情态词和广义话语标记里的非语气词,都不参与构成语气结构,而只能是语气结构或语气词附着或指向的辖域及其成分。换言之,依据是否参与构成语气结构,可将语气词从广义情态词和广义话语标记里独立出来。甚至可以说,语气词既不属于情态词,也不属于话语标记,而是汉语这样的语气词语言特有的表示口气的功能词。

以上例句依次是"名词＋[升调＋吗]""数词＋[曲调＋呀]""动词语＋[曲调＋了]"/"动词语＋[降调＋啊]""语气副词＋[平调＋吧]""叹词＋[曲调＋啊]"。尽管语气词分布如此广泛,但它却不与任何一类词语构成任何一种句法结构,也不是任何一种句法结构的必需成分,有无、异同和多寡也不影响任何一种句法结构的合语法性。因而,"X＋语气词"序列至今无法纳入已有的句法结构系统(沈开木,1982;马真,1999),进行直接成分分析时,只能按"先右后左"的操作程序,第一刀将它和前面的词语切分出来。

其次,语义上不参与命题或内容的构成,有无、异同和多寡不影响句法表达式的内容。

最后,语气词在句末述题/谓语后和语调/疑问标记强制性共现的种类、频次、层次和功能关系不同而构成不同类型的语气结构,有无、异同和多寡会影响对述题/谓语的语气结构类型及其"语气＋口气"综合值(王珏,2020a、2020b、2020c、2020d)。

以上告诉我们,语气词和非语气词在句法、语义和功能上都存在截然对立。这将表现在两者的音节及其要素尤其是声调在历时、共时两方面存在诸多明显或截然对立。本节先讨论共时对立。

2.2 静态对立

非语气词的音节及其要素、要素组合规律都属于音系,语气词的音节及其要素、组合规律都不属于音系。仅以赵元任对普通话语气词的有关论述综述如下。

其一,语气词的音节"常常有普通字音系里所没有的字音"(赵元任,1992)。

其二,语气词"有系外韵母的甚多",如"的、了、么、呢"等字的元音是"北京正式音系里所没有的一种音"(赵元任,1992)。

其三,语气词的声韵组合规律具有超音系性。如在"假如天好末那我也许……"里,"末"字不是"末了儿"的"末"字音,而是[mə]音(赵元任,1992)。以此为准,"的[tə]""了[lə]""呢[nə]"等当然也是超音系组合。此外,超音系组合还表现在如下两种次生语气词的音节上。一是由"语气词＋叹词"合成的语气词:吧←不＋啊、吗←m-＋啊(赵元任,1979:291)。二是由"声母语气词＋零声母语气词"合成的语气词:的＋啊→哒、了＋啊→啦、呐＋啊→哪、的＋呕→兜、了＋呕→咯/喽、呐＋呕→㖞、吧＋呕→啵、不＋啊→吧、m-("无"的古声母)＋啊→吗(赵元任,1979:44)。以上所举这些超音系的声韵组合与最轻声一起构成的最轻音,都是语气词的专用音节。

其四,语气词的声调具有异乎寻常的超音系性。对于北京话语气词的轻声,赵元任曾指出如下 3 个突出特点。一是声学性质上表现为"短而中性的'轻声'声调",而且是"轻声当中的最轻的"。二是功能性质上表现为语法轻声,而非词汇轻声。虽然"这种性质别种词也有时有之",但语气词"差不多全是轻声字,连两三个字的像'罢勒''就是了'等都是个个字轻声",而且 30 多个单纯语气词和复合语气词"差不多全是轻声"。三是语流里,语气词"不能恢复原来的声调",也"没有原调可以恢复"(赵元任,1935、1992、2002)。这与有底层字调,只在轻读时才脱落本调的非语气词(如介词、助词)具有本质不同。对此下文还将论及。

2.3 动态对立

仅以声调的动态对立而言,语气词和非语气词的对立主要表现为如下两方面。

第一,声调与调尾的互动关系不同。非语气词仅参与句子的句法结构而不参与语气结构,其声调和调尾在句末偶遇时,必然构成物理同质而功能不同的跨层截搭调——"非语气词音高>调尾音高"。如赵元任(1935)曾以"我姓叶,你姓王。"这个句子为例进行分析,"叶字去声要降而口气要它提高,王字阳平要提高而口气要使它下降",结果造成"不很降的去声叶字,不很升的阳平王字":叶 $51+\nearrow=523$(52 是"叶"的声调,23 是句子的升调尾,表示句子没有完结),王 $35+\searrow=343$(34 是"王"的声调,区别词义;43 是句子的降调尾,表示陈述语气)。然而,语气词和调尾必然在句末述题/谓语之后的语气层共现,一起构成语气结构,两者的音高必然构成物理同质、功能一致的同层叠加调,即"调尾音高+语气词音高"或"语气词音高+调尾音高",彼此互动变异,并影响到它们构成的语气结构类型及其"语气+口气"综合值。如调尾影响与之共现的"了"的音高变化,实际是调尾和"了"构成不同的语气结构,两者合作表示不同的"语气+口气"综合值。[①] 如:

(10) 这本书我看了三天了。　　　[平调+了]→"陈述+肯定_{客观已然}"

(11) 坏了! 娘娘中了暗器了!!　　[了>曲调]→"肯定_{客观已然}>感叹"

(12) 这本书你看了三天了?　　　[了>升调]→"肯定_{客观已然}>是非问"

(13) 主席:现在开会了。　　　　[了+降调]→"肯定_{主观预期已然}>祈使"

[①] 学界往往认为,语气词作为句末轻声音节,只是承载句尾语调的一部分载体,因此多从语调角度审视语气词(张彦,2008)。

例(10)里,平调与"了"极高频共现构成原型语气结构,表示"陈述语气的肯定口气"。余例均为极低频的边缘语气结构,依次表示"肯定口气的感叹语气""肯定口气的是非问语气"和"肯定口气的祈使语气"。

第二,调类分布对立。按照信息负荷均衡理论,各种语义、语法类别的词汇理应大体均衡分布于调系的各个调类(偶有例外)。但通过对 8 大方言及其 102 个方言点的语气词及其声调的考察发现,语气词的调类具有 3 个突出特点。首先,无论方言点的调系有多少调类,语气词所在调类都少于或远少于调系调类,即少于或远少于非语气词所在调类。① 其次,语气词以平调明显占优势和均为轻声的方言点多达 72 个,约占总数的 70%。最后,5 个方言点的语气词都拥有超调系的专用调类。其中湘阴话、娄底话的调系都有 5 个调类,但语气词偏偏分布于 5/8 个专用调类或其变体里。以上三点,一个比一个有力地说明,非语气词的声调都在调系之内,语气词大量集中于无标记的平调、轻声和超调系的专用调类(王珏,2018、2020e)。

三、由非语气词和语气词音节的历时
对立看语气词的本质

3.1　历时演变的宏观走向对立

学界几乎一致公认,古今非语气词的音段成分均由实词、虚词继承或演变而来,而语气词的音段成分则由句末虚词语法化带来的语音弱化、简化而来。简要对比如下。②

表 2　古今语气词及其源点词对照表

口气 时期	肯定语气词：交互性弱			非肯定语气词：交互性强	
上古	也 * ʑiaˡ	耳 * njiəˡ	已 * ʎiəˡ	乎 * ɣɑˡ/焉 * ʔianˡ/ 邪 * ziaˡ/钦 * ʎiaˡ	哉 * tsəˡ/夫 * piwaˡ
				矣 * ɣiəˡ	

---

① 极端例子如,七调系的常州话,语气词分布于 2 个调类里,八调系的文昌话,语气词分布于 3 个调类里,九调系的温岭话和七调系的苏州话,语气词都分布于 1 个轻声调类里(王珏,2018、2020e)。

② "无""么"的拟音据王力(2005:312),其余据郭锡良(1986)。

口气\ 时期	肯定语气词：交互性弱			非肯定语气词：交互性强
近代	来＊lai^平	的＊tiek^入 底＊tiei^上	了＊lie^上 覃＊ʊə^平 尔＊ʊe^上 哩/裏＊ə^上	无＊ma^平/＊么^平＊ma/罢＊bhA^去/ 阿＊A^平|呵＊xA^平
普通话	来[•lei]	的[•tə]	了[•lə] 呢[•nə]	吗[•mA]/吧[•pA]/啊[•A]

首先,近代以前的语气词除"而已"外,"全部都没有在口语里流传下来",代之而起的是"来自各方面的新语气词"(王力,1988:321)。然而,它们和两千年后的普通话语气词的主元音之间竟然存在着 3 个惊人一致性:主元音都只有/ə/或/A/两个音位。前者是最受青睐的央元音,后者是音系里基准音,功能上都是/ə/表示弱交互性,/A/表示强交互性;迭用时都是肯定语气词在前,非肯定语气词(不定和惊讶语气词)在后,即交互性"前弱后强"和主元音响度"前低后高"同步。

其次,近代源点词演变为普通话语气词,语音形式发生了如下三大变化。一是近代声母,肯定语气词统一为齿音 d/l/n,不定语气词统一为唇音 b/m,惊讶语气词统一为零母。二是韵母里,肯定语气词的介音、韵尾消失而统一为[ə];不定和惊讶语气词统一为[A]。三是声调里,平、上、去、入 4 种声调一律弱化并统一为最轻的轻声。简言之,近代汉语到普通话,语气词音节走过一条最简之路:声母集中于高频易发的 d/l/n 和唇音 b/m,韵母集中于中元音 e 和低元音 a,声调统一为无调、最轻的轻声,整个音节实现为最简组合。这方面,或许只有结构助词 de(的、地、得)和体助词"了"可与之接近,但前者仍有底层声调,且在语流里可根据需要而随时恢复;语气词早已失去底层声调,语流里也不可恢复。换言之,语气词"的""了"的声调比助词"的""了"的轻化程度更高,语义虚化程度更高,语音弱化程度最高。王力早就发现:"古人之于'虚字',有一种下意识的倾向;某一些韵部的字常被用为文法成分,另有些韵部的字则很少见。"(王力,1985b:131)这种"下意识的倾向"也见于普通话语气词,而且是近代句末虚词的音节经过三大变化才重塑出来的。

3.2　历时演变规律的对立

共时层面上,非语气词属音系字,语气词属音系的边际字。换言之,它们的音节属于音系,语气词的音节不属音系(王洪君,1999:265-268)。^① 再看声调,非语气词的声调是音系字的超音段成分,属于调系,参与构成音系短语(phonological phrase);语气词的声调是边际字的超音段成分,不属调系,参与构成语调短语(intonational phrase)。以上共时对立必然决定了两者历时演变规律的对立,具体表现为,两者声调历时演变的性质、制约因素和条件不同。

非语气词声调的历时演变属规则性历时音变,受调系制约,变化条件是同一音节内部音段成分的特征和分合关系,结果引发声调分合。如,声母清浊对立引发"平分阴阳"和"全浊上归去",韵尾消失引发"入派三声",元音单复、长短、鼻尾和开尾有无引发声调分合(曹志耘、王莉宁,2009;王莉宁,2011)。

语气词声调的历时分合属非规则性历时音变,几乎不受调系制约,不以同一音节内部的音段成分的特征和分合为条件,反而经常与句子的调尾"互动变异"。具体表现为,语气词的声调可分化、同化乃至取代调尾,调尾反过来也可同化、分化语气词的声调乃至韵母(王珏,2020e)。此外,语气词的近代源点词原有的平、上、去、入等声调,在普通话语气词里一律无条件弱化为最轻的轻声,声母统一为数量极其有限的齿音、唇音和零声母,韵母统一为/ə/或/A/两个元音音位。

3.3 非语气词和语气词的音节及其要素的来源对立

非语气词属于音系字,声、韵、调三要素自然是从各自早期的音节及其要素直接继承或经规则性演变而来。它们的声调,"差不多百分之九十九以上的词素都是本来有阴、阳、上、去四者之一的"(赵元任,1980:71)。至于声调的起源,学界提出的"前后辅音""元音松紧""嗓音发声"和"发声态"等假说,无不承认起源于音节的内部要素或有利条件。

关于语气词的起源,绝大多数学者都认为,和非语气词大同小异,古今语气词的音义都由句末虚词演变而来,只有李小凡(1998:80)和冯胜利(2015)两位学者提出语气词由语调分化而来。但最终结论如何,显然还有很长的路要走。因此之故,本文姑且避重就轻,仅就其语音来源略加讨论。先看声母。表1已经说明,齿音词的声母源自句末助词,唇音词源自句末否定词或动词,元音词源自各自早期的零声母。3种源流关系直接影响了各自声母及其所表口气类型(详

---

① 另蒙作者赐告,她写《汉语非线性音系学》一书时认为,普通话的音系字是不包括轻声词的。"但是这样就要为这些词设立一个不轻声的形式作为底层。比如'地、过、了'可以定为底层去声,'得、着'可定为底层阳平,'的、呢、吧、吗、啊'可定为底层阴平。"

下文)。再看主元音,虽由近代源点词的韵母分别弱化而来,暗地里却和上古语气词"遥相呼应"而保持了高度一致性(这本身颇有几分诡异之感)。至于声调的来源,赵元任(1980:71)认为,"没法子知道是本来什么轻声以外的调类",并对语气词溯源研究抱有深深怀疑。但以下两个事实或许有助于间接推测这道难题。

第一,当代方言里,语气词的调类几乎都少于或远少于该方言点的调系调类,平调语气词明显占优势和语气词均为轻声的方言点高达70%,个别方言点的语气词还拥有调系之外的专用调类。语流里,语气词必然和语调共现构成语气结构表示"语气+口气"综合值,其声调与调尾在语流里"同层叠加"而互动变异(王珏,2018、2020e)。据此应该有理由认为,语气词的调类尤其是专用调类极可能和语调密切相关。

第二,晚唐时期,北方话语气词仍各有本调,①近代以后却几乎无条件地轻声化为"无调"的轻声,而且是语法轻声里的最轻声,没有底层声调,语流里也无从恢复。进一步观察,北方话新生代语气词及其轻声的出现是3个要素的巧合。一是内部要素,句末虚词语音轻化、语义虚化并重新分析为新生代语气词。二是时间要素,大约在辽金元蒙相继入主中原的12世纪前后(陈国,1960;王力,1988:256)。三是外部要素,无声调的阿尔泰语作为官方语言对汉语北方话调系的阿尔泰化,使其调类少于乃至大大少于南方方言并出现了轻声(桥本万太郎、王希哲,1986)。

以上两个方面或许可以证明、至少也暗示了,语气词的声调是音系及其调系的"天外来客"。该比喻有两层含义:一是语气词声调来自狭义音系及其调系之外的音高成分,极可能是语调异化的结果。二是受阿尔泰语语气词的无调特征的同化影响。阿尔泰化不仅简化了北方话调系,还使得处在边缘地位的单音词或语素的声调发生了轻化。相比于双音节词边缘的语素(一子、一儿、一头)和词组边缘的虚词(过、了、着;的、得、地),句子边缘的语气词理应最早无条件地实现了轻声化并最轻声。

3.4 小结

以上所论可简要归纳如表3。

---

① 晚唐诗人赵嘏所作《十无诗——寄桂府杨中丞》诗,全诗用10个语气词"无"作韵脚。

表 3　非语气词和语气词的语音对立

对比参项＼词类		非 语 气 词	语 气 词
共时对立	静态	声、韵、调属于音系	声、韵、调超音系
		词汇轻声,有底层声调	语法轻声,无底层声调
	动态	跨层截搭	同层叠加
	声调归属	调系调类	超音系的专用调类
历时对立	音变规律	规则音变； 受调系制约； 以音节内部音段成分为条件	非规则音变； 不受调系制约； 与调尾互动变异
	声韵来源	源点词的音段成分	句末虚词的音段成分
	声调来源	同一音节的音段成分	调尾

　　上表充分说明语气词和非语气词的音节及其声调,在共时和历时两方面都存在明显对立乃至截然对立。据此可以假设,它们的音节尤其是声调不具有同一性。非语气词的音节及其声调,属于音系及其调位调系(tone phonemic system),以词或语素为单位区别词的词汇意义和语法意义。语气词的音节及其声调,具有超调系性,以句子为单位区别句子的口气,尤其是拥有调系之外的专用调类,又在语流里与句子的调尾"同层叠加"而"互动变异"而功能存在互补关系。或许可以说,语气词和非语气词的声调之间是类似性关系(analogous),即同为音节的音高要素,而属性、功能、作用层面、历史来源、变化规律都截然不同;而和语调则是同源关系(homologous),即同为音高形式而必然共现以构成述题/谓语的语气结构,分工合作表示"语气＋口气"综合值。马清华(2011)和邓文婧、石锋(2017)证明,叹词的音高属于语调系统,语气词的音高和语调的关系可能仅次于叹词。总之,语气词和非语气词的声调不具有同一性,不是一母同胞,而是路人关系。这一结论,与其说对索绪尔(1980:36)的语言同质性观断构成了挑战,毋宁说,索氏当年论断是基于非语气词语言——印欧语提出的,而不完全适合汉语词类系统。

· 11 ·

四、由音义关系看语气词的本质

音义学(phonosemantics)研究语音层面的象似性(phonemic or phonetic iconicity),但学者多关注拟声词、叹词、指示代词、颜色词、味觉词以及单音反义词,等等。至于语气词,只有黎锦熙(1924/2007:20、261)指出它们是"借字表音的",吕叔湘(1944/2002:259,1952/2006:85)指出"大多数是标音的性质"。这个"标音性质"该如何理解呢?让我们先从音节结构及其要素说起。

4.1 语气词音节模式及其成分分析

与其源点词和方言语气词相比,普通话语气词的音节有 3 个鲜明特征。

第一,声调为最轻、无调的轻声,失去对内辨义功能,仅对外标记自身类别,功能如同人体里的盲肠。因此它们的音节只由声、韵两个辨义成分构成,即结构模式由中古、近代的"声+韵+调"模式(见表 2)简化为"声+韵"模式。① 这对语气词来说无疑是一个巨大变化。

第二,学界认可的语气词涉及如下 9 个声母:

齿音:d(的/哒)、l(了/啦/咯/来/嘞)、n(呢/哪);

唇音:b(吧/呗/啵/不)、m(吗/嘛/么/嚜/没);

零母:ø(啊/呃/哦/哎/欸);

其他:h(哈/嗬)、q(去)、sh(时)。

其中的 h、q、sh 使用度极低,其余可视为典型声母,按是否辅音和发音部位分 3 类 6 个:齿音 d、l、n,唇音 b、m 和零母 ø。

第三,学者认可的语气词涉 7 个韵母:e、o、a、ei、ai、ao。② 按主元音的舌位高低,分为如下两组。

低元音组,包括 a、ai、ao 等 3 个。a 的功能分 3 个层次。首先是单独表示零母词"啊",其次是作为辅音词 la(啦)、na(哪)、ba(吧)、ma(吗)等 5 个辅音词的韵母,最后是作为复元音 ai、ao 的主元音。ai 既单独表示零母词"哎",又作为韵母参与构成辅音词 lai(来)、bai(呗)。ao 作为韵母只参与构成辅音词 lao"唠"而不见于语料库,可视为隐形零母词。该组韵母的主元音记作低元音

---

① 近代以前的汉语语气词的音节都是、当代南方方言语气词的音节也大都是"声+韵+调"模式。如湖北大冶话,"吧"有 21、45 和轻声 3 种声调,依次表示和缓、猜度和特意告知口气(汪国胜,1995)。

② 带 * 者不见于 BCC 和 CCL 语料库,为隐形词。

音位/a/。

中元音组，包括 e、ei、o 等 3 个。该组主元音可概括为中元音音位/ə/，有 4 个变体：[ə]、[e]、[ɤ]、[o]。首先，[ə]能作为韵母参与构成 3 个辅音词：de（的）、le（了）、ne（呢）。其次，[e]作为主元音构成复元音 ei，既能单独表示零母词"＊欸"，又能作为韵母参与构成 3 个辅音词：lei（嘞）、bei（呗）、mei（没）。虽然"＊欸"在功能上和"哎"构成强弱对儿，① 但语料库没有发现其用例，也视为隐形零母词。最后，[ɤ]、[o]两个分别单独表示零母词"呃""哦（噢/呕）"，后者还作为韵母参与构成 2 个辅音词 lo（咯/喽）、bo（啵）。

至此，语气词典型声母和两个主元音音位及其变体在语气词里的分工可归纳如下表（黑体者为典型形式，宋体者为变体，带＊者为隐形词）。②

表 4　语气词主元音及其分工

声母 ＼ 韵母		/a/	/ə/				合　计
			[ɤ]	[o]	[ə]	[e]	
齿音：d、l、n	/a/	＊哒、啦、哪		咯、喽		嘞	6
	/ə/				的、了、呢		3
唇音：b、m	/a/	吧、呗、吗、嘛					4
	/ə/			啵	么、嚜	呗	4
零母：ø	/a/	啊、哎、＊ao○					3
	/ə/		呃	哦		＊欸	3
合　计		10	1	4	5	3	23

如果将上述语气词的声母、韵母及其成员类别和它们的功能联系起来，则会发现语音类别与其功能之间存在"形义对应（isomorphism）"关系，姑且假设为"声母别口气，韵母别强弱"。分别讨论如下。

---

① 除胡明扬（1981a、1981b）和朱德熙（1982）外，其余学者几乎不曾提及该词，也不见于 BCC 和 CCL 语料库。就普通话而言，"欸"可视为词库里的储备词。后续表格中的"＊ao○"也是。

② 学界分别为普通话归纳出 1—4 个中元音音位，姑且采纳温宝莹、王萍、石锋（2008）的观点。

4.2　声母别口气

首先,齿音词里"的"肯定事件的静态属性,"了"肯定事件的动态已然,①"呢"强肯定事件的静态和动态。它们都是言者指向即给予为主型语气词,以陈述语气为上位范畴。其次,唇音词里"吗"表示"低确信+低委婉"口气,"吧₁"表示"对肯定答案的高确信+对听者的高委婉"口气,"吧₂"表示"对祈使语气的低确认+对听者的高委婉"口气。"吗"和"吧₁"是听者指向即索求为主型语气词,以是非问语气为上位范畴,"吧₂"也是听者指向即索求为主型语气词,以祈使语气为上位范畴。最后,零母词"啊、呃、哦、哎、﹡欸、﹡ao○"都表示"对命题意外性的惊讶"口气,以言者为主即给予为主型语气词,以感叹语气为上位范畴。

简言之,声母以发音部位的三元对立表示 3 种口气类型:齿音表示言者指向的肯定口气,唇音表示听者指向的确信或确认口气,零母表示言者指向的惊讶口气(王珏,2020b、2020c、2020d)。

4.3　韵母别强弱

关于语气词韵母与其功能的象似性,黎锦熙(2007:284)提出"啊"这个语气词"语气舒张则读 ɑ,稍稍敛抑则读 e",郭小武(2000)进一步概括为"开口度的大小为语气的强弱所决定"。由表 3 可知,普通话语气词的韵母以主元音的低舌位、中舌位构成二元对立,分别与口气强、弱相对应。

首先,/a/为低元音,响度高,单独成为零母词"啊"。/ə/为中元音,响度低,单独表示零母词"呃"[ɣ]和"哦[o]",后者因圆唇而有生动色彩,但惊讶口气都弱于"啊"。如:

(14) 咱们可都是邻居,远亲可不如近邻呃!

(15) 甲就赶紧穿鞋,乙对他说:熊跑起来很快哦,比人跑得快哦,你跑得过熊啊?

(16) 果然是远亲不如近邻啊。我连伙计都当了。

其次,作为主元音,/a/、/ə/分别参与构成复元音零母词"哎"和隐形词"﹡欸"(胡明扬,1981a;朱德熙,1982:212 - 213),两者都表示特别提醒的惊讶口气而前强后弱。至此我们得到 2 对儿零母词:啊>呃/哦、哎>﹡欸。前一对

---

① 周一民(1998:271 - 272)认为,"的""了"语气相似,但句子的信息焦点不同:"的"字句的信息焦点落在谓语动词前的状语、主语或连谓句的前谓语上,"了"字句落在谓语动词及其后面的宾语、补语上。

儿里,"呃"与"哦"因唇形圆展而成为风格变体。后一对儿里,"＊欸"不能独立,但能以隐形词的身份参与构成辅音词。

最后,以上 2 对儿零母词都可作为韵母分别和典型辅音构成 2 组辅音词及其强弱式。其中,齿音词有 3 对儿 6 个:[＊哒]＞的、[啦、咯、喽、嘞]＞了、[哪]＞呢,齿音词有 2 对儿 4 个:吧＞[啵]、吗＞[么/嘛]。另有 3 个辅音词需要说明如下。首先,"吧"可分为 2 个:"吧₁"由"不啊"迭合而成,所表确信度和委婉度都略高于"吗";"吧₂"源于句末完结义动词"罢",表示委婉口气,高频用于祈使句。其次,"吗"由于常用于反问句而演变出理性惊讶口气,高频用于感叹句,低频用于祈使句,一般写作"嘛"或"嘚"。最后,"呗"表示"只能如此"的强肯定口气,高频用于回应式陈述句,低频用于祈使句,韵母有 ai、ei 强弱两式。[①] 这 3 个语气词及其强弱式关系可表示如右:吧₁/吧₂＞啵,嘛＞嘚,呗 bai＞呗 bei。

以上所论语气词由主元音响度表示的口气强弱,在句末迭用顺序也里得到了验证。6 个所谓基本语气词的迭用顺序可简示如下(/表示择一出现,|表示择类出现):

齿音词　　　　唇音词　　　　元音词

de 的＞le 了＞ne 呢 ＞ ba 吧₁/ma 吗 | a 啊

口气:弱••••••••••••••••••••••••••••••••••••强

响度:低••••••••••••••••••••••••••••••••••••高

根据响度原则,[②]迭用顺序在前的典型齿音词,主元音/ə/的响度低于后边的典型唇音词和元音词的主元音/a/,前者的交互主观性也低于后两者。其次,3 个齿音词的元音均为/ə/,由于声母依次为塞音、边音和浊鼻音,整个音节的响度表现出依次递高之势:的＞了＞呢,口气也随之渐强(王珏,2017;王珏、毕燕娟,2018)。

4.4　两种象似性的区别与联系

以上所列语气词的两种音义象似性有所不同。首先,"声母别口气"分别由各自源点词的语义特征继承而来:"的"肯定事件静态的口气由"是……的"强调

---

① 学界认为,"呗"的语音形式及其功能由表示较高确信度和较高委婉态度的"吧₁"和表示夸张式惊讶的"欸/哎"合成而来(赵元任,1992;胡明扬,1981a、1981b;朱德熙,1982:208)。

② 元音比辅音响,浊音比清音响,擦音比塞音响一点,鼻音、边音比擦音响一点,塞音里,送气音比不送气音响一点。元音里,低元音比高元音响一点,展唇元音比圆唇元音响一点。

构式继承而来,"了"肯定动态已然的口气由"了$_1$"的完成义而来,"吗"和"吧$_1$"的不定口气分别由"无"和"不"的否定义而来,"呢"的强肯定口气由强肯定语气词"聻、哩"而来,"啊"的惊讶口气由近代惊讶语气词而来。其次,"韵母别强弱"是"语音服从意念中心而加强音量,乃是当然的现象"(徐世荣,1982),是"本然的、自在的,是语气相似性决定了口型一致性"(郭小武,2000)。合而言之,语气词先由声母表示口气类型,再由主元音表示各类口气的强弱。两者的语音形式与其所指的特点都有整齐的语音对应关系。换句话说,语气词主要是由声母表示口气类型和韵母表示强弱的口气功能复合体,可简示为如右公式:语气词 = 声$_{口气类型}$ + 韵$_{口气强弱}$。黎锦熙和吕叔湘两位先哲所谓语气词具有标音性质,大体应作如是解。

4.5　小结

普通话语气词的声母类别和口气类型、主元音响度和口气强弱之间的象似性关系,可简示如下表(>表示前项主元音响度高于和口气强于后项,带括号者为非典型式)。

表5　声母及其口气类型和主元音及其口气强弱

声母类别及其口气类型	主元音响度	语气词强弱对儿
零母:惊讶	a>e/o	啊>呃/哦
	ai>ei	哎>(＊欸)
齿音:肯定	a>e	(＊哒)>的、(啦/咯/喽/嘞)>了、(哪)>呢
唇音:委婉	a>o/e	吧$_1$、吧$_2$>(啵)、呗 bai>(呗 bei)、吗、嘛>(么/嚜)

需要注意的是,上表所示语气词声母类别与口气类型和主元音响度与口气强弱之间的象似性关系,虽然是针对普通话语气词提出的,但或许也应不同程度地适合方言乃至不同时期的语气词。

五、构建语气词聚合系统

袁家骅等(1961/2001:53)指出,汉语"任何方言的语气词都统一于自己的方音系统(少数例外),这样有多少种方言,都有多少个语气词系统","普通话以北京语音为标准音,语气词系统就必须严格地服从北京语音"。这两句话为语气词聚合系统的构建指明了方向。

由前述音义象似性可知,语气词聚合系统是由有限声母和韵母组配构成的相对封闭的音义系统。已知辅音词常用齿音 d/l/n、唇音 b/m 等 5 个辅音声母,因而零母词多寡一定程度上就决定着语气词成员的类型与数量。因此,以"声母为经、韵母为纬"构建语气词聚合系统自是顺理成章的思路,而先哲时贤也大都有意或无意间采纳了该思路,只是由于认可的零母词数量不同而得出的聚合系统不同。其一,胡裕树(1995)为代表的教学语法认可 1 个元音词(啊),据以构建出繁简不一的聚合系统,但都难以系统解释辅音词的韵母来源及其强弱式变式。其二,郭小武(2000)认可 2 个零母词及其强弱式,据以构建出 15 个语气词及其强弱式的聚合系统。但其零母词及其强弱式是"a 啊＞e 呃/啊"和"ya 呀＞ye 嘢/呀",不大符合一般人的语感,也难以解释"咔＞喽"、"嘞＞唻/嘞"和"旃/呗＞呗"等的韵母来源。其次,为声母 d 设立了 2 个强弱对儿,为声母 l 设立了 4 个强弱对儿,为声母 m 设立了 3 个强弱对儿,这给区别、描写各自成员的功能带来了困难,也影响了自身的系统性。其三,吕叔湘(2006)为代表的学者认可 3 个零母词(啊;o/ou 呕;ai/ei),构建出 5 个基本辅音词和 9 个派生辅音词。但该系统将"ba 吧(罢)"视为基本语气词,将"bo 啵""bai＞旃 bei 呗"视为由"ba 吧(罢)"与"o,ou 呕"或"ai,ei"迭用的合成词,有迁就迭合规律之嫌。同时,8 个空白点暴露出该系统存在明显缺陷。其四,上神忠彦(1968)认可 5 个口气由弱到强的零母词(e、a、ou、ei、ao),构建出 30 个语气词的聚合系统。诚然,该系统第一次按《普通话拼音方案》划分、排列辅音词的做法明显优于前几个系统,但所分强弱等级太多,加大了区分并准确描写语气词的难度。其次,唇音词 be 为普通话所无,齿音词 da、dao、nao、唇音词 mao、bao 和零母词 ei、ao 等 7 个语气词,在 BCC 和 CCL 两个语料库里均无用例。① 以上两点使其系统性大为降低。

已有语气词聚合系统程度不等地留下了遗憾,为尝试新系统留下了空间。我们藉以构建聚合系统的构件是表 4 所列两对儿 4 个零母词(啊＞呃/哦,哎＞＊欸)和两类 5 个声母。新的零母词里,将"＊欸"视为隐形词以照顾其不独立成词但能生成辅音词的特点,比吕叔湘将其视为 3 个零母词之一和郭小武将其排

① 该文语气词主要依据中国戏剧家协会主办的《剧本》1962—1965 年间发表的剧作及其电影录音归纳出来的,也进行过一番甄选,但仍难完全排除个人风格、艺术夸张等因素造成的特殊形式。

除在零母词之外,应该更符合当代普通话的面貌。同时,整体上将零母词分为强弱两式,比上神忠彦的 5 个等级显然方便了操作。据上可得出如下聚合系统(黑体为典型式,/表示前后项为异体字)。

表 6　两个元音词对儿的聚合系统

声母 \ 韵母		低 元 音 /a/>/ə/[e][ə][ɤ][o]	中 元 音 /ai/>/＊ei/	合 计	
齿音词:肯定口气_{言者指向}	d	＊哒>的	○	1	4
	l	啦/咯/喽/唎/嘞①>了	来>○	2	
	n	哪>呢	○	1	
唇音词:委婉口气_{听者指向}	b	吧₁>啵、吧₂>啵	呗 bai>呗 bei	3	6
	m	吗>么/嚜、嘛>么/嚜	○>没	3	
元音词:惊讶口气_{言者指向}	Ø	啊>呃/哦	哎>＊欸	2	
合　　计		8	4	12(对儿)	

上表告诉我们如下两个规律。

第一,上表所列 12 对儿语气词(含缺项对儿)里,8 对儿属/a/>/ə/对立,4 对儿属/ai/>/ei/对立。换言之,/a/>/ə/对立形成的语气词对儿数量上占绝对优势,且高频使用,应视为核心成员。其次,/ai/>/ei/对立形成的"来""呗""没""哎"等频率低,且"没"的语法化程度很低,均应视为非核心成员。至于没有列入上表的"哈、不、去、时"4 个,频率更低。其次,"哈"进入普通话时日尚浅,使用者多为年轻女性(贺阳,1994);后 3 个语法化程度都很低。再者,它们语音上要么不是齿唇音,要么不是低、中元音,所以均应视为边缘成员。

第二,齿音词以弱式"的、了、呢"为典型式,强式为变体。唇音词、零母词以强式"吧、呗 bai、吗、嘛"和"啊、哎"为典型式,弱式为变体。典型式均由高频源点词演变而来,变式均为语境变体,即典型式随语气强弱或语调高低而临时形成的强/弱变式。据此,普通话语气词聚合系统里的典型式可归纳为如下 3 类 9 个成员:

---

① 赵元任(1979:356)列有"唎",注音为"le"。又说"了"表示显而易见时"有时候说成'咯'"。据此,"了""唎""咯""喽""嘞"等均可视为典型式"了"的强式。

齿音词　的、了、呢

唇音词　吧、呗、吗、嘛

零母词　啊、哎

与已有聚合系统相比,新聚合系统具有如下特点。其一,相比于 1 或 2 个零母词和 3 或 5 个零母词,两对儿 4 个零母词构成了 9 个语气词典型式及其变体,表示 9 种口气及其强弱式,实现了形式和功能系统之间的最大平衡。其二,将齿音 d、l、n 和唇音 b、m 等 5 个辅音视为语气词的典型声母,/a/、/ə/为典型元音,/ai/、/ei/为非典型元音,其余均为边缘形式,这有利于解释语气词聚合系统的核心、非核心和边缘成员,也为学界津津乐道而不明其所以的基本语气词给出了合理解释。其三,将齿音词的弱式、唇音词和元音词的强式分别视为各自的典型式,不仅符合一般人语感,而且与各自使用度保持一致,也与各自历时源点词一致。其四,按声母有无和发音部位对语气词分类并排列,有助于解释聚合系统与功能系统之间的关系,也有助于解释动态迭用顺序、历史来源与演变关系以及共时演变方向。如唇音词、元音词迭用时只能在后,往往演变出话题语气词用法(吧₁、嘛/么/嚜、啊)。与此相反,齿音词迭用时只能在前,大都逆演变出准话语语气词用法(的、了、啦、咧),只有位于同类最后的"呢"才演变出话题语气词用法(王珏,2018;王珏、毕燕娟,2018)。施春宏(2017)提出:"认识一个结构或系统,重要之处在于立足整体,分析其所包含的成分及成分与成分之间所存在的关系(整部关系和组合关系、聚类关系和层级关系、依存关系和变化关系等),并借此考察其生成动因、整合机制及其浮现特征。"以此衡量,上述 4 点应该是语气词的新聚合系统优于已有系统之处。

六、结　　语

上文依次从类型学、共时关系和历时关系、音义关系等角度分别讨论了语气词的本质,初步得出如下结论:

一是汉语用语调(及疑问标记)和语气词构成述题/谓语的语气结构,语调表示上位语气,语气词表示其下位口气;

二是非语气词和语气词的音节及其声调不具有同一性,前者属于音系及其调系,后者具有超音系性、超调系性。前者声调的演变是规则性的,受音系及其调系制约,并源自同一音节内音段成分及其特征;后者声调的演变不是规则性的,不受音系及其调系制约,而和语调互动变异。

三是普通话语气词的音节已由过去的"声+韵+调"模式简化为"声+韵"模式,声母以齿音、唇音和零母三元对立区分口气类型,主元音以响度高、低二元对立区分口气强弱。

四是以两类5个辅音声母为经,两个主元音音位的强弱对儿为纬构建出包括12个语气词强弱对儿的聚合系统,其核心成员是3类9个典型语气词。

这个聚合系统有助于解释其成员与功能系统之间的密切关系、动态选用顺序、历时来源与演变关系,也有助于解释其成员的共时语法化方向,应该是一个理想的聚合系统。谨以此就教于方家。

参考文献

曹志耘、王莉宁(2009)汉语方言中的韵母分调现象,《语言科学》第5期。

陈 国(1960)汉语轻音的历史探讨,《中国语文》第3期。

戴昭明、董丽梅(2016)汉藏语言句末语气助词的蕴含共性,《学术交流》第12期。

邓文婧、石 锋(2017)普通话感叹词音高特征分析,《南开语言学刊》第1期。

丁声树等(1961)《现代汉语语法讲话》,商务印书馆。

费尔迪南·德·索绪尔(1980)《普通语言学教程》(高名凯译),商务印书馆。

冯胜利(2015)声调、语调与汉语的句末语气,《语言学论丛》(第51辑)第1期。

郭锡良(1986)《汉字古音手册》,北京大学出版社。

郭小武(2000)"了、呢、的"变韵说——兼论语气助词、叹词、象声词的强弱两套发音类型,《中国语文》第4期。

哈特曼(R. R. K. Hartmann)、斯托克(F. C. Stork)(1981)《语言与语言学词典》(黄长著等译),上海辞书出版社。

贺 阳(1994)北京话的语气词"哈"字,《方言》第1期。

胡明扬(1981a)北京话的语气助词和叹词(上),《中国语文》第5期。

胡明扬(1981b)北京话的语气助词和叹词(下),《中国语文》第6期。

胡明扬(1988)语气助词的语气意义,《汉语学习》第6期。

胡裕树主编(1995)《现代汉语》(重订本),上海教育出版社。

黄伯荣、廖序东主编(2007)《现代汉语》(增订4版),高等教育出版社。

黎锦熙(2007)《新著国语文法》,湖南教育出版社。

李小凡(1998)《苏州方言语法研究》,北京大学出版社。

李小军(2013)《先秦至唐五代语气词的衍生与演变》,北京师范大学出版社。

吕叔湘(1944/2002)《中国文法要略》,辽宁教育出版社。

吕叔湘(1952/2006)《语法学习》,复旦大学出版社。

马　真(1999)关于虚词的研究,《语法研究入门》,马庆株编,商务印书馆。

马清华(2011)论叹词形义关系的原始性,《语言科学》第 5 期。

齐沪扬(2002)《语气词与语气系统》,安徽教育出版社。

齐沪扬、张谊生、陈昌来合编(2002)《现代汉语虚词研究综述》,安徽教育出版社。

桥本万太郎、王希哲(1986)汉语声调系统的阿尔泰化,《晋中师专学报》第 2 期。

上神忠彦(1968)文末語気助詞類内連用のきまりについて,《中国語学》1968 年第 179 号。

沈开木(1982)论层次,《华南师院学报》(社会科学版)第 1 期。

施春宏(2017)语言学描写和解释的内涵、原则与路径,《语言研究集刊》第 2 期。

孙汝建(1999)《语气和口气研究》,中国文联出版社。

孙也平(1982)语气·语调·语气词,《齐齐哈尔师范学院学报》(哲学社会科学版)第 3 期。

太田辰夫(2003)《中国语历史文法》(修订译本)(蒋绍愚、徐昌华译),北京大学出版社。

汪国胜(1995)湖北大冶话的语气词,《方言》第 2 期。

王　珏(2017)语气词句末迭用式及其系统研究,《当代修辞学》第 4 期。

王　珏(2018)语气词声调类型与有关问题,《韵律语法研究》第 1 期。

王　珏(2020a)由语调/疑问标记和语气词的共现关系构建述题的语气结构,《语言教学与研究》第 2 期。

王　珏(2020b)由语气结构确定语气词的上位范畴,《语言科学》第 3 期。

王　珏(2020c)由功能模式出发研究语气词口气及其系统,《中国语文》第 5 期。

王　珏(2020d)普通话语气词功能系统新论,《汉语作为第二语言研究》(CASLAR: Chinese as a Second Language Research)第 1 期。

王　珏(2020e)由非语气词与语气词声调的共时对立看语气词的历时来源,《中国方言学报》第 8 期。

王　珏、毕燕娟(2018)语气词句末迭用顺序研究,《语言教学与研究》第 1 期。

王　力(1985a)《中国现代语法》,商务印书馆。

王　力(1985b)《中国古文法》,山东教育出版社。

王　力(1988)《汉语史稿》,山东教育出版社。

王　力(2005)《汉语语法史》,商务印书馆。

王洪君(1999)《汉语非线性音系学:汉语的音系格局与单字音》,北京大学出版社。

王莉宁(2011)粤语中的元音分调现象,《中国语文》第 1 期。

温宝莹、王　萍、石　锋(2018)论普通话的中元音音位,《南开语言学刊》第 1 期。

吴宗济(1982)普通话语句中的声调变化,《中国语文》第 6 期。

徐晶凝(2000)汉语语气表达方式及语气系统的归纳,《北京大学学报》(哲学社会科学版)第 3 期。

徐晶凝(2008)《现代汉语话语情态研究》,昆仑出版社。

徐世荣(1982)双音节词的音量分析,《语言教学与研究》第 2 期。

杨　洋、郑礼珊(2019)汉语韵律的标句作用及其实验研究,《韵律语法研究》第1期。

意西微萨·阿错(2018)藏语的句末语气词与声调、韵律的关系及相关问题,《韵律语法研究》
　　第1期。

游顺钊(1980)香港粤语的语助词,《方言》第1期。

袁家骅等(2001)《汉语方言概要》(第二版),语文出版社。

张　斌主编(2002)《新编现代汉语》,复旦大学出版社。

张　彦(2008)语气词韵律特征研究综述,《语言教学与研究》第2期。

张谊生(2000)《现代汉语虚词》,华东师范大学出版社。

赵元任(1935)国语语调,《国语周刊》第214期。

赵元任(1979)《汉语口语语法》(吕叔湘译),商务印书馆。

赵元任(1980)《语言问题》,商务印书馆。

赵元任(1992)北京、苏州、常州语助词的研究,《方言》第2期。

赵元任(2002)《赵元任语言学研究论文集》,商务印书馆。

周一民(1998)《北京话口语语法·词法卷》,语文出版社。

朱德熙(1982)《语法讲义》,商务印书馆。

Wakefield, John C. (2011) *The English Equivalents of Cantonese Sentence-final particles*,
　　PhD. Dissertation, Hong Kong Polytechnic University.

（上海交通大学人文学院,200032,yurenwj@126.com）

当代汉语新兴助词"哒""滴"的功用、特色与成因[*]

张谊生

〇、前　言

现代汉语中的"的"是极具汉语特点的功能词,除了协助列举、表过去时制等其他的一系列特殊功用外,结构助词"的[1]"与语气助词"的[2]"在汉语中用法多样、用频极高,早在 20 世纪 60 年代起就已引发语法学界的关注,发表了大量研究成果①。然而,进入新时期以来,由于表达需要,当代汉语中又出现了"的"的两个变体"哒"与"滴",而且,这两个变体也都分别具有了结构助词"哒[1]、滴[1]"与语气助词"哒[2]、滴[2]"的双重功用。例如:

(1) 在影片中,高颜值男神姜栋元彻底颠覆了长腿欧巴酷酷哒形象,诠释了一个"兴趣是跆拳道、特长是踢不着"的不着调王子。(《〈扑通扑通〉曝人物海报 宋慧乔有望出席中国首映礼》,凤凰网,2015 年 3 月 6 日)

(2) 发明了红底鞋的克里斯提·鲁布托:"看呀! 妈妈一定会很高兴哒,我把她的高跟鞋变得那么特别。"(《5 个最好玩的时装漫画博客》,《外滩画报》,

* 本文曾在第九届现代汉语虚词研究与对外汉语教学学术研讨会(2020 年 10 月 31 日至 11 月 1 日,宁波)大会报告。已经发表于 2021 年第 1 期《语文研究》,审稿专家曾给本文提出过精辟的修改意见。本文是国家社科基金"汉语副词再演化的模式与功用、动因与机制的系统性研究"(20BYY153)、国家社科基金"程度副词的生成、演化及其当代功能扩展的新趋势研究"(15BYY131)、上海市哲学社会科学规划课题"当代汉语流行构式研究"(2012BYY002)的阶段性成果。对于各项资助与帮助,作者一并致以衷心感谢。

① 朱德熙《说"的"》(1961)发表后,学界已发表了大量论文,提出不同看法,而且还出版多本专著。此外,关于"语气助词"与"语气词"的分类问题,学界一直存在不同的认识:20 世纪 80 年代前,语言学界基本上都认为,汉语的助词主要就是结构助词、时态助词和语气助词三大类。随着助词研究的深入与扩展又发现了一系列助词小类,而且大多数学者还认为语气助词应该从助词中分离出来另立一类语气词,不过,也有一些学者(包括《现代汉语词典》第 7 版)仍坚持语气助词的分类。

2014 年 5 月 15 日)

（3）宝宝们看连日常淡妆小清新冬雨妹只化个**漂亮滴**妆容,气色立马大不同!(《求带飞！一个妆容让你赶上脱单末班车》,人民网,2016 年 12 月 13 日)

（4）你拿胖子钱跟他办个健身卡,说为他身体好,要他减肥,他应该也会**同意滴**! 肉可以减! 钱就真**滴不是那么好赚滴**!(《女网友被两男同时追求支招选稳定男还是富二代》,荆楚网,2014 年 2 月 20 日)

当然,由于形成动因与表达功效的差异,二者的具体功用必然还存在一定的差异与分工;而且,"哒"与"滴"的发音也有所不同,分别接近于"[dā]"和"[dì]"（分析详后）①。

迄今为止,相关用法的"哒",已经受到了一定的关注,学者们从不同的角度对"哒"作了分析;不过,有关"滴"的研究,迄今只有一项成果②。总体而言,上述研究基本上都只是描述了这两种特定的语言现象,分析还不够全面系统,有些方面则语焉不详。因此,本文准备以当代汉语中正在发展演化的"哒""滴"为研究对象,依次探讨四个方面的现象与问题:首先,描写与分析新兴的结构助词"哒¹滴¹"和语气助词"哒²滴²"在句法分布上具有哪些特点与限制;其次,揭示与解释"哒¹、滴¹"与"哒²、滴²"的搭配方式与语用功效;再次,辨析与比较"哒¹"与"滴¹"、"哒²"与"滴²"在表达功效方面的各种差别;最后,从共时语法化的角度探讨"哒¹、滴²"与"哒²、滴¹"的转化动因、使用限制与发展趋势。

本文语料均取自人民网、新浪网以及百度网等网络报刊、贴吧与论坛,所有例句均标明出处。除了特定需要,本文不再逐一标明"哒¹、滴¹"与"哒²、滴²"。

一、分布状况与句法功能

本节描写与分析两个变体助词"哒""滴"的分布状况、附加方式与具体用法。

1.1 附标定语与协助状语

作为结构助词,"哒、滴"都可以充当定语后附标记。例如:

---

① 北京方言中的"哒"读作[ta³⁵],中原官话中的"哒"读作[ta]。
② 相关研究成果,参看参考文献:何文绚、李治平(2018)、刘杰海(2016)、塞梦(2019)、石艳(2015)、王东营(2015)、王伟丽(2015)、吴玉凡(2016)、谭丽亚、陈海宏(2017)。从方言的角度研究"哒"的成果有:彭敏(2014)、张亚明(2015)、王磊奇(2016)、张梓宁、张剑平(2018)、张小春、胡继明(2019)。研究方言"滴"的成果有:罗昕如(2007)、张莉、杨超(2012)、李姗(2018)等。

（5）英雄的麦兜粉丝们福利满满,娱乐宝联合众多品牌强力推出众多麦兜的衍生品,品质上乘,造型呆萌很麦兜,关键是类别很齐全香香<u>哒</u>鱼丸巧克力、穿的用的全都有,麦兜粉丝们可以到淘宝手机必买清单中先睹为快。（《麦兜新电影定档中秋 娱乐宝麦兜衍生品来袭》,多玩游戏网,2016年7月27日）

（6）美丽<u>滴</u>红樱桃:最美90后女孩,你是当代90后的杰出代表,同时也给90后的年轻人做出了榜样。这样的代表我们给你点赞!（《"90后"人大代表铁飞燕:稚嫩肩膀担大义》,人民网,2015年3月20日）

（7）本期《大魔术师》"美美<u>哒</u>"莫小棋携手"酷酷<u>哒</u>"刘世杰一起养眼亮相!（《莫小棋搭档魔术男神擦火花〈大魔术师〉第四期好看到爆》,大众网,2014年8月15日）

（8）由于时代久远且知名度不高,这部影片的片源相当难找,但有趣的是,几乎所有影迷都是冲着膜拜里克曼去的,而整部电影也确实是因为里克曼的演技才得以支撑,在这里你会看到还是小鲜肉的他各种可爱<u>滴</u>唠里唠叨,以及他甚是香艳<u>滴</u>床戏!（《"斯内普教授"艾伦·里克曼因癌去世:铭记他的10张面孔》,中国日报网,2016年1月15日）

除了充当定语标记协助表达修饰外,"哒"和"滴"也还可以直接替换助词"地"充当状语标记用来强化限定;而且,这类附状标记的出现与附定标记的运用,几乎是同时的。例如:

（9）我好想变成一阵风,在你身边吹过;好想变做一粒尘,落在你身上,永远<u>默默哒</u>跟着你,直到有一天你用你那双手把我洗掉。（《好困啊》,新浪博客,2007年11月30日）

（10）北京闻讯赶到应援的粉丝们挥舞荧光棒在台下与Lunar一起跳舞,妹子们直呼北京的小伙伴<u>真哒</u>太可爱啦。（《人气原创偶像团体Lunar国庆北京行》,人民网,2015年10月16日）

（11）林彦俊在接受采访时直言到:我最怕遇到这种老板。你们"老一辈"<u>真滴</u>很严格诶,不过有了这么负责任的老板,还愁花店运营不好吗。（《〈小姐姐的花店〉小S强迫症属性开启,林彦俊小鬼开业大秀舞蹈》,北青网,2019年1月2日）

结构助词"的"除了充当定语标记外,还可以出现在各类状语后面强化限定功用,从而形成与结构助词"地"的竞争与互补,相关现象张谊生（2011、2012）已作了专门分析与解释。同样,当代汉语新兴结构助词"哒、滴",也已发展出相应的强化限定功用。不过,严格地讲,现代汉语"真的"已副词化了,其中的"的"也

已是构词语素了，"哒、滴"对"的"的替换，已是构词语素"哒、滴"的换用。（详见2.2 的论述与解释）

1.2 后附谓语与凸显补语

作为语气助词的"哒"和"滴"，都可以直接用在句子谓语或小句、句子的后面，加强特定的陈述功用。例如：

（12）推荐级别，在巨龙镇、蛛后墓这种要不停的清线图时，效果不错，因为要没事给 T 套个电盾辅助清线，稍微变一下狼控蓝，<u>可以有效缓解法力消耗哒</u>！（《风暴辅助型英雄：雷加尔攻略 德哈卡版本》，多玩游戏网，2016 年 4 月 26 日）

（13）除了妆容款式多多，他的化妆术也是<u>很魔性哒</u>！……即使他的妆容如此魔性，他的化妆工具如此不靠谱，但他画的几款何眼线在今年确实是<u>最时髦哒</u>！（《艾克里里的眼妆不止魔性 眼线是真时髦!》，腾讯时尚网，2016 年 5 月 30 日）

（14）况且"道有先后，术业有专攻，他们演员把戏演好就可以啦，<u>不必要求是文才多好滴</u>！"（《没文化遭批的明星 范冰冰误读历史李湘念错字》，中国青年网，2014 年 6 月 11 日）

（15）杨幂，作为唐嫣的中国好闺蜜杨幂，她的肌肤也是<u>超好超好滴</u>！（《亚洲十美角逐 Queen 中韩女星美肌谁最靓?》，爱美网，2015 年 3 月 4 日）

语气助词"哒、滴"还可以直接附在状态补语、结果补语的后面，起凸显补充作用。例如：

（16）一个人的早餐要像国王一样，要对得起每天披星戴月赶工的自己，一个人的早餐也要吃得<u>好好哒</u>，这是来自情人节最真诚的嘱托。（《最懂单身狗的礼物，在情人节那天送给自己》，东湖社区网，2015 年 2 月 13 日）

（17）除了打扮得<u>美美滴</u>，也别忘了防雨或防晒装备，至于出行是带上好友、闺蜜还是另一半，就看当时的心情了，毕竟世界那么大，动静皆宜。（《世界那么大》，《新京报》，2015 年 4 月 30 日）

特定情况下，尤其在一些单音节述语后接简短的补语时，还可以由结构助词"滴"直接替代结构助词"得"，直接充当补语标记。例如：

（18）春晚该有什么内涵？欢欢乐乐过大年，古为今用，洋为中用，还老百姓江山本色，<u>好滴很呐</u>！（《当冯小刚遇上"春晚"》，人民网，2014 年 3 月 27 日）

（19）吸血鬼和寄生虫这样形象的比喻还是让我明白了，老师的意思是余额宝让银行少赚钱了，银行很辛苦，<u>活滴不容易</u>，老师你能别逗了吗？（《央视评论

员 PK 余额宝引话题 投财进"宝"安全不安全》,《扬子晚报》,2014 年 2 月 24 日)

不过,在所调查的所有语料中,还没有发现"哒"直接替代用作补语标记"得"的例句。

1.3 构成结构与辅助成句

由于结构助词"哒""滴"构成的指称化的"哒字结构"或"滴字结构"可以直接充当动词宾语或介词宾语,可以称之为具有"协助转指功能"。例如:

(20) 电视机是我哒! 不能打架! 电视机好处都有啥,谁说对了就给他! (《向着电视前进 教你像英国人一样去战斗》,中国家电网,2014 年 12 月 3 日)

(21) 咪咪,是你在哭么? 别撒娇,妈妈替大雁治好伤,就洗手给你拿吃哒。还有你,小小的果子狸,你也饿了吧?(《同心协力鼓舞士气,中国儿艺人献精品抗疫情》,人民网,2020 年 2 月 6 日)

(22) 然而昨天还是萌妹子的马丽,第二天摇身一变却成了一个"帅小伙":"沈阳,俺来啦,说是贼冷贼冷滴,也不知道真滴假滴,捂严实点儿吧,哈哈。"(《马丽变自拍达人 网友笑称:游走在美图中的喜剧女王》,新华娱乐网,2016 年 10 月 12 日)

(23) 火线提拔的街道干部只能住酒店的饶玥,已用洗手液当了一个月的洗面奶。她说,关于"美美哒",这已是自己唯一能坚守的"底线"。(《"90 后"战疫:我们长大了》,《中国妇女报》,2020 年 2 月 24 日)

由语气助词后附构成的"X(X)哒"或"X(X)滴",还可以直接充当小句或句子。例如:

(24) 连防晒也有气垫了? 是哒,有了防晒气垫,每次使用的时候被防晒霜糊一手的烦恼就没有了,出门补防晒简直太方便了。(《"投奔"初夏:防晒"号角"全面吹起》,《广州日报》,2019 年 5 月 23 日)

(25) 正是人见人爱,花见花开,曾经被黑到不行的她,自从生了小糯米,衣品、颜品都突然爆发,竟然还剪了时髦的睡不醒发型,感觉又变回了少女,甜甜哒!(《高俊熙杨幂周迅王菲郭采洁 不是谁都适合超短发》,人民网,2015 年 11 月 20 日)

(26) 李咏凌晨时回应说:"好滴呀! 趁天光话风月,红尘漫一路行,不带行李只带好奇。"(《哈文喊话李咏冲"银婚"结婚 23 年恩爱依旧惹人羡慕》,人民网,2015 年 3 月 13 日)

(27) 风趣的台词为该剧增添了不少笑点。红娘的角色是本剧的笑点担当,她的台词风格古今混搭,有时用京剧唱腔演唱,有时会卖萌地说一句"好滴",惹得台下观众笑声连连。(《原创音乐剧〈西厢〉首演 古老传奇全新演绎》,《北京日报》,2019 年 11 月 2 日)

总之,就"哒"与"滴"的当前使用情况看,这两个变体已经完全继承了结构助词"的¹"与语气助词"的²"几乎所有的表达功用,尽管有些特殊用法的使用频率现在还比较低。

二、特定格式与用法特点

本节分析与探讨单音节词或语素的重叠形式"XX"附加"哒、滴"构成的典型表达式"XX 哒""XX 滴"及其配合连用的特定用法。当然,双音节的重叠形式也有后接"哒、滴"的用法,比如"安安全全哒、干干净净滴"等,不过,为集中讨论相关现象,有关双音重叠形式附加"哒、滴"的情况,本文暂不涉及。

2.1 构形重叠与构词重叠

就已有研究成果的关注点和笔者所调查的语料来看,当代汉语中重叠形式后接"哒"的"XX 哒"用法,就使用频率而言,当前还是相对最高的。例如:

(28)有位网友表示"我好像没有追星过哎,感觉第一次追星要献给你们吴氏父子了,你和小曼要好好哒",吴镇宇吴妈和费曼这是要火到爆的节奏啊,网友们你们还在等什么?(《吴镇宇首发秒拍播放量超千万 小费曼萌化众粉丝》,新华网,2014 年 8 月 6 日)

(29)同样,一直走心地在"妖孽"道路上越走越远的姜栋元,此次也势把少女的玻璃心打破,把高颜值男神"酷酷哒"变成了触手可及的孩子气,给男神的"平凡之路"平添了人气。(《宋慧乔新片饰演暴躁母亲 养育病儿催泪》,中国新闻网,2015 年 3 月 10 日)

(30)视频中,一位腼腆的小女生通过镜头向自己异地恋相爱十年的男友告白,最后脸红红哒说出了那让人难忘的三个字"我等你"。(《包贝尔秒拍替有情人告白》,中国网,2015 年 9 月 16 日)

(31)前一阵国内的调查是怎么说的来着:仅仅因为性别不同,男性收到的面试通知就要比女性高出 42%。照这重男轻女的情况下去,以后跟国外一比,咱国内的团队特色,就是笨笨哒!(《不靠谱的"重男轻女"》,《中国青年报》,2015 年 2 月 11 日)

重叠形式后接"滴"一开始用频不高,不过,受到"XX哒"的感染影响以及重叠表达普及化的促发,现在也较为常见了。例如:

(32) 对于自己的身材变化,张含韵更是表示"虽然割肉十二斤,可为什么脸还是<u>圆圆滴</u>啊。不管,健康美丽我都想要,跟大伙儿一起继续努力! 前进,前进!"。(《一期比一期瘦! 张含韵开启甩肉模式狂瘦12斤》,手机看新闻,2015年10月26日)

(33) 何炅宋茜化身"神仙"闹元宵,男神女神齐聚湖南卫视;谢娜晒何炅亲赠定制羽绒服,网友调侃最炫民族风;何炅导演处女作客串的士司机,女主演赞其"<u>帅帅滴</u>";李易峰拍"栀子花开"潮范儿足,何炅见粉丝开心招手。(《谢娜深夜探班"栀子花开" 何炅拍夜戏导演范儿十足》,人民网,2015年3月18日)

(34) 摩洛哥街头路人"热情"的行为动作似乎让志玲有些惊恐,对此沈腾在后期采访中也表示想要呵护志玲,一句"不管她再怎么坚强,始终是个女人。"让不少网友听完心里都<u>暖暖滴</u>。(《扇了小S耳光 霸了纽约的屏还不够? 林志玲用实际行动告诉你单身的快乐》,瑞丽网,2017年6月8日)

(35) 当你敷完面膜或者是涂抹完精华准备睡觉,而脸部却还处于油腻状态的时候,你就可以选择在脸上轻轻的扑一层蜜粉来缓解,不仅即可带走粘腻感,还会让你的肌肤看起来更加白皙,细腻。对嘛,仙女就该是一天24小时,一直<u>美美滴</u>!(《支撑刘亦菲阚清子24小时仙女人设的竟然是蜜粉?》,时尚芭莎网,2017年10月26日)

值得注意的是,细究起来,当代汉语实际上存在两种重叠形式:一类是形容词构形重叠之后附"哒、滴"构成附标记形式,比如"酷酷哒、香香哒、好好哒、红红哒"与"圆圆滴、甜甜滴、酷酷滴、美美滴"等;而另一类则是正在向构词重叠式演化中的"XX哒"。例如:

(36) 巴扎黑严格遵守不聚集的号召,只能自己遛自己玩……如此"<u>萌萌哒</u>"防疫指南获得了网友们的整齐点赞,"好可爱,读起来很有意思!""疫情期间要遵守,要和吾皇、巴扎黑一样哦!"(《漫画家的"战疫"萌萌哒》,《北京晚报》,2020年2月19日)

(37) 为了给大家拍回<u>美美哒</u>月球照片,昨天临行前,她们还就谁带全景相机、谁带测月雷达讨论了一番人类史上首次月球背面之旅!(《嫦娥四号的行程被安排得明明白白》,人民网,2018年12月8日)

(38) 网友点赞:祖国的花朵,可敬的人民子弟兵教育出了可爱的小军娃! <u>么么哒</u>,亲一个! 是的,全家齐上阵,一个不能少,人民武警永远和您在一起!

(《这次战"疫"中,人民武警和您在一起!》,中国军网,2020年2月8日)

(39) 教练的周计划进行3次20分钟的有氧训练,或者3次30分钟的高强度力量训练,现在没法去健身房就尝试着在线上直播来完成,还能约着小伙伴练练瑜伽或者跳个燃烧卡路里,一起云打卡,感觉也是<u>棒棒哒</u>。(《在线健身超火爆! 直播玩家多,收割新粉流量大涨》,人民网,2020年2月20日)

由于汉语叠音式往往会给人一种略带喜爱、夸耀的感觉,比如"包、狗"与"包包、狗狗"的情感色彩完全不同。再加上"哒"在语音上接近于"的+啊",具有一定的感叹效应。所以,"XX+da"具有特定的韵律特征与赞叹情态基础,再加上因各种表达需要而形成的高频类推效应,由结构助词和语气助词分别构成的具有两种功用的"萌萌哒、美美哒、棒棒哒、么么哒",现在都已基本词汇化了;而其后面附加的"哒",也已逐渐从助词转化成了构词语素了①。不过,"XX滴"由于用频还不高,迄今都还没有向构词重叠式演化。

2.2 相互配合与多项连用

当代汉语两类"XX哒"及"XX滴",经常会同类多项配合使用;虽然大多数是多项"XX哒"合用,但也可以是"XX哒"与"XX滴"搭配使用。例如:

(40) 口碑,来自影片的质量。精致的镜头语言,呈现多样壮美的"生态全景";"<u>萌萌哒</u>""<u>帅帅哒</u>"的动物,触动观众柔软的内心。(《让"清流"浇灌电影市场》,《人民日报》,2016年8月23日)

(41) 因为水貂的颜色<u>多多哒</u>、<u>美美哒</u>,天然的色彩超过25种,有白色、黑色、珍珠色、紫罗兰色、蓝宝石色、中棕色、深棕色等等。可以说,小仙女们能想到的时尚颜色应有尽有。(《2019皮草时尚来了! 早看早美啦!》,人民网,2018年12月29日)

(42) 网友看到照片后纷纷送上祝福,"<u>萌萌哒</u>""<u>可爱滴</u>小宝贝,要健康快乐的成长啊""生日快乐啊,快乐成长"。(《牛莉爱女庆生变身"美人鱼"现场美照曝光(组图)》,中国新闻网,2015年12月31日)

(43) 想脱单,门面功夫还是要<u>做好滴</u>,拍个<u>美美哒</u>头像,有效提高好友验证率!(《搜狗手机助手良心推荐 九款APP助你顺利脱单》,搜狐网,2015年11月12日)

---

① 在人民网统计中,"萌萌哒、美美哒、么么哒、棒棒哒"的用频分别是6 019、1 445、998、825次。当然,构词重叠式只是构形重叠式高频类推逐渐演化的结果而已,这两种相关的语言单位在表达功用与转化动因方面还是具有内在一致性的,所以,下面有关特色与成因的描写与分析,不再加以区分。

所谓多项连用,主要是"XX哒/滴"以及各种"X哒/滴"依次排列在不同类别的分句中间隔使用。例如:

(44) 六位主演机械心、木偶身,上满发条,持续释放各自的魅力:"呵呵哒"王宁挑逗的眼神中露出一丝邪魅,似要点中人们的笑穴,一起笑呵呵;"呆呆哒"修睿挤眉瞪眼,一脸虎头虎脑的懵懂状,憨傻呆萌;"棒棒哒"王自健则如无所不知、无所不能的智多星,神机妙算一点就通。而"三美"阵营中,"美美哒"王鸥,优雅知性、温婉可人,却欲施展女王魔力,掌控发条城市;"萌萌哒"刘雅瑟,精灵古怪、动如脱兔,肆意扩散她的洒脱与不羁;"艳艳哒"晨阳则妖娆妩媚,魅惑撩人。(《〈发条城市〉曝发条人海报 鬼马滑稽显神通》,新华娱乐,2016年5月17日)

(45) 黄渤眺目远望,凝思的表情酷酷哒;孙红雷张开双臂,微笑的表情帅帅哒;黄磊一脸坏笑,雅痞的表情坏坏哒;罗志祥开启"电眼"模式,眼神的魔力苏苏哒;王迅COS"松鼠",憨厚的表情萌萌哒;张艺兴乖巧摸头,可爱的表情乖乖哒;赵丽颖古装造型清新靓丽,在极限男人帮围绕下美美哒。(《黄渤孙红雷首次大银幕合作 赵丽颖变身"小公举"选驸马》,《新快报》,2015年12月2日)

(46) 元宵节,吃汤圆,吃着汤圆想着你:对你思念似汤圆,鼓鼓滴;对你的爱恋似汤圆,甜甜滴;对你的关怀似汤圆,圆圆滴;祝你元宵吃汤圆,吃出快乐好运!(《2014元宵节邂逅情人节 短信续写中西浪漫情谊》,人民网,2014年2月14日)

(47) 每次看到他捧着一堆汉堡大吃特吃的时候,怎么都无法将他与球场上的那个他相叠合,唉,一代男神就这么滴毁在了一个"吃"字上面,不过相信大家还是会理解他滴,毕竟运动是很费体力的,需要多多补充滴。(《悟空路飞皆上榜 盘点动漫中宇宙级食量的大胃王》,人民网,2014年8月4日)

尽管多项连用的方式并不完全相同,但表达的效果无疑都是类比、强调与夸张、凸显。

2.3 双关兼用与叠加羡余

所谓双关兼用,就是指有些"XX滴"和"XX哒"还具有特定语义的双重表达功用,尤其是"滴"的同音双关现象,用例还较多。例如:

(48) 在那个没有发明香水的年代,每次出门前维多利亚都会在她手套上沾满玫瑰精油,走到哪里都是香香滴,整个人都尽是优雅女神范儿!(《慈禧驻颜喝人奶 女王用铅涂脸美白》,海报时尚网,2015年7月14日)

(49) 及时从车轮下救起孩子并报警的滴滴司机陈真,则完成了一件好人好事,滴滴公益授予其"好滴司机"称号,同时奖励5 000元。(《南京滴滴司机车轮下救起走失男童 真相竟是父亲报假警》,中国青年网,2016年12月19日)

例(48)的"滴",既含有动词"滴"的功用,又可以分析为是助词"滴",而例(49)"好滴司机"的"滴"既有助词的功能,也是"的士"的"的"的谐音,从而形成了"滴"的双重表达功用。至于"帮帮哒",由于受同音常用词"棒棒哒"表示"非常不错"的感染,所以,通过特定的谐音功效,既可以表示"乐于助人"又可以表达"相当不错"。例如:

(50) 在直播镜头前,奶奶耐心的一句一个动作教爷爷,"来,第一个么么哒,第二个帅帅哒,第三个帮帮哒",两人学会了比心,竖大拇指,感谢宝宝点亮这些最潮的网络交流方式。(《在映客直播697次秀恩爱,八旬网红爷爷奶奶直播撒狗粮》,中国网,2017年9月25日)

所谓叠加羡余,就是"哒""滴"后面再加"的",进而充当定语修饰中心语①。例如:

(51) 点开清华大学"学堂线在"" "马克思主义原理课程",轻快的音乐、"萌萌哒"的动画,马上就会抓住人们的耳朵和眼睛。(《培植青年向上向善的人生根基》,《人民日报》,2015年1月22日)

(52) 另一方面,"萌"作为一种惹人喜爱的天赋,天生萌萌哒的宠物们还具备着神奇的"社交属性",包括围观性质和经验交流功能。(《年轻人的"孤独生意"价值千亿 医疗和食品是养宠主要花费》,中国新闻网,2019年12月11日)

(53) 这次也是第一次为动画长片配音,因为和小欧在性格上的契合,他的配音极其出彩,既保留了他怪咖神经质的一面,又展现出他可爱单纯的一面,萌萌哒和贱贱哒的样子与小欧简直是绝配。(《疯狂外星人爆笑上映 谢耳朵萌出新高度》,人民网,2015年4月24日)

(54) 见过独眼龙,但真没见过这么又帅又酷滴的独眼龙,真是帅呆了,酷毙了,有木有?(《钟汉良莱昂纳多 中外花美男制服诱惑 别流口水》,人民网,2013年3月25日)

例(51)(52)"萌萌哒"再后附"的",显然与"萌萌哒"已经词汇化有关;而例(53)(54)"萌萌哒与贱贱哒、又帅又酷滴"后面再出现"的",还只是一种接受度不高的叠加用法。

---

① 关于这类在"X(X)哒"和"X滴"后面再加"的"的用法,究竟是错误用法还是叠加用法,当前还存在不同的认识。不过,总体而言,这种助词叠加的频率并不高,而且正处于逐渐消失之中。

总之,变体助词"哒"与"滴"在具体使用中,少数"XX哒"已经词汇化了;而重叠式"XX哒、XX滴"经常配合、连用;此外,在使用过程中还形成了一些双关与叠加的用法。

三、风格差异与情态特色

本节主要刻画与分辨助词及其构词语素"哒"与助词"滴"在不同组合中的表达效果与语用特色的细微差异。

3.1 赞叹夸耀与轻松幽默

如前所述,由于语气助词"的"与表感叹的"啊"的合音与"哒"比较接近,因此,"哒"在语用上通常都带感叹效应。就表达效果与特色而言,"XX哒"的功效,在表达发话人对相关现象的各种赞叹与夸耀时,大都还带有轻松、幽默乃至略带油腻的气氛。例如:

(55)如果你打开小红书,就有很大可能会看到一个美美哒小仙女,没事就更新一条,一言不合就推荐口红面霜眼线零食。(《〈Beauty小姐〉迎来徐璐 没想到你是这样的"果汁仙女"》,环球网,2018年12月5日)

(56)《天天酷飞》手游因此在故事情节上做了许多努力,游戏小小哒,却融入了庞大的世界观,玩家在游戏进程中,会遇到不同的"恶势力"阻挠。(《重新定义飞行射击游戏》,手机看新闻,2015年7月17日)

(57)卖西瓜——草原上的阳光,草原上的西瓜,草原人的口福来了! 尝一尝我们绿色原生态的西瓜吧,愿你的生活甜甜哒、么么哒!(《草原的秋天》,《人民日报》,2019年11月6日)

(58)对此,网友纷纷留言"一个阳光萌萌哒,一个帅气酷酷哒""可爱的宝宝""笑得好开心"。(《范玮琪晒双胞胎4连拍 网友:一个阳光一个帅气》,中国新闻网,2015年5月13日)

前面已经指出,重叠式"XX哒"通常都会具有特定的赞叹、亲切的风格,所以,即使消极义形容词的重叠式,比如"贱贱哒、笨笨哒、傻傻哒、蠢蠢哒、呆呆哒、坏坏哒、丑丑哒、胖胖哒"等,也都可以表达各种轻松幽默、夸耀赞叹的情感色彩。例如:

(59)不论是邓超的认真而贱贱哒表情,还是林允清纯呆萌的模样,都让人不禁想起多年前《喜剧之王》这一经典之作,引爆现场怀旧气氛。(《林允曝〈美人

鱼〉走路靠滑 搭档邓超致敬周星驰》,人民网,2016 年 2 月 1 日)

(60) 据透露,能"拿下"周杰伦的昆凌在圈中工作生活非常低调,甚至为了保护恋情尽量减少曝光,更推掉容易被逼问恋情的知名节目,而她不善言辞,有些"<u>笨笨哒</u>"的个性正好是周杰伦妈妈喜爱的类型。(《昆凌上位揭秘:性格完胜低调俘获周妈心》,《华西都市报》,2015 年 1 月 19 日)

(61) 熊大:它,长着棕红色的皮毛、红鼻子、香肠嘴,<u>胖胖哒</u>,怎么看都是那么的可爱。(《金庸笑傲体走红 熊出没集体出击》,中国网,2015 年 4 月 15 日)

(62) 但就是这张脸,<u>憨憨哒</u>,眼,<u>痴痴哒</u>,还<u>傻傻哒</u>跟着我寸步不离,尤其再和朵朵的精灵秀气相比,太憨了! 所以,我现在特别接受这个名字!(《家中俩宝》,新浪博客,2013 年 8 月 4 日)

正因为略带"夸耀、显摆",所以即使贬义"XX 哒"也可以跟褒义"XX 哒"配合使用。例如:

(63) 有意思的是,各位主演的"喜羊羊"造型各有特点,豪迈的成龙大哥依旧是"<u>棒棒哒</u>",好莱坞的巨星库萨克微笑内敛则是"<u>帅帅哒</u>",在片中出演大枭雄的奥斯卡影帝布劳迪则是"<u>坏坏哒</u>"。(《〈天将雄师〉发萌态海报 成龙变"喜羊羊"迎春节》,人民网,2015 年 2 月 10 日)

(64) 他以新晋导师身份加盟,首次亮相非但不怯场反而满堂彩,他的表情<u>萌萌哒</u>,他的评论<u>坏坏哒</u>,他的出手<u>狠狠哒</u>,首场节目中不但抢走了 6 位学员中的"半壁江山",而且成功地把节目搞成了"周杰伦和他的朋友们"……(《"好声音"为何总让画外音抢了头条》,《北京青年报》,2015 年 9 月 21 日)

此外,随着类推效应的扩散,现在甚至还出现了动词重叠的"谢谢哒、学学哒、摸摸哒、帮帮哒"等用法。可见,"XX 哒"的夸张与赞叹、显摆与夸耀的表达功用已基本成型了。

3.2 做作撒娇与赞美炫耀

相对于"的 de"而言,"滴"读音"dī",作为一种特殊的尖音韵母音节,与北京话中的女国音具有相似之处,由于受到尖音效应的感染与影响,"XX 滴"大多表示各种撒娇与赞美。例如:

(65) 与此同时,还有穿梭于场中的"清凉少料"的性感美女、现场"黑科技"与观众零距离接触、还有<u>美美滴</u>性感主播带观众和明星"更进一步"。(《〈男人装〉十二周年"裸"着玩 小米直播"无码"娱乐现场》,中国娱乐网,2016 年 6 月 24 日)

(66) 皮衣夏天穿太热,冬天穿又不保暖,皮衣总是处在一个最尴尬的季节中,然而这并没有阻止人们对它的喜爱,因为他真的可以让你看起来<u>酷酷滴</u>!(《妖风四起的季节里 给你的黑皮衣讨个说法》,瑞丽女性网,2016 年 8 月 31 日)

(67) 哦,铁打的广州人,他们春捂秋冻拼过这种奇葩的天气,经过锻炼身体<u>棒棒滴</u>!(《寒冷天最快周末才走》,《广州日报》,2014 年 2 月 12 日)

(68) 谢娜晒出一张穿着何炅为其订制潮服在纽约街头的照片,自称在纽约街头回头率百分之九十九,在零下十几度能这么<u>温暖滴</u>微笑是因为穿得<u>暖暖滴</u>。(《谢娜穿潮服到纽约太自信:回头率百分之九十九》,人民网,2015 年 3 月 3 日)

即使不是重叠式"XX",表结构与情态的"X 滴",也都具有特定的撒娇炫耀的情态。例如:

(69) 日前,九球天后潘晓婷在其微博上晒出一组照片,图中风景秀丽,潘晓婷更是笑靥如花,可谓景美人更美。潘晓婷写道,"来这么<u>美滴</u>地方录节目,颠 8 个小时又算什么。"(《潘晓婷晒泸沽湖美照:颠 8 个小时又算什么》,中国新闻网,2014 年 9 月 22 日)

(70) 关晓彤同样是童星出道,关晓彤同样也是非常软萌<u>可爱滴</u>,去年她凭借《大丈夫》、《一仆二主》被赞为国民闺女。(《保养 or 整容? 2015 荧屏小鲜花美颜炼成记》,爱美网,2015 年 3 月 11 日)

(71) 况且,道有先后,术业有专攻,他们演员把戏演好就可以啦,不必要求是文才<u>多好滴</u>!(《没文化遭批的明星 范冰冰误读历史李湘念错字》,中国青年网,2014 年 6 月 11 日)

(72) 路况真叫人心惊胆颤,司机却在上坡路上笑嘻嘻地打开了车前雨刷:"窗户擦一下,等下风景<u>很美滴</u>!"抬头望,雾绕深山,云停峰顶,倒是美得很。(《"体育+"让大山活了》,人民网,2019 年 12 月 14 日)

再如"很好滴、就是滴、就是胖点也还是有好处滴"乃至习语"不咋滴",都有这一类情态。

3.3 重在赞叹与凸显亲切

就表达者的主观情态来看,"XX 哒"更重在表达一种赞叹、感慨的情态,而"XX 滴"则更凸显一种亲切、可爱的情态。试比较:

(73) 优小美发现王祖贤的唇色都是很漂亮<u>哒</u>! 而这位 00 后也是很赞! 自己调了个唇色,用橘色+棕色口红,这里要注意先涂橘色后涂棕色。(《原来 00 后也爱王祖贤! 12 岁小学生仿妆秒杀各路美妆博主》,人民网,2016 年 7 月

12 日)

(74)全国统一模样假脸妹子广场舞模式不同,咪咕游戏这次为大家精选了各种不同类型的妹子,阵容不可谓不豪华,萌萌哒,酷酷哒,相信总有一款适合你。(《CJ 倒计时:咪咕游戏 showgirl 私房照首度曝光》,手机看新闻,2015 年 7 月 24 日)

(75)张翰也在微博上曝出自拍照,顽皮的眼神、上挑的嘴角尽显可爱调皮,掀起粉丝一致好评:"张翰回归可爱帅气范儿啦","这才是我们翰哥的真实面目呀,超级可爱滴"。(《〈山海经〉热播 张翰瞄脸妆引网友热议》,中国日报网,2016 年 3 月 23 日)

(76)有很多营员是第一次来大陆,更是第一次乘坐高铁,急速奔驰而平稳的列车,热情美丽、体贴温暖的乘务员,宽敞明亮如机场般的现代化车站,无不给营员们安徽之行"美美滴"第一印象。(《台胞青年千人夏令营是怎样的体验?》,中国统一战线新闻网,2016 年 8 月 9 日)

正是因为"哒""滴"在替代"的"之后,不同的语音特征还保留着特定的情感色彩,所以,相同的"XX",分别带上"哒"与"滴",其表达效果与色彩有时会有一定的不同。请比较:

(77)在现实中,我们的大幂幂自从剪了 Lob 发型后真是人见人爱,花见花开,曾经被黑到不行的她,自从生了小糯米,衣品、颜品都突然爆发,竟然还剪了时髦的睡不醒发型,感觉又变回了少女,甜甜哒!(《lob 头之后最流行的是它却连迅哥都 hold 不住》,人民网,2015 年 11 月 20 日)

(78)虎牙美女友美连声音都是甜甜滴,真才是正宗的日式甜美颜,如果你恰好也是同款,一款天天练声的瘦脸神器,你值得拥有。(《真能瘦脸吗 传说中的小脸神器功效大剖析》,太平洋女性网,2014 年 2 月 24 日)

(79)黑毛衣呼应黑靴,浅蓝牛仔裤色彩抓人,短一截更时髦,西卡用基础款简约配搭帅气酷酷哒!(《经典黑怎么搭? 韩妞配法各不一!》,易网女人网,2016 年 4 月 1 日)

(80)皮衣夏天穿太热,冬天穿又不保暖,皮衣总是处在一个最尴尬的季节中,然而这并没有阻止人们对它的喜爱,因为他真的可以让你看起来酷酷滴!(《妖风四起的季节里 给你的黑皮衣讨个说法》,瑞丽女性网,2016 年 8 月 31 日)

也正因为具有特定的表达效果与语用色彩,所以,有些作品就需要同时采用两种标记。例如:

(81)网友看到照片后纷纷送上祝福,"萌萌哒","可爱滴小宝贝,要健康快乐的成长啊","生日快乐啊,快乐成长"。(《牛莉爱女庆生变身"美人鱼"现场美照曝光(组图)》,中国新闻网,2015 年 12 月 31 日)

(82) 这些所谓"银幕最知名的武器"外形一概酷酷<u>哒</u>,想必上手一定<u>棒棒</u><u>滴</u>:有雷神的锤、美队的盾、琼斯舞鞭、维达持剑,四只神龟耍棍棒……好吧,考验辨识能力,小编只能帮你到这儿了。(《兵工厂在此》,《新京报》,2015 年 2 月 11 日)

总之,虽然都是助词"的"的变体,但是由于形成基础、发音模式、使用途径的不同,所以,这两个助词在表达功效、主体情态、语用特色都存在着一系列明显或细微的差异。

四、转化动因与发展趋势

本节主要探究与揭示"哒、滴"这两个助词变体之所以会逐渐成型的演化成因及其趋势。

4.1 谐音基础与方言影响

就读音而言,普通话中"哒"与"滴"的发音,分别接近于"[dā][dì]"以及轻声的"[da][di]",与"的"自然存在着谐音仿用的基础。试比较:

(83) 新的一年就这样悄然而至,早春妆扮就是要连指尖都<u>美美的</u>!今天,小编为你搜罗 2016 早春最不能错过的几大美甲趋势,快一起来看看吧!(《美到指尖! 2016 早春指彩流行趋势》,人民网,2016 年 2 月 16 日)

(84) 在春夏之际,日晒开始变强,所以现在正是为夏天能白着提前做准备,美白系数越高,晒黑的几率越低,所以提前给肌肤白起来,整个夏天都能<u>美美哒</u>!(《热巴、景甜、江疏影等女明星的春季美白大法赶紧 get 起来》,太平洋时尚网,2019 年 3 月 19 日)

(85) 仔细对比,今年穿的和三年前穿的泳衣竟然是同一件,当然脸还是照样的素颜,可以看到小 S 是很自然的状态,身材和容貌保持得还是很好的!(《小 S 究竟是娱乐圈一股清流,还是一面照妖镜》,太平洋时尚网,2018 年 6 月 3 日)

(86) 不得不说,韬韬的身材还真是<u>很好滴</u>,正常的造型和日常的妆容,也能把韬韬衬托的更阳光帅气,简单利索的发型,和发色相近眉毛,还有不会轻易选择狗带的眼神。(《女明星狗带 韬韬这样的烟熏美瞳 boy 你怕了吗?》,人民网,2015 年 9 月 25 日)

其实,汉语中的"的"原来的本义是"明亮、鲜明",作为助词,本来也是谐音借用的①。不过,就表达效果而言,"哒"与"滴"的情感色彩自然要比"的"鲜明得多。

至于汉语方言中"哒"与"滴",使用范围、表达功用、发音变体,自然各有特点,迄今已有一系列学者从不同角度研究过②。很显然,当前网络语言中助词变体"哒、滴"的转化与仿用,自然会受到方言中不同用法"哒""滴"的影响。方言中相应的各种用法如下所示③:

(87) 我把事情搞哒。/饭吃哒。/事情搞哒再玩。/等他走哒你再说。(湖北仙桃方言)

(88) 去逛街不? ——下班哒。/我走累了,买瓶水哒。/东西没回来,还要等三天哒。/去散步不? ——出太阳了哒。/收衣服去了。——落雨了哒。(四川武胜方言)

(89) 依滴路想者心里躁。/带者滴人来打枪。/把你自家滴东西拿着吧。(湖南涟源方言)

(90) 我冇吃过滴东西。/外前滴人这滴地方来,唉,已番热闹一些了。(湖南娄底、邵阳方言)

以上用例都转引自前人有关湘、鄂、川方言的调查成果,虽然可能还缺乏代表性,但肯定对当代普通话助词"哒、滴"的借用具有一定影响。当然,就调查的相关分析来看,使用结构助词"滴"的方言相对较少,有些方言(安徽郎溪方言)的"滴"不是助词而是量词、副词。

4.2 类推效应与网络语境

从另一角度看,类推(analogy)是语言发展、变化的重要属性之一,当代汉语各种流行语的发展大多与类推有关,而"哒、滴"近年来之所以会发展如此迅速、普遍,自然也是类推的结果;当然,也与人们求新、求变,追求陌生化的表达效应有关。例如:

(91) 孙小圣说:"作为纯爷们,我不是没有眼泪,只是可以含着眼泪向前奔!"猪小戒说:"谁能带我找到小嫦娥妹妹,我就跟谁去取经! 真哒,不骗你的!"(《〈醉西游〉体验别样轻游戏乐趣》,人民网,2013 年 8 月 1 日)

---

① 许慎《说文解字》的释义是,"的,明也"。后来"的"转指"白色",引申为"箭靶中心"。
② 相关的研究,查看本文的参考文献,本文的例句均转引自其中相关文章的例句。
③ 下面四句中例句,全部都是在前言部分的脚注提到的研究方言"哒"和"滴"的论文中转引的。

（92）早前有网友目击王菲前夫李亚鹏在内地带着小女儿李嫣，为童童到火锅店提前庆生，而今日凌晨一位内地制作人亦率先祝贺寿星女，写上："18 岁啦，生日快乐，<u>好好哒</u>！"。（《窦靖童 18 岁生日照曝光 亭亭玉立美貌似王菲》，《大连日报》，2015 年 1 月 4 日）

而且，在频繁类推中，"我滴个 X"表达式现在已经逐渐成了一种新兴的感叹构式了。例如：

（93）凑热闹的村民拿着刚打印出来的彩票说："我看站点门前围了不少人，一打听说中了 585 万元超级大奖。<u>我滴个乖乖</u>，十几万对我们来说那就是个大奖，这 585 万得多少啊！"（《淄博 17 年福彩老站首中双色球 585 万元大奖》，手机看新闻，2018 年 9 月 19 日）

（94）《武林外传》火了姚晨，也捧红了闫妮，这位时年 35 岁的大姐在剧中扮演的佟掌柜，那一口隔陕西口音，<u>我滴个天</u>，不知腻死了多少人，而在 2006 年出演《武林外传》之前，她不知在多少部影视剧中跑龙套，当配角……（《刘诗诗范冰冰白百何 娱圈一剧爆红的女星》，手机看新闻，2014 年 9 月 16 日）

显然，就形成动因而言，助词变体"哒、滴"产生与发展受到谐音效应与方言用法的影响。就发展趋势而言，"哒"和"滴"两个变体从开始使用到逐渐流行至今不过十几年而已①，这两个助词变体现已形成了网络交际、文艺报道的环境与语体特色。虽然在纸质媒体上也已经开始广泛流行，但当前使用范围还是有所限制的，主要还是出现在网络语境中。例如：

（95）这人生在世呐，难免会有崩溃泪流满面之时，比方说<u>好好哒</u>，一趟旅程谁知莫名会丢了爸比见了丧尸？（《金裕贞画微笑妆美如画 抑郁症岂会找上门》，人民网，2016 年 9 月 27 日）

（96）蕾丝的减龄效果看样子也是<u>非常不错滴</u>，面对蕾丝一向穿衣优雅范儿的李冰冰也开始忍不住仙一把，哪个女生还不是个小仙女了呢？（《蕾丝说这个锅我可不背！》，腾讯网时尚频道，2017 年 7 月 21 日）

毫无疑问，"哒"和"滴"这两个变体的使用范围当前正在逐渐扩散，但是，当前正规、严肃的新闻报道还是基本上很少采用这两个助词。我们调查了近五年来人民网上重要或正规的政府报告、国家文件等，都没有出现助词"哒""滴"。也就是说，作为助词的变体，"哒"和"滴"，一般情况下大多还是出现在比较轻松、活

---

① 在《咬文嚼字》发布的 2014 年十大流行语中，"萌萌哒"位居其中，网络上流传最早、使用最广的是"么么哒"和"萌萌哒"。而"X 滴"的广泛流行，比"××哒"还要略微迟一点。

泼的文艺报道中。例如:

(97) 网友评论说:"非常好! 地域文化和当下形势结合,创意新颖,画风时尚,大赞!""几位先圣的身份和宣传语也很符合,创意棒棒哒"。(《防疫表情包指尖传递爱》,《人民日报》海外版,2020 年 2 月 24 日)

(98) 如今皮衣成为了每个人衣橱里必不可少的物件,不仅好搭配防风效果也是棒棒滴!(《妖风四起的季节里 给你的黑皮衣讨个说法》,瑞丽女性网,2016 年 8 月 31 日)

总之,就当代汉语"哒"与"滴"的演化趋势与使用范围而言,已经替代"的"的各种功用,目前还在进一步还发展过程中,所以,使用的语言环境还是具有一定限制的。

五、结语和余论

综上所述,"哒"和"滴"的性质与特点,可以归纳如下:首先,分布状况与附加方式涉及附标定语与协助状语、后附谓语与凸显补语、构成结构与辅助成句三个方面;其次,特定格式与特定用法涉及构形重叠与构词重叠、相互配合与多项连用、双关兼用与叠加羡余三个方面;再次,风格差异与情态特色涉及赞叹夸耀与轻松幽默、做作撒娇与赞美炫耀、重在赞叹与凸显亲切三个方面;最后,其转化动因与发展趋势主要涉及谐音基础与方言影响、类推效应与网络语境两个方面。

通过对助词"的"的当代变体"哒"与"滴"的研究,可以发现,由于本身发音的差异,"哒"一开始主要仿用语气助词"的",而"滴"一开始主要仿用结构助词"的"。但是在进一步发展演化与高频类推的过程中,由于表达的需要,"哒"和"滴"都具备了结构助词与语气助词的双重功用。由此可见,汉语的结构助词与语气助词,不管是"的"还是"哒、滴",本来都只是一个借用标记而已,后来都已逐渐衍生特定的双重功能。通过对"哒、滴"的多方面探究,我们还体会到:由于汉语独特的没有形态变化的类型学特点,研究汉语的各种语言现象,既要突破印欧语语法的各种规则限制,深刻认识汉语发展演化的规律与特点,又要借鉴普通语言学的经典理论和研究方法;唯有如此,才能真正看清汉语表层结构后面的演化趋势与动因,才能揭示出汉语表达方式内在规律,演化方式的相应机制。

参考文献

何文绚、李治平(2018)"XX 哒"的语用功能及其原因分析,《现代语文》第 2 期。

塞　梦(2019)浅析"XX哒"与"应答词＋哒"结构,《汉字文化》第3期。

李　姗(2018)云南个旧方言中的"点ₙ"和"滴",《现代语文》第1期。

刘杰海(2016)"叠词＋哒"结构的产生和构式化,《汉字文化》第6期。

罗昕如(2007)湘语"滴"的多功能用法,《汉语学报》第3期。

彭　敏(2014)巴中方言的"哒",《语文学刊》第3期。

石　艳(2015)网络新词"XX哒"的概念隐喻分析,《现代语文》(学术综合版)第2期。

谭丽亚、陈海宏(2017)网络流行语"滴"的多功能用法浅析,《西南石油大学学报》(社会科学版)第6期。

王东营(2015)对网络语言"XX哒"的分析研究,《语文学刊》第4期。

王磊奇(2016)宜昌方言助词"哒"的音变形式与意义,《巢湖学院学报》第4期。

王伟丽(2015)词语模视角下的网络词XX哒分析,《齐齐哈尔大学学报》(哲学社会科学版)第8期。

吴玉凡(2016)"X哒"词族的结构功能及其流行原因,《重庆第二师范学院学报》第3期。

张　莉、杨　超(2012)说郎溪方言中的"滴",《乐山师范学院学报》第6期。

张小春、胡继明(2019)武胜方言的助词"哒",《重庆广播电视大学学报》第3期。

张亚明(2015)湖北仙桃话的助词"哒",《语文学刊》第5期。

张谊生(2011)从标记词"的"的隐现与位置看汉语前加词的性质,《汉语学习》第4期。

张谊生(2012)现代汉语副词状语的标记选择,《汉语学报》第4期。

张梓宁、张剑平(2018)仙桃方言词"哒"的研究,《湖北工业大学学报》第6期。

中国社会科学院语言研究所词典编辑室(2016)《现代汉语词典》(第7版),商务印书馆。

朱德熙(1961)说"的",《中国语文》第12期。

（上海师范大学语言研究所,200234,yingshen@shnu.edu.cn）

湖南邵阳话中的指示叹词及其类型学意义*

蒋协众

〇、引　言

一般认为,叹词在句法上是独立的,它们要么独立成句,要么做独立成分,而不与其他词类发生句法上的组合关系。Poggi(2009)认为,叹词是一种用单词来完整成句的代码化的信号。刘丹青(2011)则认为,叹词的共同本质属性是代句词,可以代替陈述(如直指提示、应答等)、疑问、祈使、感叹等多种功能类别的句子。其中有一类叹词,句法上具有叹词的特征,语义上具有直指功能,可以代替一个含有直指成分的句子,陆镜光(2005)称作"指示叹词"。说话人在使用这类叹词时,往往要伴随一定的手势或眼神,其主要作用是把听话人的注意力转移到交际现场的某个人或事物上,对它的理解也必须联系话语参与者、说话时间和言谈空间等来进行,否则话语就变得不好理解,因而,它们具有明显的现场指示功能,具有指示词的某些特征。正因如此,陈玉洁(2010)将指示叹词纳入指示词的范畴,作为它的次类。

湖南邵阳话中,指示叹词主要有"嗯[ŋ̍]""嚟[li]"和"喃[lan]"三个。它们除了具有明显的现场指示功能之外,还演变出了一些引申用法。本文在前贤研究的基础上,分析邵阳话中几个指示叹词的用法,并探讨其类型学意义。

邵阳县位于湖南中南部偏西,邵阳话属于湘语娄邵片。本文所记为邵阳县

* 本文曾在第九届现代汉语虚词研究与对外汉语教学学术研讨会(2020年10月31日至11月1日,宁波)上宣读,已发表于《华中学术》2021年第2期。本文是国家社科基金重大招标项目"湘与黔桂边跨方言跨语言句法语义比较研究"(15ZDB105)和国家语委保工程专项计划资助项目"湖南汉语方言调查·邵阳"(YB1518A005)的部分成果。

五峰铺镇、下花桥镇一带的方言,为笔者的母语。本文语料是笔者内省和调查所得。主要发音合作人徐爱冬女士,1955 年生,五峰铺镇马草村人,农民,小学文化,世居当地,没有长期外出经历,只会说邵阳话。

根据赵元任(1979)、麦耘(1998)、郭锐(2002)等的观点,叹词没有固定的字调,但是有一定的语调,语调是叹词唯一的音高形式,给叹词注音时不必标调。邵阳话中有 5 个单字调,分别是阴平 55,阳平 13,上声 33,阴去 35,阳去 324,没有降调和升降调。如下文所示,邵阳话叹词读为降调,有的叹词可读成好几种音高形式,这符合叹词在语音上具有不稳定性和超系统性的特点①,也说明叹词的音高不是声调而是语调。基于此,下文的讨论中我们也不给叹词标调。

一、指示叹词的现场指示用法

这些指示叹词可以单独用来回答问题,可以处于话语开头,也可以处于话语末尾,甚至在话语开头和结尾可以搭配使用,但不能与任何成分组合,只能独立成句或作独立成分,符合典型叹词的句法特征。下面我们根据它们的指示距离意义,对其现场指示功能进行分类说明。

1.1 近指叹词"嗯[ŋ]"

先看下面的例子:

(1) 嗯!箇是我买把你个生日礼物。给,这是我给你买的生日礼物。②

(2) 嗯!我欠起你个钱还把你着,嗯!我欠你的钱先还给你吧,给。

(3) A. 帮我把那只杯子递把我。帮我把那个水杯递给我。

    B. 嗯!给!

(4) A. 我个书包哩?我的书包哪去了?

    B. 嗯!摆起在箇里着!看!明明在这儿嘛!

以上各例中的"嗯"以独立小句的形式,代替"这就是某某东西""某某东西就在这儿"等陈述句,其作用是将听话人的注意力引导到交际现场的某个事物上,相当于英语的"Here you are!""Here it is!"等直指义陈述小句。它们都具有很强的现场直指功能,这里的"现场"指的是交际双方都能直接看到对方,并且能看

---

① 参见胡明扬(1981a)、(1981b)。

② 例句中的指示叹词如果直接翻译,有时会显得很别扭,翻译成它们所替代的句子又显得重复啰嗦,我们根据具体语境将它们意译作"看、给"等,甚至有时还需省略。

到说话人所指的东西,说话人说出这些话语的时候,必须同时作出相应的动作或眼神。如前三例中,在说话的同时,说话人必须伴随有赠送礼物、给钱或递杯子等手部动作,例(4)中则是用眼神引导听话人将注意力转移到书包上。这种用法的"嗯"都具有近距离指示的特点,前三例中,交际双方的距离在说话人的手能传递物品的近距离范围之内,例(4)中距离可能稍微远一点,但相对来说也是一个较近的距离,这从后面的"摆起在箇里着"中所使用的近指代词"箇里这儿"可以看出来。

1.2 远指叹词"嚟[li]"

"嚟[li]"有"嘞[liəɯ]""咧[liɛ]"等语音变体。它们具有与"嗯"相类似的现场指示功能,说话人在说出含有"嚟"的句子时,必须同时作出相应的动作或眼神。所不同的是,在当地人的语感中,多把"嗯"视为一个近指叹词,而把"嚟"视为一个远指叹词。例如:

(5) A. 拿根好烟来把我吃下哉。拿支好烟给我抽抽吧。

　　B. 接倒! 嚟!接着!给!

(6) 嚟,我借起你个擦笔还把你哩,嚟。你看,我借你的橡皮擦还给你了,在那儿。

(7) A. 我只帽子哪去咖哩?我的帽子哪儿去了?

　　B. 摆起在桌子高头咗,嚟。明明在桌子上面嘛,你看。

(8) 嚟,那就是我读书个当。你看,那就是我上学的地方。

以上各例中,交际双方之间或说话人与橡皮、帽子、桌子及学校等之间,通常存在较远的空间距离,如例(5)中,双方的距离一般要远至香烟的传递动作需要通过抛掷才能完成,如果是对方用手就能递给说话人,则多用表示近指的"嗯"。例(8)中,说话人使用了远指代词"那",说明与之配合使用的"嚟"是远指叹词,如果换成"嗯"就会显得不自然。

1.3 中性指示叹词"喃[lan]"

"喃"也具有现场指示功能,但与近指叹词"嗯"和远指叹词"嚟"相比,它并不区别空间远近意义,而是一个"中性"指示叹词。陈玉洁(2011)认为,中性指示词既可以表示近指,又可以表示远指,它虽然本身和远近无关,但和其他指示词拥有共同的指示功能,可以插入到远近指系统中去,临时或固定拥有远指或近指的功能,其距离意义由语境赋予。综合起来,"喃"的指示用法包括以下几种情况:第一,可与近指叹词"嗯"对举使用,表示远指;第二,可与远指叹词"嚟"对举使用,表示近指;第三,单独使用,一般不强调距离意义,但以近指为常;第四,可与

近指、远指叹词一起使用,表示中指。例如:

(9) 嗯！箇是你个。嗫！箇是你箇。给!这是你的。(给!)这是你的。

(10) 嗫！先拿箇滴碗洗咖！再把那滴衣衫晒倒！嚓!给,先把这些碗洗了!再把那些衣服晒好!

(11) 嗫！吃根烟着!给,先抽根烟吧!

(12) 嗯！箇滴把你(三毛)。嗫！箇滴把你(乐乐)。好,那滴把妹妹,嚓!给!这些给你!这些给你!好!那些给妹妹。

例(9)用于分发物品的语境中,"嗯"与"嗫"对举使用,两个接受者与说话人的距离不一样,前者离得近,后者稍远。例(10)用于布置任务的语境中,"嗫"与"嚓"对举使用,前者表示近指,后者表示远指,这从后续句中所包含的指示代词"箇""那"也能看出来。例(11)用于赠烟的语境中,"嗫"单独使用,交际双方的距离一般比较近,但说话人并不强调距离的远近,事实上,当双方的距离比较远时,也可以使用,如例(5)中传递的动作需要通过抛掷才能完成,也可以用"嗫"。例(12)也是分发物品的语境,"嗯、嗫、嚓"三者共现,这时三毛距离说话人最近,乐乐次之,妹妹最远。从"嗫"的语义灵活性可以看出,它与固定表示近指"嗯"和表示远指的"嚓"不同,其距离意义是语境临时赋予的,它在邵阳话指示叹词系统中的地位,类似于苏州话中的"辩[gə?1]"在其指示词系统中的地位:苏州话中,近指词是"哀[ɛ1]"/"该[kɛ1]",远指词是"弯[uɛ1]"/"归[kuɛ1]","辩"和近指词"哀"对举时指远,与远指词"弯"对举时指近,此外,"辩"还可以代替单用的近指或远指词,以代替近指词更为常见,陈玉洁(2011)等将"辩"视为一个典型的中性指示词,我们也可以把邵阳话中的"嗫"看成一个中性指示叹词,它是一个临时跻身于近指、远指叹词系统的叹词(下文还会涉及)。王灿龙(2006)认为,指示词的指示功能是第一位的,远近意义是第二位的,在有中性指示词的语言中,中性指示词往往是使用频率最高的指示词。邵阳话中,在不需要强调距离远近时,用"嗯"和"嚓"的地方通常也可以用"嗫",因此,"嗫"的使用频率要远比其他两个指示叹词高,它们的使用格局也印证了王文的观点。

二、指示叹词的引申用法

以上是指示叹词"嗯、嚓、嗫"的现场直指用法。在下面的例句中,叹词的指示功能明显减弱,不再要求说话人在说话的同时作出相应的手势或眼神,更不要求说话人通过身体动作现场传递实物,说话人只是用语言提示现场出现了某种情况或某个局面,有的甚至不再要求事件具有现场性,陆镜光(2005)称为"非现场用法"。它们在普通话中很难找到与之相对当的叹词性成分，我们大致可以用"你看看、你想想看"等来勉强翻译。引申用法主要包括以下几类。

其一，证明断言功能。例如：

（13）昨夜温度肯定蛮低，嗯，盆盆里倒结咖枸子哩。昨晚温度肯定很低，你看看，盆子里都结了冰了。

（14）箇价吃起来是尽个，仍要滴钱来吃啊，嚓，昨日买个，有得一天工就快有得哩。这样吃起来挺快的，还要些钱来吃啊，你看看，昨天才买的，一天不到就快吃没了。

（15）爷老子个身体箇会唧隔大场哩，喃，半碗饭倒有吃完。爸爸的身体近段很差劲了，你看看，半碗饭都没吃完。

以上几例中，说话人在前面说出一个观点或断言，然后用叹词"嗯、嚓、喃"来引出一段话，来证明前面观点的真实性或断言的合理性。如例（14）中，"嚓"前面的话语向听话人表明某种东西吃起来很快的观点，后面的句子对其进行解释说明，这时所讨论的吃的东西可以在交际现场，也可以不在交际现场。

其二，声明预料功能。例如：

（16）嗯，要你慢点唧唔慢点唧，绊倒咖哩吧？你看看，我要你慢点儿你不慢点，（这不）摔倒了吧？

（17）A. 渠屋婆娘当真要和渠离婚哩。他老婆真的要跟他离婚了。

B. 嚓，箇就是打牌赌宝个下场。你看看，这就是打牌赌博的下场。

（18）喃，讲要你老成点唧，被别个骗起咖哩吧？你看看，我说了要你警惕一点，（这不）被别人骗了吧？

以上几例中，说话人用叹词"嗯、嚓、喃"旨在向听话人声明，某种情况（多是不如意的、不愿发生的）的出现是以前说话人早就预料到的结果，多带有说话人责怪、抱怨、告诫等意味，具有很强的主观性。如例（16）中"嗯"提示后文"绊倒咖哩"这种情况说话人早就预料到了，这里明显带有责怪听话人跑得太快的语气；例（17）中"嚓"提示 A 所说的他的老婆和他闹离婚的情况，也是早就被 B 预料到的，B 通过使用包含"嚓"的句子来告诫 A 不要打牌赌博。

其三，信息提取功能。例如：

（19）哪一年？——嗯，就是亚运会第年啊！还记得吗？那年我就陪你爬咖长城个啊。哪一年？——你想想看，就是亚运会的第二年啊，记得吗？那年我就陪你去爬了长城的啊。

（20）你又忘记咖哩？嚓，就是头转回我俚在菜市场门前碰到那只人唉！你又忘记了？你想想看，就是上次我们在菜市场门口碰到的那个人啊？

（21）喃！那时期渠屋里唔是成分隔起吗？所以就冇讨到婆娘。你想想看，那时候不是他家里成分不好吗？所以就没娶上媳妇。

以上几例中，说话人用指示叹词发出信号，目的是提醒听话人从双方的共同经历或自己的经验中搜索并提取信息,以便使当前的交际得以延续。如例(19)中,说话人用"嗯"作为手段,启发听话人回忆出他们当初爬长城的经历,以使当前的话题继续进行。

其四,篇章标记功能。例如:

(22)嗯,等到春上哩,细个子个学费要钱,农田物资要钱……<small>你看看,等到开春了,孩子的学费要钱,购买农田物资要钱……</small>

(23)噔,你瞎渠啰,一只女人家,整天打牌,崽女都唔要管个……<small>你看看,你看她吧,一个女人家,整天打牌,儿女都不管的……</small>

(24)喃,我把今日用咖个钱一五一十打把你听映,买菜75,剃脑壳20……<small>听着,我把今天所花的钱一五一十算给你听吧,买菜75,理发20……</small>

以上几例中,指示叹词的主要作用是组织话语。说话人在叙说一段话语之前,用上这种篇章标记,来开启一个新的话轮,表明后面的话语将会是一段较长和较完整的话,以提醒听话人知道,暂时不要急于答话。

可以看出,指示叹词的上述用法,已由行域进入到言域或知域,属于其现场直指用法的引申。现场指示用法都需要伴随说话人的动作或眼神,其基本意义就是指示某种人和事物别人看,而这些引申用法都可以翻译成"你看看、你想想看"等,它们与现场指示用法之间存在明显的虚化、演变关系。

三、从跨方言的比较看邵阳话指示叹词的类型学意义

一直以来,人们对汉语指示叹词的关注较少,即便是专门研究叹词的文献,也不一定注意到它的指示功能。陆镜光(2005)首次专门讨论了汉语方言中的指示叹词,列举了近20种汉语方言存在这类叹词,但除了对粤语讨论得比较深入外,其他方言多只是列了词项,没有举例说明。该论文给指示叹词下了一个较为恰当的定义,并认识到拥有指示叹词可能是汉语的一个特点,指示叹词有可能是名词(含代词)、副词和动词性词语之外,人类语言表达"指示"意义的第四种指示词。之后,汉语方言中的指示叹词逐渐受到人们的关注。我们通过梳理对指示叹词有过详细描述的文献,得到如下表格①。

---

① 陆镜光(2005)列出了客家话存在"[me³³]、[a³³]"等指示叹词,但没有分析其用法;黄涛(2016)分析了闽东罗源话中的指示叹词"嗒[no²¹]"和"者[tsia²¹]"有现场直指功能,未提及其指示距离远近和引申用法等情况,类似这种情况我们不列入表格,也不纳入比较的范围。

表1　汉语方言中指示叹词的用法

方　言	近　指	远　指	不区别远近	引申用法①
潞西官话	喏[no⁵³]	喏[no²¹³]	不详	不详
商水官话	这□[pei⁵²]	这□[pei⁵²]、那□[pei⁵²]	**这□[pei⁵²]**	不详
洛阳官话	改[kai³⁵]、嗯[ŋ̍³⁵]	嗯[ŋ̍³⁵]	**嗯[ŋ̍³⁵]**	B
罗田官话	[nɛ²⁵ pər²⁵]	[nɛ³³ pər²⁵]	[pər²⁵]	不详
无极官话	呶[nau²⁴]、嗯[en²⁴]	无	不详	B、C
滑县官话	□[tʂei³⁴]、呗[pei⁵²]、□[niau⁵²]	□[niau⁵²]	**□[niau⁵²]**	B、C、D
株洲湘语	诶[ei²⁴ʹ⁴²]、嗒[ta²¹]、喋[tie²⁴]	喋[tie²⁴]	**喋[tie²⁴]**	B、C、D
邵阳湘语	嗯[ŋ̍]	嚟[li]	喃[lan]	A、B、C、D
临湘赣语	喝[xø²⁴]、喋[de²⁴]	喋[de²⁴]	**喋[de²⁴]**	A、C、D
咸宁赣语	□[zæ]、嗯[n̩]	嗯[n̩]	**嗯[n̩]**	不详
广州粤语	嗱[naː¹¹]	呢[nɛː⁵⁵]	"嗱、呢"均可,后者更常用	B、C、D
余姚吴语	喏	哪	不详	A、C、D

通过比较可以发现:

第一,就现有的材料看,使用指示叹词的汉语方言涵盖官话、湘语、吴语、赣语、粤语、闽语、客家话等各大方言区。大部分汉语方言中的指示叹词不超过两个,使用三个及以上指示叹词的汉语方言还不多见,目前只见于河南滑县话(孔令京,2019)、湖北罗田话(汪化云,2012)、湖南株洲话(胡琼,2018)和我们调查的

---

① 表格中的 A、B、C、D 分别代表"证明断言""声明预料""信息提取"和"篇章标记"四种引申用法。

邵阳话。普通话中很少使用指示叹词,至少不属于显赫范畴,《现代汉语词典》(第7版)(2016:966)虽收有"喏",但将其标注为方言词;北京话是否存在指示叹词,陆镜光(2005)表示"一时不好解决,只好留待以后研究"。

第二,使用两个以上指示叹词的汉语方言,其指示叹词一般有近指和远指的区别(我们考察的语料中,仅有河北无极话作者(孙平,2017)明确表示只有近指叹词而没有远指叹词)。各方言中,近指叹词和远指叹词的编码包括以下几种类型:一是在表近指的叹词中选择一个兼作远指叹词,如商水(陈玉洁,2010)、洛阳(王晶,2011)、滑县(孔令京,2019)、株洲(胡琼,2018)、临湘(李婵,2018)、咸宁(鲁娜,2012)等地方言都属于这种类型;二是两类叹词编码为相同的音段形式,仅以声调等超音段形式相区别,如潞西官话(陆镜光,2005)的"喏[no^{53}]"和"喏[no^{213}]",罗田话(黄涛,2016)的[nɛ^{25} pər^{25}]和[nɛ^{33} pər^{25}],此外,余姚话(黄梦娜等,2019)的"喏"和"哪"也是声调各异,作者认为是"同一个词的不同语音变体";三是两类叹词编码为不同的音段形式,如邵阳话的"嗯[ŋ]"与"嚟[li]",广州话(麦耘,2012)的"嗱[na:^{11}]"和"呢[nɛ:^{55}]"等。

第三,在多数方言中,由于存在某一个编码形式的叹词在不同的语境中既可以表示近指,也可以表示远指的情况,所以,会给人留下多数方言中存在不区别远近的中性指示叹词的印象(如上表中的粗体字所示),尽管描写者不一定明确将其定性为中性指示叹词。但是,如果参照陈玉洁(2011)对"中性指示词"的界定,则多数方言中不区别远近的指示叹词都不是"中性指示叹词",只有邵阳话中的"喃"才是专门用来表示中性指示的指示叹词,罗田话中不分远近的[pər^{25}]与其近指、远指叹词的词形不完全一样,也勉强可以视为专用的中性指示叹词。邵阳话中的"喃"实现指示功能时,本来也不需要凸显距离意义,但由于具体语境中的对象可能靠近或远离说话人,所以我们在描述它的特征时,才说它既可以表近指又可表远指。实际上,距离远近只是交际现场中具体对象间的距离带来的,并不是"喃"本身的意义。所以,确切地讲,并不是邵阳话中的"喃"可以代替单用的近指叹词或远指叹词,而是其他没有专用中性指示叹词的方言,要借用近指叹词或远指叹词来表示中性意义。总之,根据是否存在中性指示叹词,可以将汉语方言分为两种类型,邵阳话代表使用专用中性指示叹词的一类。

第四,按照指示叹词的定义,汉语方言中的指示叹词都具有很强的现场直指性。除此之外,多数方言中的指示叹词还不同程度地具有证明断言、声明预料、信息提取、篇章标记功能等引申用法,只有汪化云(2012)所描写的黄孝片方言明确指出不具有引申用法,并认为该方言的指示叹词虽然完成了词汇化,但尚处于语法化的初期。说明各方言中指示叹词的语法化程度存在差异,其中,邵阳话中指示叹词的引申用法最为丰富,语法化程度最高。由于有些文献没有对指示叹词的引申用法进行分类描写,我们不便作详细比较,但总体来看,信息提取功能是指示叹词最为常见的引申用法。

四、结语和余论

本文对邵阳话中的三个指示叹词的用法进行了详细的描写,并通过现有的文献,对汉语方言中的指示叹词进行了比较。邵阳话中,指示叹词词项丰富,功能多样,其中,除了"嗯"和"喋"分别是近指叹词和远指叹词,还有一个中性指示叹词"喃",它们除了现场指示用法外,还发展出证明断言、声明预料、信息提取、篇章标记等引申用法。在是否具有中性指示叹词和近、远指叹词的编码类型上,该方言具有一定的类型学意义。

Diessel(1999)认为,在任何语言中,都没有证据证明指示词是从其他非指示性的词汇、语法成分演变而来,说明指示词具有"原生性"。汪化云(2012)详细探讨了黄孝片江淮官话指示叹词的来源,认为该片方言指示叹词的语音和意义、功能大多与指示代词相关,是由指示代词构成的反问句"这/那不是的"经省略、虚化、音变而来,并认为这种形成模式反映了汉语指示叹词形成的某种共性。我们赞成汪文对黄孝片方言指示叹词来源的构拟,但是,邵阳话和其他一些方言中的指示叹词,似乎不都像黄孝片方言那样容易看出其与近指、远指代词等的关系来,或许提示它们另有源头,而不一定来源于指示代词等指示性成分。事实上,陈玉洁(2010:241)根据汉语方言中量词到指示词的演变的事实,提出"指示词虽然是语言中较早出现的原生型的词汇,却并非不可改变,它同样可以有多种来源",邵阳话指示叹词也不是来源于指示性成分的原生型指示词。到底邵阳话和其他汉语方言中的指示叹词来源于什么词汇、语法成分,还有待进一步的深入研究。

我们相信,汉语方言中的指示叹词还有很多不一样的表现,我们期待有更多的学者来共同关注指示叹词这种人类语言中第四类指示词。

参考文献

陈玉洁(2010)《汉语指示词的类型学研究》,中国社会科学出版社。

陈玉洁(2011)中性指示词与中指指示词,《方言》第2期。

郭　锐(2002)《现代汉语词类研究》,商务印书馆。

胡　琼(2018)《湖南株洲县方言叹词探究》,湖南师范大学硕士学位论文。

胡明扬(1981a)北京话的语气助词和叹词(上),《中国语文》第 5 期。

胡明扬(1981b)北京话的语气助词和叹词(下),《中国语文》第 6 期。

黄　涛(2016)《闽东罗源方言描写语法》,福建师范大学博士学位论文。

黄梦娜、崔山佳(2019)余姚方言的指示叹词,《温州职业技术学院学报》第 3 期。

孔令京(2019)《河南滑县方言叹词研究》,华中师范大学硕士学位论文。

李　婵(2018)《湖南临湘方言叹词研究》,华中师范大学硕士学位论文。

刘丹青(2011)叹词的本质——代句词,《世界汉语教学》第 2 期。

鲁　娜(2012)《咸宁方言叹词、语气词及其呼应关系研究》,华中师范大学硕士学位论文。

陆镜光(2005)汉语方言中的指示叹词,《语言科学》第 6 期。

麦　耘(1998)广州话疑问语气系统概说,纪念《方言》杂志创刊 20 周年学术研讨会论文。

麦　耘(2012)广州话语调说略,载麦耘著《著名中年语言学家自选集(麦耘卷)》,上海教育出版社。

孙　平(2017)《河北无极方言叹词研究》,华中师范大学硕士学位论文。

汪化云(2012)"黄孝片"方言的指示叹词,《中国语言学报》第 15 期。

王　晶(2011)《洛阳方言叹词研究》,华中师范大学硕士学位论文。

王灿龙(2006)试论"这""那"指称事件的照应功能,《语言研究》第 2 期。

赵元任(1979)《汉语口语语法》,商务印书馆。

中国社会科学院语言研究所词典编辑室编(2016)《现代汉语词典》(第 7 版),商务印书馆。

Diessel, Holger (1999) *Demonstratives: Form, Function and Grammaticalization*. Amsterdam: John Benjamins Publishing Company.

Poggi, Isabella (2009) The Language of Interjections. In Esposito A., Hussain A., Marinaro M., Martone R. (eds.), *Multimodal Signals: Cognitive and Algorithmic Issues*. Berlin/Heidelberg: Springer.

(湖南师范大学文学院,410081,jiangxiezhong@163.com)

由原型句式、原型语气结构及其
中性语境句研究"吗"的功能*

黄梦迪

〇、引 言

　　虽然学界几乎一致认可普通话只有一个"吗",①但对其功能的认识却存在如下 5 种不同观点。A. 强制性表示是非问语气,以黎锦熙(2007:277)、王力(1984:223)和高名凯(1986:448)为代表。② B. 可选性表示是非问语气,以吕叔湘(2002:283)、黄伯荣、廖序东主编(2007:33)为代表。C. 帮助语调表示"可疑"口气(胡裕树主编,1995:377)或"辅助表达疑问语气"、减弱疑问和反问语气而显得委婉(陈妹金,1995;于康,1995)。D. 兼表疑问语气和口气或传态语气(孙汝建,1999:15;徐晶凝,2008:79)。E. 仅表反问(黄国营,1986)。以上 5 种观点里,A 提出最早,影响最大,至今仍是主流,其余均可视为对它的尝试性突破。B 尝试将"吗"表示是非问语气的强制性修改为可选性,C 尝试对语调和"吗"的功能进行区分,D 尝试将观点 A/B 和 C 相加,E 尝试全盘否定前 4 种观点而另起炉灶。

　　学界对"吗"的功能存在众多分歧,原因主要是"吗"的研究存在如下误区:

本文曾在第九届现代汉语虚词研究与对外汉语教学学术研讨会(2020 年 10 月 31 日至 11 月 1 日,宁波)上宣读,发表于《外国语》2021 年第 5 期。

① 首先,彭小川(2006)认为普通话有两或三个"吗"。其次,主张一个"吗"者,具体表述也有不同(汤廷池,1981、1988;胡明扬,1987;邵敬敏,1989;徐杰、张林林,1985;Cheng,1991;张伯江,1997;陆俭明,2001;齐沪扬,2002:197;张斌主编,2002:238;屈承熹,2006:96;刘丹青,2008:478;邓思颖,2010)。

② 该观点内对"吗"问句功能的认识分歧可归纳为 3 类。A₁. 对句子疑/信度有分歧(赵元任,1926;王力,1985:227;徐杰、张林林,1985;邵敬敏,1989;朱德熙,1982:211;文炼,1987;沈炯,1992;李宇明,1997;赵春利,2018)。A₂. 对句子疑/问度有分歧(文炼,1987;齐沪扬,2002:297;陈妹金,1995;张斌主编,2002:338;陈昌来,2000:233)。A₃. 对听者给予肯定答案的确信度有分歧(赵元任,1979:356;黄国营,1986;郭锐,2000)。

52 ·

其一,忽略升调及其功能,没能从逻辑上彻底区分升调和"吗"的功能及其关系,直接误导了观点 A、B、E,也一定程度上误导了观点 C,难以解释两者共存及其关系。① 其二,"吗"在句子层面表示言者的语气,却据其在词组里的"句法/语法分布"进行归类,误导了观点 D。其三,观点 A、B、E 用"语气"一词混称语调和语气词的功能,导致表述混乱;观点 C 虽用"语气"和"口气"区分二者功能,但对"口气"及其手段的界定过于宽泛。② 其四,操作时不区分"吗"的原型和边缘分布,让边缘分布干扰了功能提取。前 3 个误区涉及"吗"和升调的分工及其关系,第 4 个涉及提取方法。

为避免上述误区,下文将先确定"吗"的词类性质,明确区分它和升调的分工及其关系,再区分其原型和边缘分布,最后在原型语气结构的中性语境句里通过多维对比提取其功能。除注明者外,例句均来自 CCL 语料库。

一、"吗"的词类归属

词组本位语法规定,词类是它们在词组或句法结构里的语法或句法功能类。该说得到学界高度认可。但它毕竟是以非语气词的印欧语为基础提出的假设,拿来研究语气词语言的汉语词类,难免水土不服。首先,语气词是句子的成分。因此,"一个词的语法功能指的是这个词在句法结构里所能占据的语法位置"(朱德熙,1985:283),对语气词来说很可能只是理论幻觉。因为它根本不在词组里,也不可能根据它在词组里的分布或功能进行语法分类和归类。其次,"X+吗"序列,除了能做言说、认知和知觉动词的宾语小句(朱德熙,1982:207),不能进入更大句法结构充当句法成分。如("!!"标志感叹句,"!"标志祈使句):

(1) 吃饭。/!! /! /? →吃饭的人

(2) 吃饭吗?　　　　→ *吃饭吗的人

对比显示,"吃饭吗"和"吃饭"加上语调都能实现为句子,但后者能作定语,前者则否。这说明,在词组本位语法体系里,"X+吗"序列不能像"吃饭"那样归入一种句法结构。③ 同时"吗"也不能充当任何已有句法结构的任何已有句法成分。亦即,在词组层面不可能得出对"吗"的正确认识,也不应认为它具有句法-

---

① 见胡明扬(1987)、陆俭明(2001)、刘月华(1988)、张斌主编(2002:338)和江海燕(2005)。

② 赵元任(1926)以来不少学者主张大语气词观。如陆裕树主编(1995:379、385)和孙汝建(1999:14)认为,口气手段主要有语气词、语气副词、叹词、特殊格式、重叠、语用上的语序、标号以及修辞。

③ 见沈开木(1982)和马真(1999:449-450)。

语义功能——表示是非问语气并参与构成是非问句。最直接有力的证据是,例
(2)没有"吗",仍可实现为是非问句。

与词组本位语法相反,众多学者认为语气词是句子层面的成分。① 黎锦熙
(2007:23)最早将语气词、叹词归入"情态词","只用在词句的末尾,表示全句的
'语气'"(黎锦熙,2007:260)。它们"在文句之论理的结构上虽无重大的关系,
但口语中的表情、示态,全靠把助词运用得合适,才可使所表示的情态贴切、丰美
而细腻"(同前)。该认识影响持久而广泛,现在一般仍同意语气词"是句子平面
上的东西"(陆俭明,1982),"不是语法结构必需的成分,有或没有不影响语法结
构的合法与否"(徐晶凝,2008:133),而"属于句子的外层成分",不能根据句法
功能分类和归类(张亚军,2007)。因此,说"吗"在口气或传态语气上"有自己独
立的地位"是对的,但说它具有"句法-语义功能"且"有无将会改变句类",则明显
欠妥。这是讨论"吗"的功能的前提之一。

二、"吗"与升调的分工

结构主义语法学对句子结构的认识有两种观点,简示为"句子=词组"和"句
子=词组+语调"。② 这两种观点对语调之于词组实现为句子的作用的认识截
然不同,但都对汉语学界产生过重大影响。赵元任等接受前者,③吕叔湘等接受
后者。吕叔湘(1979:61-62)用直接成分分析法将句子分解为"语调"和"句子
的词语"两部分,他还提出语气和口气二分,前者由语调表示,后者由语气词表示
(张斌,1999)。胡裕树主编(1995:375,357)提出:"句子的语气可以分为陈述、
询问、祈使、感叹四种。表达语气的主要手段是语调,其次是语气词。语气词能
帮助语气的表达,同时它能在语调的基础上增加色彩。"他还将"显著的上升的语
调"和"专用的语气词'吗'"视为是非问句的两个"一般标志"。④ 显然,"句子=
词组"说忽略了语调及其功能对句子的作用及其和语气词的关系,而"句子=词

① 见黎锦熙(2007:260)、吕叔湘(1979:第72节)、张世禄(2017)、张志公主编(1982:22)、陆俭明
(1982)、胡裕树主编(1995:377)和张亚军(2007)等。本文的语气词仅指句末语气词,不包括王珏、毕燕娟
(2017)所谓话语语气词和话题语气词。
② 前一观点见布洛赫和特雷杰(1965),后一观点见 Harris(1951)和霍凯特(2002:176)。
③ 见赵元任(1979:41-42)、丁声树等(1961:18)和朱德熙(1982:21;1985:340)。
④ 另外,张世禄(2017)、陆俭明(1980)、沈开木(1987)和张志公主编(1982:22)提出,语调和语气词
是词组成句的必要要素,孙汝建(1999)、张云秋(2002)、范晓、张豫峰等(2003:371-372)、刘丹青(2008:
479)和王珏(2016,2020a,2020b,2020c)等都继承吕叔湘区分语气和口气的做法并沿用"口气"指称语气
词功能的传统。

组＋语调"说重视语调对句子的作用及其和语气词的关系，是对升调和"吗"的功能及其关系的一次认识飞跃。

第二次认识飞跃在新旧世纪之交。邢福义（1996：125）和华宏仪（2004）先后提出，句子结构为"句法型＋语气型"或"句法·语义结构＋语气结构"，语气型或语气结构由语调单独构成或由语调和语气词一起构成。由此，王珏（2020a、2020b、2020c、2021）据语气词和语调/疑问标记（以下简称"疑标"）共现的种类、频次、层次异同和功能关系而假设述题有个语气结构，其结构模式为[＋语调/疑问标记$_{语气}^{上位}$][±语气词$_{口气}^{下位0-3}$]。其中，语调/疑标强制性择一出现，表示言者对述题的语气（speech act mood）类型；语气词可选性出现 0—3 个，表示相应语气的下位口气（tone of voice）。两者分工合作表示"语气＋口气"综合值或混合值。"吗"和升调强制性绝对高频同层共现，构成功能一致的原型语气结构"升调＋吗"，升调表示上位是非问语气，"吗"表示其下位口气，两者分工合作表示"是非问语气＋口气"综合值。

由上可知，先哲时贤提出的"句子＋词组＋语调"说和语气结构假设一起，扫清了"吗"功能研究中的两大障碍。

首先，语气副词等都不和语调/疑标构成语气结构，而在语气词之前作为语气词辖域的成分或单独作为语气词的辖域。例如：

（3）难道他们没有想到他们的寿限或许已临近了吗？

（4）你难道忘了吗？

（5）喝酒吗，难道？　　　　　　对比：难道喝酒吗？

（6）拿破仑这次要获胜，可能吗？　对比：拿破仑这次可能要获胜吗？

（7）"这表是你的吗？"肖的笑容顿飞。"不。""肯定吗？""是的。"

例（3）的"难道"位于主语之前，例（4）的"难道"位于主谓之间，例（5）的"难道"易位到"吗"之后。例（6）的"可能"易位句末和"吗"构成零句，"可能"成为语气结构"升调＋吗"的唯一管辖对象。例（7）的"肯定吗"加上升调成为是非问句，"肯定"是语气结构"升调＋吗"的唯一管辖对象。以上说明，语气副词层次低于"吗"，功能上和"吗"泾渭分明。

其次，语气结构假设从逻辑上证明了升调和"吗"的分工及其关系，升调强制性优先表达是非问语气，[①]"吗"无需可选性表示是非问/反问语气（即"缘起"里

---

① 杨洋、郑礼珊（2019）指出，疑问句比陈述句时长更短（语速更快），F⁰ 更高且音域更大。她们据此提出"在汉语中，真正起到标句作用的应该是韵律"，并假设语调或"语调素"（intonational Q-morpheme/intoneme）占据的位置为 C⁰，在句法层面作用于整个 IP，即整个句子都在它的辖域内。这意味着她们放弃了语气词标句符假设（Cheng，1991），为升调表示是非问语气提供了更有力的证据。

的观点 A、E),而表示是非问的下位口气。这是研究"吗"功能的前提之二,即不应在是非问语气这个功能上无谓纠缠,而应在其下位范畴内确定"吗"的功能。

三、"吗"的原型句式、原型语气结构及其中性语境句

词语分布有原型、边缘之别,原型分布典型地表现其功能或对提取其功能具有决定性作用。因此要想准确提取"吗"的功能,必须首先确定其原型分布。对此,以往研究不曾重视或重视不够,导致了对"吗"以及"吗"字句功能的不少误解,最明显的是认为"吗"表示疑问、是非问或反问,其次是认为"吗"字是非问句的疑问度和确信度变动不居,因而才出现了众说纷呈、各逞己见的混乱局面。语料调查和分析发现,姑且不计语体等外部因素,"吗"的分布应分为如下三层。首先,在"吗"参与的是非问句和反问句里,前者是原型句式,后者是边缘句式。其次,在是非问句里,由于升调有强弱变体之别,它们构成的语气结构有原型和边缘之分。最后,在原型语气结构的是非问句里,由于语用成分的有无(姑且不计异同),而分为中性语境句和非中性语境句。

3.1 "吗"的原型句式

学界对反问句的语调及其作用认识虽有不同,①但不妨碍假设"吗"字是非问句和"吗"字反问句的语调(称之为"反诘调")对立互补,从而将两者的语气结构表示如下:"吗"字是非问句=升调+吗,"吗"字反问句=[升调+吗]>反诘调。

"吗"字是非问句里,升调和"吗"高频同层共现,两者是功能一致的搭配关系(match);"吗"字反问句里,反诘调和"吗"低频跨层共现,两者是功能不一致的错配关系(mismatch)。例如:

(8) a. 你看电影吗?　　　b. 你看电影?

(9) a. 你没去看电影吗?　　b. 你没看电影?

(10) 您有什么发愁的事吗?

(11) 你不吃点什么吗?

前两例里,a 为"吗"字是非问句,语气结构为"升调+吗";b 为零语气词是非

---

① 见戈列洛夫(1982)、殷树林(2006)和于天昱(2007)。

问句,语气结构为"升调＋ø"。前者表示"是非问语气＋吗"综合值,后者表示"是非问语气＋ø"综合值。后两例是疑问代词式是非问句(吕叔湘,2002:288;张伯江,1997),语气结构同"吗"字是非问句。再如:

(12) 民工有那么金贵吗?难道比我儿子还金贵,比我张五常还金贵?

(13) 刘斌火了,喝道:"就我的命金贵!?"

例(12)的前一反问句的语气结构为"吗＞反诘调",反诘调抑制住下层升调而表示反问语气,并和下层"吗"构成错配关系的语气结构,分工合作表示"吗＞反问语气"。例(12)后两个反问句和例(13)的语气结构均为"ø＞反诘调",反诘调抑制住下层升调而表示反问语气,并和下层零语气词构成错配关系的语气结构,分工合作表示"ø＞反问语气"。

由以上分析可知,在"升调＋吗"和"升调＋ø"里,只要有升调,无论"吗"有无,均为是非问。因此,所谓"吗"是典型疑问语气词和表是非问的观点当然无从成立。同理,在"吗＞反诘调"和"ø＞反诘调"里,只要有反诘调,无论"吗"有无,都是反问。据此,所谓"吗"表反问语气的观点也不攻自破。进而言之,升调和"吗"在是非问句里共现时,自然既不存在功能"羡余",也不"加强疑问语气"。

此外据金智妍(2011)和谢赣萍(2015),"吗"字句里,是非问句约占67.5%或74.8%,反问句约占32.5%或25.2%。因此,是非问句才是"吗"的高频原型句式,反问句是其低频边缘句式,当然前者是提取其功能的首选。

3.2 "吗"的原型语气结构

有学者提出,是非问句里与"吗"共现的语调不止一个升调,还有一个"陈述语调""降调"或"甚低调"(胡明扬,1987;陆俭明,2001;贺阳、刘芳,2016)。但用经济原则考量,不如假设4个语调都各有强弱式。强升调为原型,表示一般的是非问,与"吗"或零语气词构成"强升调＋吗/ø"语气结构;弱升调为非原型,表示弱是非问,与"吗"或零语气词构成"弱升调＋吗/ø"语气结构。例如:

(14) 曾文清:为什么不请他进来呀?

　　　曾思懿:请她进来?

　　　替换句:请她进来吗?

(15) 愫　方:他已经回来见过我!

　　　曾瑞贞:(吃了一惊)爹走后又偷偷回来过?

　　　替换句:爹走后又偷偷回来过吗?(转引自刘月华,1988)

以上两例的原句,都是"语调是非问句"或"无标志是非问句"(刘月华,

1988),都可替换为"吗"问句,都带求证色彩,只是前者略急,后者稍缓。可见,所谓求证色彩既非升调专有功能,亦非"吗"固有功能,主要是由会话情景乃至背景带来。据此是非问句实有两式语气结构:A."强升调+吗"→"一般是非问+吗";B."弱升调+吗"→"弱是非问+吗"。区别仅在于,升调所表是非问强弱有别以及由回问情景带给 B 式的求证色彩。但"吗"只有一个,在 A、B 里的功能一以贯之。同时求证色彩既由会话情景带来,则 B 式的"吗"可有可无,可替换为"啊""吧"(贺阳、刘芳,2016)。换言之,A 式是"吗"的原型语气结构,B 式是边缘,前者是提取"吗"功能的不二之选。

3.3 "吗"的中性语境句

郭锐(2000)指出,句子的焦点种类及其位置、谓语极性(否定式)、谓语标记性(贬义)、推测标志词、语境和背景知识等都可能用于"吗"问句。据语境、情景和语用成分的有无、多少和类型,他将"吗"字句确信度划分为 5 级:全确信度(1)>高确信度(0.75)>中确信度(0.5)>低确信度(0.25)>零确信度(0)。换言之,"确信度越接近 0.5,疑问程度越高;确信度越远离 0.5,疑问程度越低"。各恭录一例如下(序号重编):

(16) 一位六十上下的大娘就迎了出来,嘴里连说:"来了吗,欢迎!"(确信度为 1)

(17) 杜逢时已经猜出了个大概,问道:"是金丹丢了吗?"(确信度为 0.75)

(18) 大立,金枝她好点儿了吗?(确信度为 0.5)

(19) 啊?你吃得下吗?(确信度为 0.25)

(20) 管家说:"聂师傅,放心吧,咱九爷是难为人的主子吗?"(确信度为 0)

以上 5 例各代表一类语气结构。例(18)不带否定词和推测标志,"好"是褒义,句子确信度居中(0.5)且疑问度最高。其余各例分别带有不同语用成分,确信度高或低于 0.5 且疑问度都低于例(18)。因此,中确信度"吗"问句没有语用成分干扰,是句义最单纯的中性语境句,且其频次是其他 4 个等级的近 3 倍之多(金智妍,2011)。这说明,原型语气结构句里,中性语境句是"吗"高频分布的核心句,理应是提取其功能的最佳语境。

3.4 小结

上文首先在"吗"字句里将是非问句锁定为原型句式,以走出"吗"表是非问或反问的认识误区。然后,在是非问句里将"强升调+吗"锁定为"吗"的原型语

气结构。最后,在原型语气结构里锁定语用因素为零的中性语境句为"吗"的核心句,即提取"吗"功能的最佳语境。图示如下:

四、"吗"的 功 能

本节拟在中性语境句里用对比法确定"吗"的功能。

4.1 对比"吗"字是非问句和语调是非问句以确定"吗"的功能

据赵元任(1979:356 - 357)和刘月华(1988),"升调+ø"问句的确信度高于50%,正反问句大约为50%,"吗"问句低于50%。简示如右:"升调+ø">"V不V">"升调+吗"。虽然"升调+ø"和"升调+吗"同为是非问句,但前者无"吗"而确信度高,后者有"吗"而确信度低。这是"吗"的功能将前者的确信度降低了。例如:

(21)鲁侍萍:我听见你哥哥说,你们谈了半天了?

鲁四凤:你说我跟周家二少爷?(曹禺《雷雨》)

(22)"医生,我儿子还活着吗?"医生抬起头来看了我很久,才问:"你是说徐有庆?"医生点点头……我急了,问他:"我儿子还活着吗?"(余华《活着》)

(23)走到这一步上,也是事非得已。小妹妹,明白我的话吗?(林海音《城南旧事》)

(24)乞丐朝你要钱,非常礼貌地说:"对不起先生,能给我点买酒钱吗?"(《作家文摘》)

以上几例依次是母女、医患、小偷和目击者、乞丐和施者关系。后3种均为地位不平等的交际关系。母女私房话、医生对患者母亲用"升调+ø"式问句,但患者母亲对医生、小偷对目击者和乞丐对施者用"吗"问句。这说明和语调是非问句比,"升调+吗"问句有一定礼貌色彩,"吗"具有低委婉功能。

4.2 对比"吧"问句和"吗"问句再次确定"吗"的功能

"吗""吧"问句中都用升调。例如:

（25）员工一开始感到紧张，赶忙说："啊？我迟到了吧？"

　　　对比：我迟到了吗？

（26）中国哲学的方法论将来会变吗？

　　　对比：中国哲学的方法论将来会变吧？

由对比可知，"吧"问句的确信度和委婉度都高于"吗"问句。据此，二者功能可表示如右："吧"的口气功能＝高确信＋高委婉，"吗"的口气功能＝低确信＋低委婉。由于"吗"降低了对听者给予肯定答案的确信度，带来了对听者的低委婉。反之，"吧"提高了对肯定答案的确信度，带来了对听者的高委婉。此外据赵元任（2002：34）、Halliday（2000：68－85）和王珏（2020c），是非问语气的结构是"（因对命题有然否之疑）传问＋使答"，对听者"给予少而索取多"，以它为上位范畴的"吗""吧"为是非问提供低姿态交际态度，拉近关系，顺利实现"使答"目的。

4.3　增删语气副词以检验"吗"的功能

语气副词用于"吗"字句的频次确有天壤之别并有一定规律。① 但它们位于语气词前，在语气词辖域内或为唯一辖域，不参与语气结构。因此，无论它们出现与否和多少，都不影响"吗"和升调一起构成语气结构而表示其下位口气。例如：

（27）把他们绑走，肯定就要杀吗？　　对比：把他们绑走，∨杀吗？

（28）夜深了，她或许会抬起头来吗？　　对比：夜深了，她∨会抬起头来吗？

（29）那时候你不是明明在高村吗？　　对比：那时候你不是∨在高村吗？

由对比可知，模态副词"肯定"、估测副词"或许"和显然义副词"明明"的有无都不影响原句和对比句的语气类型，也不影响"吗"的低确信和委婉口气。例（27）连用"肯定""就""要"，也只影响原句和对比句的情态义，而不影响语气类型，更不影响"吗"所表下位口气。

4.4　小结

通过语气结构对比和语气副词增删验证，"吗"的功能可确定为"低确信＋低委婉"。该功能对各种"吗"字句能做出统一解释。

五、结　语

上文从语调与语气词的分工和语气结构假设出发，证明"吗"在句子层面与

---

① 见汤廷池（1981：249）、齐春红（2008：135）、邵敬敏（2013）、郭锐（2000）和赵春利（2018）。

升调一起构成语气结构,升调强制性优先表示是非问语气,"吗"可选性表示其下位口气。其次,"吗"字句里,是非问句为原型句式,反问句为边缘句式;是非问句里,"强升调＋吗"为原型语气结构,"弱升调＋吗"为边缘语气结构;原型语气结构句里,中性语境句为原型句,非中性语境句为边缘句。中性语境句是提取"吗"功能的最佳语境。然后,在中性语境句里对比"吗"问句和语调是非问句以及"吧"问句的语气结构,并通过语气副词增删验证它们是否影响"吗"的功能,最终将"吗"的功能确定为"低确信＋低委婉"口气,以此对各种"吗"字句给出统一解释。

参考文献

B. 布洛赫、G. L. 特雷杰(1965)《语言分析纲要》(赵世开译),商务印书馆。

В. И. 戈列洛夫(1982)现代汉语修辞学(王德春译),《当代修辞学》第 1 期。

查尔斯·弗朗西斯·霍凯特(2002)《现代语言学教程》(索振羽、叶蜚声译),北京大学出版社。

陈昌来(2000)《现代汉语句子》,华东师范大学出版社。

陈妹金(1995)北京话疑问语气词的分布、功能及成因,《中国语文》第 1 期。

邓思颖(2010)汉语句类和语气的句法分析,《汉语学报》第 1 期。

丁声树等(1961)《现代汉语语法讲话》,商务印书馆。

范　晓、张豫峰等(2003)《语法理论纲要》,上海译文出版社。

高名凯(1986)《汉语语法论》,商务印书馆。

郭　锐(2000)"吗"问句的确信度和回答方式,《世界汉语教学》第 2 期。

贺　阳、刘　芳(2016)北京话甚低语调及其功能——兼论语气词"啊、吧"的性质,《语文研究》第 3 期。

胡明扬(1987)北京话的语气助词和叹词,《北京话初探》,商务印书馆。

胡裕树主编(1995)《现代汉语》(重订本),上海教育出版社。

华宏仪(2004)感叹句语气结构与表情,《烟台师范学院学报》(哲学社会科学版)第 1 期。

黄伯荣、廖序东主编(2007)《现代汉语》(增订四版),高等教育出版社。

黄国营(1986)"吗"字句用法初探,《语言研究》第 2 期。

江海燕(2005)疑问语气意义的两种表达途径,《南开语言学刊》第 2 期。

金智妍(2011)《现代汉语句末语气词意义研究》,复旦大学博士学位论文。

黎锦熙(2007)《新著国语文法》,湖南教育出版社。

李宇明(1997)疑问标记的复用及标记功能的衰变,《中国语文》第 2 期。

刘丹青(2008)《语法调查研究手册》,上海教育出版社。

刘月华(1988)语调是非问句,《语言教学与研究》第 2 期。

陆俭明(1980)试论左右句子意思的因素,《新疆大学学报》(社会科学版)第 4 期。

陆俭明(1982)现代汉语副词独用刍议,《语言教学与研究》第 2 期。

陆俭明(2001)关于现代汉语里的疑问语气词,《陆俭明选集》,东北师范大学出版社。

吕叔湘(1979)《汉语语法分析问题》,商务印书馆。

吕叔湘(2002)《中国文法要略》,辽宁教育出版社。

马　真(1999)关于虚词的研究,《语法研究入门》,马庆株编,商务印书馆。

彭小川(2006)关于是非问句的几点思考,《语言教学与研究》第 6 期。

齐春红(2008)《现代汉语语气副词研究》,云南人民出版社。

齐沪扬(2002)《语气词与语气系统》,安徽教育出版社。

屈承熹(2006)《汉语篇章语法》(潘文国等译),北京语言大学出版社。

邵敬敏(1989)语气词"呢"在疑问句中的作用,《中国语文》第 3 期。

邵敬敏(2013)疑问句的结构类型与反问句的转化关系研究,《汉语学习》第 2 期。

沈　炯(1992)汉语语调模型刍议,《语文研究》第 4 期。

沈开木(1982)论层次,《华南师院学报》(社会科学版)第 1 期。

沈开木(1987)句子的性质和句法分析,《汉语学习》第 2 期。

孙汝建(1999)《语气和口气研究》,中国文联出版社。

汤廷池(1981)国语疑问句的研究,《汉语词法句法论集》,台湾学生书局。

汤廷池(1988)国语疑问句的研究续论,《汉语词法句法论集》,台湾学生书局。

王　珏(2016)再论"吗"的属性、功能及其与语调的关系,《汉语学习》第 5 期。

王　珏(2020a)由语调/疑问标记和语气词的共现关系构建述题的语气结构,《语言教学与研究》第 2 期。

王　珏(2020b)普通话语气词功能系统新论,《汉语作为第二语言研究》(*CASLAR: Chinese as a Second Language Research*)第 1 期。

王　珏(2020c)由功能模式出发研究语气词口气及其系统,《中国语文》第 5 期。

王　珏(2021)由语气词结构确定语气词的上位范畴,《语言科学》第 3 期。

王　珏、毕燕娟(2017)语气词"啊"三分及其形式与功能,《外国语》第 2 期。

王　力(1984)《中国语法理论》,山东教育出版社。

王　力(1985)《中国现代语法》,商务印书馆。

文　炼(1987)疑问句四题,《语文学习》第 5 期。

谢赣萍(2015)《现代汉语语气词语体、句类选择趋向研究》,江西师范大学硕士学位论文。

邢福义(1996)《汉语语法学》,东北师范大学出版社。

徐　杰、张林林(1985)疑问程度和疑问句式,《江西师范大学学报》第 2 期。

徐晶凝(2008)《现代汉语话语情态研究》,昆仑出版社。

杨　洋、郑礼珊(2019)汉语韵律的标句作用及其实验研究,《韵律语法研究》第 1 期。

殷树林(2006)《现代汉语反问句研究》,福建师范大学博士学位论文。

于　康(1995)汉语"是非问句"与日语"肯否性问句"的比较,《世界汉语教学》第 2 期。

于天昱(2007)《现代汉语反问句研究》,中央民族大学博士学位论文。

张　斌(1999)序,《语气和口气研究》,孙汝建著,中国文联出版社。

张　斌主编(2002)《新编现代汉语》,复旦大学出版社。

张伯江(1997)疑问句功能琐议,《中国语文》第2期。

张世禄(2017)关于汉语的语法体系问题,《中文建构的文化视角》,申小龙主编选,商务印书馆。

张亚军(2007)语用功能词的词类地位,《盐城师范学院学报》(人文社会科学版)第1期。

张云秋(2002)现代汉语口气问题初探,《汉语学习》第2期。

张志公主编(1982)《现代汉语》,人民教育出版社。

赵春利(2018)"吗"的分布验证、焦点排序及其疑问性质,《中国语学》(日)第265期。

赵元任(1926)北京、苏州、常州语助词的研究,《清华大学学报》(自然科学版)第2期。

赵元任(1979)《汉语口语语法》(吕叔湘译),商务印书馆。

赵元任(2002)《中国话的文法》(增订版)(丁邦新译),香港中文大学出版社。

朱德熙(1982)《语法讲义》,商务印书馆。

朱德熙(1985)《语法答问》,商务印书馆。

Cheng,L. L. S.(1991) *On the Typology of Wh-questions*,PhD Dissertation,MIT.

Halliday,M. A. K(2000) *An Introduction to Functional Grammar*(2nd ed.),Beijing：Foreign Language Teaching and Research Press.

Harris,Z. S. (1951)*Methods in Structural Linguistics*,Chicago：University of Chicago Press.

（上海师范大学对外汉语学院,200234,huangmengdi1223@163.com）

从情态到语气[*]
——"硬"的副词化与主观化

吴 颖

〇、引　言

现代汉语中的副词"硬"常用于动词前,充当饰谓性方式状语,是命题内的修饰性成分,"硬"可叙述刻画动作,表示"勉强、竭力支撑",有一定的描摹性。例如:

(1) 他只是一名普通厨子,没有权利在食堂里工作人员满员的情况下,再<u>硬</u>塞进一名吃闲饭的"菜买"。(卞庆奎《中国北漂艺人生存实录》)

(2) 妈妈说如果大哥对做生意真的完全没有兴趣,<u>硬</u>拉他回公司去,他的表现也不会好。(岑凯伦《蜜糖儿》)

例(1)、例(2)中的"硬"作为描摹性功能时,只与客观命题真值有关,但随着句法、语篇环境变化及说话人主观性的注入,主观化的程度加深,"硬"失去了情态副词功能而转向表特定语气。例如:

(3) 那天我晕倒在白薯地边上,<u>硬</u>说我勾搭上了好周强。(老舍《老舍戏剧》)

(4) "如果小蒋<u>硬</u>要你把金子去兑金圆券,你怎么样呢?"(《当代报刊》)

(5) "不过骂归骂,我可得先澄清一点,那宋朝的古董花瓶可不单是我一个人的错。若不是富海<u>硬</u>不准我摸,又岂会勾起我的好奇心?"(于晴《乞儿弄蝶》)

例(3)—(5)句中都表现出主观性的认识、评价及情感的语气副词,表现出较

　　[*] 本文曾在第九届现代汉语虚词研究与对外汉语教学学术研讨会(2020 年 10 月 31 日至 11 月 1 日,宁波)上宣读。本文研究得到国家社科基金项目"汉语性质形容词主观化与结构功能的互动研究"(17BYY145)和教育部中外语言交流合作中心 2021 年度《国际中文教育中文水平等级标准》教育资源建设重点项目(项目编号:YHJC21ZD-044)的资助。文中例句来源于相关作品的都在句末标出;未标明出处的均为自拟。

为强烈的主观性,具有从情态到语气的变化。

学界以往对于"硬"的研究大多关注其语义演变,如:王虎、李晓婷(2018)梳理了"硬"一词的语义引申系统,但没有涉及句法功能的语法化。对"硬"的主观性表达研究,主要有张谊生、田家隆(2016)以"硬是、愣是、就是、偏是"的对比为例,指出在语义表达与主观情态上,"X 是"句主要表达反预期情态,具有强烈的主观性;"X 是"既是反预期信息标记,又是焦点敏感算子;语用差异和表义倾向上,由于不同的语义积淀,评注功能个性差异明显,论证了"硬是"重在"坚决而又执拗"。

本文将从言语表达效果上论证,"硬"是从说话人站在动作行为者的角度对客观情状的观察角度,是说话人站在动作行为者角度对客观情状的观察、叙述与刻画,重在强调行为人的意志性与执拗性。这是从情态到语气的变化,这是一种认识态度(epistemic attitude)。旨在揭示主观化对词类功能演变的重要作用,并以此证明副词化的后期,主观化起了决定作用。

一、现代汉语中"硬"的句法语义特征

1.1 单音节形容词副词化现象

从历时的角度来看,实词语法化是单音副词的主要来源,这一演化过程也可称之为"副词化"。现代汉语的形容词与副词之间关系密切,其中有不少单音节副词是由单音节形容词转化而来的。据吴颖(2020)通过对《现代汉语词典》(第 7 版)调查发现,词典标为兼类的一共 39 个(按音序排列):白、纯、臭、粗、大、多、干、光、怪、好、狠、活、精、净、空、苦、快、老、乱、满、猛、偏、穷、全、少、深、实、死、痛、小、新、虚、硬、早、真、正、直、准、足。形容词副词化的情况较为复杂,内部表现不匀质,通过研究发现副词化具有从情态到语气、从弱主观性到强主观性的层级性,并能体现在句法形式和"语义-语用"上。例如:

(6)赶到天都**大**亮了,三个人才昏昏晕晕地有了倦意,不过省城合肥却已经到了。(陈桂棣、春桃《中国农民调查》)

(7)若给得太少,离谱太远,他们会始而嘲你,继而骂你,你还得加钱给他们;其实既受了骂,**大**可以不加的了,但事实上大多数受骂的客人,慑于他们的威势,总是加给他们的。(朱自清《海行杂记》)

例(6)中的"大"在形容词"亮"前作为程度副词,而例(7)中的"大"则在能愿

动词前表示一种情态。再如:

(8) 杜丫丫在一旁鼓掌叫好,忽见柳云仙脸色苍白的从内<u>直</u>走出来,步履蹒跚还冒着冷汗,眼中有着深沉的恐惧和……暗示?(寄秋《洛阳花嫁》)

(9) 街上铺子虽然不少,但他们<u>直</u>走了两条街才看到一家布店,偏偏那家布店没卖姑娘家的现成衣裳,她便又和默儿走了出来,却看到萧靖站在门口。(黑洁明《青龙玦》)

(10) 他就像是指挥着一只凶恶无比的大狼狗,一次一次地出击,<u>直</u>咬得大鲸全身都冒出了血。"看哪,那里不仅有奥尔良的酒,还有俄亥俄的酒和巴拿马的酒呢,快冲上去吧!"(赫尔曼·麦尔维尔《白鲸》)

上面三个例子中的"直"虽然都处于状语位置,但实际上它们功能不同。例(8)是形容词做状语,表示不弯曲、没有中间环节。例(9)中"直"表示持续的时间。例(10)中的"直"具有情态性,凸显动作事件强度大而导致的结果,是从表示情态(时间上的持续性)到表示语气(夸张的语气表达)的变化。再如:

(11) 如果<u>硬</u>要推卸到人种问题上,我就问一句,为什么女子三大球的成绩那么好?(百度网,2019 年 9 月 5 日)

(12) 我又感觉要是把头稍微抬起一点儿,<u>准</u>会撞破额角,擦伤鼻子。(百度网,2021 年 2 月 19 日)

上面例(11)—(12)从句法上看,虽然都是表示情态的,但是从语义表达上尤其是主观性强弱上还是有差异的。

1.2 现代汉语中"硬"构词现象与句法分布特征

1.2.1 "硬"构词现象

从构词上看,出现在偏正结构中的"偏位",由此语义也产生变化。根据《现代汉语词典》(第 7 版)"硬"的构词有:

硬邦邦、硬棒、硬币、硬度、硬腭、硬弓、硬骨头、硬汉、硬化、硬结、硬撅撅、硬朗、硬煤、硬面、硬木、硬碰硬、硬气、硬实、硬是、硬手、硬水、硬挺①、硬席、硬性、硬玉、硬仗、硬挣②、硬脂、硬脂酸、硬质合金。

因此从"硬"的构词上看,只有"硬挺"中的"硬"是副词性的,其他都是形容词性语素。

---

① 硬挺:勉强支撑。如:"有了病不要硬挺着,要早点儿治。"
② 硬挣:方言,硬而有韧性。如:"这纸很硬挣,可以做包装。"

1.2.2 "硬"的句法分布特征

形容词"硬"除了可以做谓语和补语以外，定语的功能很强，且语义发生了变化，表示"质量好的"或"硬性的"。例如：

（13）必须牢牢把握科创板定位，加大服务力度，吸引更多更好"硬科技"企业上市，早日发挥科创板的示范效应、集聚效应和规模效应。（人民网，2019年11月8日）

（14）依托党规法律等硬约束，村里的"瓦上霜"也有人管了。（人民网，2019年11月13日）

（15）大同40条正负清单严考干部政治表现，划出"硬杠杠"。（新华网，2018年12月10日）

（16）播音主持专业走俏，自身素质是硬道理。（新华网，2018年10月22日）

可见，随着定语位置"硬"高频使用，形容词的意义也在泛化，从表示"形状不易改变""（性格）刚强、（意志）坚定"到表示"质量好的"或"硬性的"。

现代汉语中"硬"还常出现在状位显示不同的副词功能。"硬"用于动作动词前，充当饰谓性方式状语，是命题内的修饰性成分，多为动作性强的动作动词，"硬"可叙述刻画动作，描摹性仍然较强。如："塞、拉、拖、挤、爬、咽、闯、充、推、扯、压、拔"等"行动"类动词，表示不顾及条件而强行执意和勉强做某事，这些动词的语义特征是［＋施动性］［＋目的性］。例如：

（17）一只热腾腾的包子递到了我面前。我不接但被硬塞到了手里。接着，又是那只温热的、母性的手在我头上轻轻地摩挲了一下。（路遥《小镇上》）

（18）春儿不听他，硬推开门进去，从口袋里掏出洋火来，点着梳头匣上刚刚吹熄的灯，伸手就向俗儿的被窝里一摸。（孙犁《风云初记》）

（19）当时的交通工具只有马，可骑马又爬不了高山，我和林韦带着我们快三岁的女儿，找了个熟悉山路的农民，背着小孩当向导，就是通过这个嶂石岩硬爬过去的。（《人民日报》1995年）

例（17）—（19）句中"硬"都用于动作动词前，均充当饰谓性方式状语，句法上看是命题内的修饰性成分，表示说话人对后续事件的描述与刻画，这些后续事件都属于述谓性、叙述性的概念功能。

另外，"硬"可用于各种特殊句式中，具体有以下几种情况。

其一，用于"把"字句前。

通过对人民网的调查统计结果显示，"硬"常用于"把"字句前。如：

（20）妈妈一首歌硬把宝宝给唱哭了。

例(20)中是说话人对客观情状叙述和刻画,"妈妈唱"是妈妈用唱的方式表达某种目的,"硬"突出"唱"这个动作时间与强度使得"宝宝哭",表示强施事性致使动作行为。再如:

(21) 彼时未酿冷战格局,自然难寻冷战思维,硬把"食无肉"与"居无竹"对立起来,要么瘦骨嶙峋,要么俗不可耐,端的匪夷所思。(《文汇报》,2000年11月14日)

(22) 要帮着欺负那个小妹妹也容易,或者可以拒不受理这种案件,可是我父亲硬把那人训了一顿,指出他不能胜诉。(杨绛《回忆我的父亲》)

(23) 这只大猪公本来是得不到的,因为庙方根本就不卖,偏偏灵魂名胜柳少婷是势在必得,她硬把上百两银子抛给庙方,然后就和一群衙差动手搬,一见到官府的人,小老百姓就只能委屈地忍气吞声了。(四方宇《顽皮美娇娘》)

从上面几例中可以看出,因为"把"字句的主动致使性,与"硬"突破阻力、达到目的执意性语义和谐,所以,"硬"用在"把"字句前的句子很多。

其二,用于假设句和祈使句等非现实句。

"现实"和"非现实"是一对情态范畴,在句式和句法上也有所反映。现实句是现实世界中已经发生或者正在发生或存在的事情,从时间上看就是实际已然。表语气的副词"硬"常用于表非现实的假设句和祈使句中。

假设句的例子如下:

(24) 目前他操心的事已够多了,如果我们硬要他按照无线电射束来导航,他就得调节无线电的频率等,乱七八糟的事情一大堆。(阿瑟·黑利《跑道》)

(25) 罗马的措施更严,收费而可以进城的只是9座以上的巴士,外地私家小车压根儿就是不让进罗马市中心。要是硬闯,也行,市内有无数个探头,想不被拍下来几乎是不可能的。(人民网,2015年12月5日)

(26) 梅子没有做声我们都没有说错,因为这是我自己的一种感觉,而梅子没有。怪谁呢?如果硬要在我们两个之中找出一个错者——杨树真的没有平常所说的脉搏,那么梅子是对的。(张炜《你在高原》)

(27) 日常生活虽然平淡无奇,但偶尔也会有令人欣喜若狂的事,她甚至有过捧腹大笑的经验。假如硬要她在幸与不幸之间做一个选择的话,我想她还是会回答她很幸福吧!(水桥文美江《东京仙履奇缘》)

以上"硬"用于假设条件句的前景句,表示一种迫不得已的语气,凸显执拗地坚决、必须做某事。

祈使句是表达命令、请求、劝告、警告、禁止等的句子。"硬"常于规劝、警告和禁止的祈使句动词前,加强"别不顾实际、只凭主观意志做事"的语气。如例(28)、例(29)。

(28) 陈师爷说:"我看不要**硬**端,还是生个法子,把黄大老爷请到县衙门里来,随便捏造他几条罪状。"(马识途《夜谭十记》)

(29)《轩辕群侠传》即将开启白金二封,玩法全面升级,还有送最新 iPhone 大奖、送终身 VIP 活动全面升级,这么多升级内容你就别**硬**要 HOLD 住了,快点加入等待白金二封的队伍吧!(人民网,2011 年 11 月 30 日)

祈使句的否定形式带有"别、不要、不许、不准"等表示劝阻和禁止的否定标记。"硬"之所以可用于祈使句中,与其表示"勉强"和"执意"的情态功能有关,其述谓成分一般是动作性动词。语义上发生虚化与主观性增强,最重要的是语用上的语篇功能增加和表现出言者的态度立场与识解。

"硬"在修饰"把"字句、假设句与祈使句中,"硬"功能性质发生了转化,由描摹性副词向评注性副词转化。"硬"表示施动者的强意图性,强调行为施事者对相关命题的高度重视和坚决态度。

此外,"硬"副词性的固定结构,如"硬挺着""硬撑着""硬性""硬着头皮"和"硬着心肠",常充当状语。李宗江(2011)将它们看作副词性短语。例如:

(30) 她不想惊动父母,没办法,于是**硬**挺着给孩子打个电话,告诉孩子自己有急事,不能去了。(王群《渴望爱抚》)

(31) 我在地上呆呆地坐了一会,决定非把这颗杏子送给她不可。我于是**硬**着头皮从山里下来,磨蹭着来到学校下边的小河边。(路遥《杏树下》)

(32) 他的自制力,他过后也觉得惊讶。他竟**硬**着心肠把玫瑰送回家去了。(张爱玲《红玫瑰与白玫瑰》)

例(30)—(32)中的"硬"在叙述、描摹和刻画动作的同时,更凸显了"坚持"、突破阻力的情态功能。

二、"硬"副词化与主观化功能演变

2.1 词典中有关"硬"的义项

除了《现代汉语词典》以外,《现代汉语虚词例释》《现代汉语虚词词典》和《现代汉语语气成分用法词典》都收录了副词"硬"。但《现代汉语八百词》和《古代汉语虚词词典》虚词词典却没有收录"硬"。《现代汉语虚词词典》和《现代汉语语气成分用法词典》两本著作还关注到语气副词"硬"的不同使用句式和语篇环境。首先看几本目前通用的词典对"硬"的释义。

2.1.1 《现代汉语词典》(第7版)对"硬"的释义

硬[1]【形】物体内部的组织紧密,受外力作用后不容易改变形状(跟"软"相对):坚～|～木|～煤。[2](性格)刚强;(意志)坚定:强～|～汉子|话说得～。[3]【副】坚决或执拗地(做某事):不让他去,他～要去。[4]【副】勉强地(做某事):～撑|他一发狠～爬上去了。[5]【形】(能力)强;(质量)好:～手|货色～。[6]【形】硬性的:～指标|～任务。

其中标注为副词的义项是义项[3]和义项[4]。

2.1.2 《现代汉语语气成分用法词典》对"硬"的释义

硬【语气副词】多用于口语中。[1]表示坚持而又固执地做某事。"就坐一会儿!"他硬拉我坐下。|小王把自己的衣服递给小李,硬要他穿上。[2]表示不顾实际地勉强做某事。敌人兵多,我们人少,不能跟他硬拼。|他难过极了,硬憋着不让眼泪流出来,一动不动。|她不顾自己的身体,每天硬撑着到医院去,陪伴丈夫。

2.1.3 《汉语大词典》对"硬"的释义

《汉语大词典》共收录15个义项。分别为:

[1]坚硬;结实。[2]顽强;强硬;厉害。[3]勉强;竭力支撑。[4]强行;执拗。[5]不灵活;生硬。[6]壮;大。[7]好;扎实。[8]指命运凶险;多折磨。[9]冷酷;凶狠。[10]强劲有力。[11]见"硬火"。[12]谓冷。[13]不可改变;不可推卸的。[14]尽力;极力。[15]确实;真正。

2.1.4 《古代汉语词典》(第2版)对"硬"的释义

硬[1]坚硬,结实。[2]坚强。"太中大夫段襄,骨～可任。"(《被刺自书遗表》)强硬。"汝作知事官,而口～如许,谓我不能杀汝耶?"(《宋史·洪皓传》)[3]豪迈,刚劲。[4]勉强。

2.2 "硬"的副词化过程

从历时上看,现代汉语中情态副词与语气副词"硬"是从形容词虚化演变而来的,也可以说是语法化的过程,或副词化过程。而这副词化不是一步完成的,具有一定的层级性。

在所有副词中,语气副词应是副词化程度最高的,而大多数语气副词是从实义副词分化而来的。语气副词的语法化程度相对高于其他类副词,这也是明显的事实。

2.2.1 "硬"的本义及形容词功能

硬：形声字,从石,更声。本义:物体组织紧密,性质坚固。坚硬;结实。与"软"相对。例如:

(33) 春既多风,若不寻劳,地必虚燥。秋田长劫反实,湿劳令地硬。谚曰:"耕而不劳,不如作暴。"(北魏《齐民要术》)

(34) 谚曰:"耕而不劳引一耕而当五也。不如此而旱耕,块硬,苗、秽同孔出,不可锄治,反为败田。"(六朝《齐民要术》)

(35) "供厨者,子鹅百日以外,子鸭六七十日佳。过此肉硬。"(北魏《齐民要术》)

(36) 收者,肉未充满,乾则色黄而皮皱将赤味亦不佳;全赤久不收,则皮硬,复有乌鸟之患。(北魏《齐民要术》)

上古时期"硬"常指"土、地、叶、茎、冰、米、饭、皮、骨、蹄、肉、木、弓"等物的坚硬。唐代时"硬"开始指"人"的意志、态度,意义虚化。

(37) 尚书右丞陆余庆转洛州长史,其子嘲之曰:"陆余庆,笔头无力嘴头硬。一朝受词讼,十日判不竟。"送案褥下。余庆得而读之,曰:"必是那狗。"遂鞭之。(唐《野朝金载》)

(38) 如此硬穷汉,村村一两枚。(唐《王梵志诗》)

(39) 且逢横逆。於是弃之,入丛林。谒云峰悦禅师。留止三年,难其孤硬,告悦将去。(北宋《禅林僧宝传》)

(40) 禅师名道楷,沂州沂水人,生崔氏。为人刚劲孤硬。自其少时,即能辟谷学道。(北宋《禅林僧宝传》)

"硬"的在形式上开始双音化,如"刚硬、强硬、粗硬、厚硬、干硬、孤硬、强硬、刚硬、峻硬",语义上泛化,形容"道理、手段"等。例如:

(41) 孔子曰:不得中行而与之,必也狂狷乎! 看来这道理,须是刚硬,立得脚住,方能有所成。(南宋《朱子语类》)

(42) 把握的话:大凡政事,最怕的是扰民;只有这禁烟一项,正不妨拿出强硬手段去禁他,就是骚扰他点,也不要紧。那些鸦片鬼,任是怎样激怒。(清《二十年目睹之怪现状》)

2.2.2 "硬"的副词化

"硬"最早在状语位置,例子如下:

(43) 耕田人打兔,跙履人吃臛,古语分明,果然不错。硬努拳头,偏脱胳膊,燕若入来,把捧撩脚。伊且单身独手,喽我阿莽。(五代《敦煌变文选》)

在状语位置,是形容词的意义与功能向副词意义功能的过渡。"硬"说明"努"(突起;凸出)的情状,表示"使劲、尽力地",与后面"偏脱胳膊"格式上对应。这说明"硬"五代时期表现出副词用法,之后使用频率增加。再如:

(44) 譬如大礼赦文,一时将税都放了相似,有那村知县硬自捉缚须要他纳,缘被他近了,更自叫上面不应。(南宋《朱子语类》)

(45) 一人曰:"我能旋笏于厅前,硬努眼眶,衡揖使君,唱喏而出,可乎?"(北宋《太平广记》)

特别值得注意的是,南宋的《朱子语类》中,出现了"硬"强调与客观条件相悖的情态副词的用法。

(46) 江西山水秀拔,生出人来便要硬做。(南宋《朱子语类》卷二)

(47) 人生天地间,都有许多道理。不是自家硬把与他,又不是自家凿开他肚肠,白放在里面。(《朱子语类》卷九)

(48) 大学教人,先要理会得个道理。若不理会得,见圣人许多言语都是硬将人制缚,剩许多工夫。若见得了,见得许多道理,都是天生自然铁。(南宋《朱子语类》卷十四)

(49) 文字不可硬说,但当习熟,渐渐分明。凡看圣贤言语,不要迫得太紧。(南宋《朱子语录》卷十一)

(50) 曰:"如此说时,便是硬去做,都不见利仁底意思。如安仁者,他便是仁了,更不用说。"(南宋《朱子语录》卷二十六)

下例中是"硬说"和"硬是"的用法,是"强说,执拗地说"的意思,《朱子语类》中有 14 处"硬说",具有了主观情态义——隐含违反客观条件,强行实施动作行为。

(51) 谓如人为善,他心下也自知有个不满处,他却不说是他有不满处,却遮盖了硬说我做得是,这便是自欺。(南宋《朱子语类》卷八)

(52) 如棉,所谓缩小绵软巧,蒋五爷行动飕飕带风,二人战在一处,一个硬是金刚一般,一个软像婴儿一样。(清《三侠剑》(下))

《朱子语类》中表情态性的"硬要"的多达 53 处。语义为"违反客观条件,强行实施动作行为",这也是进一步主观化的重要表现,是反预期的主观情态意义。例如:

(53) 不是自家德未明,便都不管着别人,又不是硬要去新他。若大段新民,须是德十分明,方能如此。(南宋《朱子语类》卷十四)

(54) 目能视,耳能听,鼻能知香臭,口能知味,心能思,手足能运动,如何更

要甚存诚持敬,**硬要**将一物去治一物? 须要如此做甚?(南宋《朱子语类》卷一百一十六)

(55) 事事物物各自有理,如何**硬要**捏合得! 只是才遇一事,即就一事究竟其理,少间多了,自然会贯通。(南宋《朱子语类》卷十八)

甚至在一些句中出现两处"硬要"。例如:

(56) 公只是**硬要**去强捺,如水怎地滚出来,却**硬要**将泥去塞它,如何塞得住!(南宋《朱子语类》卷十六)

(57) 且如只行得五十里,却**硬要**行百里;只举得五十斤重,却**硬要**举百斤,凡此类皆能动其气。(南宋《朱子语类》卷五十二)

(58) 今人只凭一己私意,瞥见些子说话,便立个主张,**硬要**去说,便要圣贤从我言语路头去,如何会有益。(南宋《朱子语类》卷八)

(59) "必有事焉而勿正,是勿期必其如此;勿助长,是不到那地位了,不可**硬要**充去。如未能集义,不可**硬要**浩然。"(南宋《朱子语类》卷五十二)

此外,《朱子语类》还有两个"硬不"的例子:

(60) 自行束脩章古人空手**硬不**相见。束脩是至不直钱底,羔雁是较直钱底。(《朱子语类》卷三十四)

(61) 先生曰:"只是公不曾见。毕竟其理如何? 南轩亦只是**硬不**信,有时戏说一二。如禹鼎铸魑魅魍魉之属,便是有这物……"(《朱子语类》卷三)

上面两例中的"硬"具有加强否定语气的功能。

2.2.3 小结

探究一个词的发展轨迹应该从词的本义开始,"抓住了词的本义,就是抓住了这个词的诸多意义的纲"(蒋绍愚,1989/2005:61)。从语义演变过程来看,词义的发展演变大多数是通过本义的某一个义素的引申来实现的,它虽然不是词义发展的唯一途径,但它的确是重要的途径。

"硬"的本义可以分解为两个义素[+形状]、[-变化]。随着前项义素[形状]到[强度]再到[动作行为],"硬"的语法化路径可归纳如下:

形容词[形状、性状:不易改变]→情态副词[态度、行为:不愿改变]→语气副词[态度、行为:坚持、执意]

在形容词演变为副词后,随着状语位置使用频率的增加,主观情态性不断增加,副词化程度继续加强。"硬"的语法化路径证明了"语法化的单向性",即:客观性>情态性>主观性的语义演变,经历了从词汇意义较具体实在到词汇意义淡化,语法意义增加。

三、"硬"的功能变化——从情态到语气

3.1 "硬"的主观性与主观化

近20年来,随着认知功能语言学的发展,语法化、主观化、词汇化、构式化以及类型学等理论和方法被运用到词类研究中,加强了词类的动态研究与解释力。学界运用认知功能语法推进了形容词研究,使之深入到句法功能的语用机制问题。但是对形容词功能转变问题关注还不够,尤其是对于形容词的主观化与功能变化的相互影响与制约、联系与纠葛等的描写与解释都有待加强。沈家煊(2001)将主观化理论引入汉语学界。吴福祥(2004)进一步论证了交互主观化与主观化的区别。方梅(2005)论证了互动交际为主观化和交互主观化提供了更多的可能。近十多年来,主观性和主观化成为汉语学界的研究热点。

主观化的系统研究始于20世纪80年代后期。Langacker(1987、1990、1991)以认知语言学理论为背景,从共时角度,探讨说话人表现主观性所采取的结构,认为主观化程度不同,相应的句法形式也不同。

语气副词是最具主观表达色彩的一类词,但是对于每一个语气副词主观性的产生与表达都各有各的情况。沈家煊(2001)对主观化(subjectivisation)的定义是"指语言为表现这种主观性而采用相应的结构形式或经历相应的演变过程。"

如果说句法形式的变化及语义要素的演变是语法化初期的动因、基础和条件,是促使形容词开始副词化的第一步,在形容词演变为副词后,随着状位使用频率的增加,主观性不断增加。"硬要""硬不"中"硬"词汇意义已淡化,与本义相去甚远,表主观情态的语法意义增加。表达言者的强意志性和执拗性,主观评注性得以强化,具有加强语气的表达功能。"硬"与表强主观性的能愿动词"要"和否定副词"不"的结合能力强。以"硬要"为例,在CCL古代汉语语料库里有2 500多条(自《朱子语类》始);现代汉语语料中有7 500多条。

"硬"由本义的某一义素的引申开始,接着在状位这一句法位置开始意义与句法结构的互动,导致具体词汇意义淡化、泛化,句法功能的变化,这是语法化的第一步。在高频使用的驱动和语义、语用的双重作用下(语义上由于人的认知隐喻的作用,语用上主要指的是对语篇语境义的吸收),主观性增强,由句法功能转变为语用功能,完成了继续语法化。"硬"最晚从五代时开始由形容词变为

带有主观性的情态副词,并在主观化的进一步促动下到北宋时期变为表语气的副词。

语气副词"硬"凸显反预期,主观情态性十分强烈,成为话语焦点,表示与客观条件或主观意愿相悖的"执意"的强烈语气,并常带有贬义。从情态到语气的副词化过程再次证明了语法化机制是有系统性和层级性的,并且到了副词化的后期,主观化起了决定性作用。

3.2 "硬"从情态到语气

语言的"主观性"(subjectivity)指语言中留下的说话人个性的印记,包括感情、态度、立场、视角等(沈家煊,2015)。"硬"的主观性不断增强,从情态到语气,主要表现为以下两方面。

3.2.1 量性凸显

量可分为主观量和客观量。李宇明(1997)认为客观的量一般是常态的量(包括社会常态量和个人常态量),与常态量不相符的是"异态量",主观量及主观评价来源于量的异态。

可见,人们根据自己的社会经验和常识,形成的表达事物、事件和性质的量是普遍、常规的客观量,被看作是量的常态、预期的量。

(62)小姐姐咬着牙硬举起 10 公斤杠铃,身材苗条就是不一样。(百度网,2019 年 5 月 25 日)

(63)县委则不顾群众负担能力,坚持原计划不变,硬征了一百八十万斤,造成群众缴粮困难。(人民网,2019 年 5 月 27 日)

(64)衢州一学生被火严重烫伤,因为怕挨骂他硬熬了两天。(百度网,2017 年 3 月 7 日)

以上三例中的数量成分"10 公斤""一百八十万斤"和"两天"都是客观量,前面加上"硬"表示行为施事者不顾条件执意、强行做某事的情态性,并达到了一定的数量、时长和重量等,"硬"重在表示超过客观常态的量,凸显异态量。

3.2.2 强化认识态度(epistemic attitude)

"硬"可以是说话人站在动作行为者的角度对客观情状的观察角度,或者对客观情状加以叙说的出发点。例如:

(65)谈到了刀把上那块地,大家都把我包围起来和我说好的,硬要我回来动员我妈!(赵树理《三里湾》)

(66)那日见了我,说是,我的崇拜者,硬要我送他一本书的。就按价又买

了,当场再在签名处写道,再赠高文行先生惠正。(贾平凹《废都》)

(67) 他不肯去借钱,甚至看借钱是件可耻的事。但是他咬住牙硬不去借钱,又怎么度过一个月去呢?(老舍《贫血集》)

例(65)—(67)"硬"用于"要""不"前面,加强肯定和否定的语气,"硬"是说话人站在动作行为者的角度对客观情状的观察角度,或者从对客观情状加以叙说的出发点,表达了较强的主观化效应。

四、结 语

针对形容词各种构词和句法分布,探索引发形容词主观化的结构分布、句法环境和语用功能的表现,提出单音节形容词(如"大、干、硬、偏、空、净、直"等)本身蕴含着比双音节形容词(如"分明、轻易、偶然、干脆、确实"等)更多的主观性成分。

一般认为情态的形式是动词和副词,语气的形式是语气词,这些都是句法上的表现。如果从意义看,情态和语气是难以真正分开的,情态是说话人的主观态度,语气是说话人的口气,是表达思想情感方面的种种方式,如肯定和否定、强调和委婉、执拗和随和、违愿和遂愿等。

本文以"硬"的语法化与主观化过程研究为例,证明在共时平面上判定一个语法化或虚化程度高低,除了看它在历时上形成的时间先后之外,主观性的强弱也决定着语法化与主观化的程度。

经研究发现,从历时的角度来看,表语气的副词在语义演变中大多经历了"描摹副词(方式状态)>情态副词(时间、频率、范围、程度、强度等)>语气副词(话语标记、语篇功能)"这样的模式。功能上:描摹/刻画动作>修饰/限制事件>评注/调控命题,语言层面:句法层>句法层/人际、篇章层(参见张谊生,2017)。从单音节形容词副词化而来的副词,只具有句法上的修饰功能(如:乱、全、新、活、虚、深、猛);另一类虽以句法上的修饰与限制功能为主,但其中一些副词在一定语境里还具有显示言者情态的人际功能(如:硬、好、老、怪),有的甚至有衔接连贯的语篇功能(如:偏)。这一研究,有助于认清从单音节形容词副词化而来的一类词的情态与语气变化,至于它们内部的主观情态性的差异还有待进一步探索。

参考文献

北京大学中文系 1955、1957 级语言班编(1982/2010)《现代汉语虚词例释》,商务印书馆。

方　梅(2005)篇章语法与汉语篇章语法研究,《中国社会科学》第 6 期。

蒋绍愚(1989/2005)《古汉语词汇纲要》,商务印书馆。

李宇明(1997)主观量的成因,《汉语学习》第 5 期。

罗竹风主编(2008)《汉语大词典》,上海辞书出版社。

吕叔湘(1980)《现代汉语八百词》,商务印书馆。

齐沪扬主编(2011)《现代汉语语气成分用法词典》,商务印书馆。

商务印书馆辞书研究中心(2014)《古代汉语词典》(第 2 版),商务印书馆。

沈家煊(2001)语言的"主观性"和"主观化",《外语教学与研究》第 4 期。

沈家煊(2015)汉语词类的主观性,《外语教学与研究》第 5 期。

王　虎、李晓婷(2018)"硬"的语义演变研究,《衡阳师范学院学报》第 2 期。

吴　颖(2020)单音节形容词副词化现象及功能转变研究,《现代汉语虚词研究与对外汉语教学》(第八辑),商务印书馆。

吴福祥(2004)近年来语法化研究的进展,《外语教学与研究》第 1 期。

张　斌主编(2001)《现代汉语虚词词典》,商务印书馆。

张谊生(2017)《现代汉语副词阐释》,上海三联书店。

张谊生、田家隆(2016)从"X 是"的反预期情态看语义积淀对副词主观评注功能的影响——以"硬是、愣是、就是、偏是"的个性差异为例,《语言研究集刊》第 1 期。

中国社会科学院语言研究所词典编辑室编(2016)《现代汉语词典》(第 7 版),商务印书馆。

中国社会科学院语言研究所古代汉语研究室编(1999)《古代汉语虚词词典》,商务印书馆。

Langacker, R. W. (1987) *Foundations of Cognitive Grammar: Theoretical Prerequisites* (vol. 1). Stanford：Stanford University Press.

Langacker, R. W. (1990) Subjectification. *Cognitive Linguistics* 1(1)：5 - 38.

Langacker, R. W. (1991) *Foundations of Cognitive Grammar: Descriptive Application* (vol. 2). Stanford：Stanford University Press.

（上海师范大学对外汉语学院,200234,wuying@shnu.edu.cn）

"如此"的程度副词用法及其语法化历程*

王莹莹

0、引　言

　　关于"如此"的性质及语法化问题，尚未引起学界广泛关注。那么"如此"的词性究竟是什么？目前通行词典对"如此"的词性鉴别存在较大争议，主要有代词、惯用词组、副词等不同说法。《现代汉语词典》(2016：1109)、《现代汉语八百词》(1984：412)、《现代汉语虚词词典》(2001：463)、《现代汉语虚词词典》(2007：360)把"如此"看作代词，解释为"这样"。《古代汉语虚词词典》(1999：460)将"如此"定性为惯用词组，由动词"如"和代词"此"组成。《现代汉语虚词词典》(1998：490)把"如此"纳入副词范畴，"表示强调或肯定某种状态或行为，这样被肯定的事实上文多有交代。"张谊生(2014a)谈及副词与代词的区别时，将"如此"归为副词，但未作详细讨论。《古代汉语词典》(《古代汉语词典》编写组编，1998)、《中华古汉语大辞典》(王松茂，2000)尚未收录该词语。

　　以上词典对"如此"的解释不尽一致，其副词性质还未被承认。据我们考察，近年来"如此"作状语的用法逐渐占主导地位，其语义和功能呈现明显的副词化倾向，正在转化为表高程度的副词。那么作为副词的"如此"，其句法和语义功能如何？演化路径及机制怎样？这些问题学界都鲜有论及，亟须深入探讨。

　　本文拟从"如此"的句法分布、"如此"的语义特征与情态功能、"如此"的语法化历程及动因三个方面展开分析，认为"如此"在现代汉语中是表程度的准副词。

　　* 本文为国家社会科学基金重大项目"苏皖鄂赣江淮官话与周边方言的接触演变研究及数据库建设"(19ZDA307)阶段性成果。本文曾在第九届现代汉语虚词研究与对外汉语教学国际学术研讨会(2020年10月31日至11月1日，宁波)上宣读。

一、"如此"的句法分布

充当状语是副词的"专职"(邢福义,1996:182)。"如此"作为副词,主要句法功能是在句中充当状语,修饰动词性、形容词性及名词性成分等。例如:

(1) 可对于老曹,他怎么会<u>如此</u>的看重呢?(李佩甫《羊的门》)①

(2) 他觉得世界是<u>如此</u>地美丽,他的家庭是<u>如此</u>地美满,他自己是<u>如此</u>地幸福。(巴金《秋》)

(3) 作为副教授,为人师者,竟然有<u>如此</u>流氓行径,还厚颜无耻的说:是在"哄"她们?(中国江苏网,2014年11月24日)

(4) 新疆的发展有目共睹,一个经济发展<u>如此</u>迅速的新疆怎么可能不开放?(《央视新闻》2021年4月26日)

上例中的"如此 X"均为偏正结构,"如此"作为状语修饰中心语"X",其后还可加助词"地""的"。"如此"分别表示"看重""美丽、美满、幸福""流氓""迅速"的程度,基本无指代义,副词短语的表义重点在"如此"之后,若把"如此"提取,不会影响句子的合法度。在韵律上,说话人会对"如此"进行重音强调。后文讨论副词"如此"的句法分布:

1.1 "如此"+AP

"如此"可以修饰形容词,用于描写性状的程度。一般说来,"AP"以性质形容词为主。例如:

(5) 一个<u>如此</u>纠结的头号大国,又该让世界如何适应?(《人民日报》2020年2月14日)

(6) 全球携手防控疫情的任务<u>如此</u>紧迫,各国理应坚定信心、并肩战斗,为取得属于人类的胜利而全力以赴。(《人民日报》2020年3月13日)

除此之外,"如此"还可修饰少量状态形容词。例如:

(7) 感谢运动员在<u>如此</u>冰冷、特殊的环境下参加比赛,感谢观众们冒着严寒前来观看比赛,更感谢赛事组委会为我们提供的支持与保障。(《光明日报》2019年12月4日)

---

① 本文语料部分来源于北京大学语料库(CCL)、北京语言大学语料库(BCC)、华中师范大学现代汉语语料库,部分选自人民网、新华网等网站的新闻报道。

（8）在如此火热的氛围下,瑞金全县再次涌现父送子、妻送郎、兄弟争当红军的动人景象。（《解放军报》2019年11月10日）

朱德熙（1982）认为,状态形容词具有描述性,本身就包含程度义,因此不能再受表示量的程度副词修饰。然而,近年来,程度副词修饰状态形容词不乏用例,而且呈日益增多之势,该搭配也越来越具有可接受性。张谊生（2014b：40）认为:"二次记量和主观赋量是程度副词能够修饰状态形容词的主要动因。"①

1.2 "如此"＋VP

能够受"如此"修饰的动词及动词短语一般要具备［＋程度］［－动作］的语义特点。"如此"可以修饰光杆动词,以双音节心理动词为主,如"喜欢""讨厌""同情""渴望"等。请看:

（9）为什么他们对威胁他们的人如此喜欢?（魏巍《东方》）

（10）没有想到的是统一的代价令人如此厌恶。（赫塔·米勒《镜中恶魔》）

上例中的"喜欢""厌恶"均表示说话人的心理感受。

此外,"如此"还可修饰动词短语,包括主谓短语、动宾短语、偏正短语、动补短语等。例如:

（11）如此头脑简单、才质驽下的北洋军人,在羽毛未丰时自然会俯首听命。（陈廷一《宋氏家族全传》）

（12）如此具备个性时尚,你怎么能不入手一件?（BCC语料库微博语料）

（13）疫情面前,越来越多的人认识到,人类生存原来如此相互依赖,彼此命运如此息息相关。（《北京日报》2020年3月13日）

（14）他在NBA如此放得开让我很吃惊。（姚明《我的世界我的梦》）

1.3 "如此"＋(有)＋NP

"如此"作为副词,较少修饰名词性词语,我们只找到少量用例:

（15）苏联克格勃有研究的专家指出,他感到奇怪的是,为什么这家伙如此白痴。（《新京报》2013年5月16日）

（16）所有的戏剧的建筑材料都是交互作用,而正是这种物质才使得戏剧对

---

① 相关论述详见张谊生（2014b）。在张谊生之前,各家都认为程度副词和状态形容词是不能互为直接成分的,不存在修饰与被修饰的关系,因为状态形容词本身就包含程度义。但现代汉语中,程度副词修饰状态形容词的搭配呈现日益扩大的趋势。

观众<u>如此</u>有吸引力。(人民网,2019年10月9日)

"有＋N"本身就表示程度深,受程度副词修饰表示程度的进一步加深。

1.4 "如此"＋否定结构

"如此"可用于否定句中,与否定成分连用时,一般只能置于否定词之前。例如:

(17) 这最初的印象就<u>如此</u>地不理想,我不禁心情沮丧地望着温米克先生。(狄更斯《远大前程》)

(18) 星宿老怪,你怎地<u>如此</u>没出息,尽收些无耻之徒做弟子?(金庸《天龙八部》)

从以上几例可以看出,"如此"的句法位置、句法功能均呈现副词化特征。

二、"如此"的语义特征与表达功能

2.1 "如此"的程度量级

"量"范畴不仅包括数量,也包括程度,程度的量主要表现为量级的差异,而非数值的大小。程度副词是程度量级的重要标记,能够反映程度量的高低。"如此"用来强调主体具有[＋高程度]的语义特征,含有超出一般的语义色彩。例如:

(19) <u>如此</u>黑暗的夜再也见不到了,现在的夜不如过去黑了。(莫言《会唱歌的强》)

(20) <u>如此</u>尖新,却又合情合理,这定是元人之诗,非唐非宋!(汪曾祺《金冬心》)

例(19)、例(20)中,"如此"的作用在于凸显"黑暗""尖新"所表示的量度超出一般情况,若把"如此"去掉,"黑暗""尖新"的程度量级就不能得到凸显。

2.2 "如此"的主观量

陈小荷(1994)较早提出"主观量"的概念,将其界定为"含有主观评价意义的量,与'客观量'对立"。根据主观评价的大小,陈小荷将主观量分为主观大量和主观小量。李宇明(1997)将"主观量"界定为:"含有说话人主观评价因素的量。"李善熙(2003:18)认为:"'主观量'是语言的主观性在量范畴上的具体体现。"副词是表达主观量的手段之一,具有凸显主观量的功能。"如此"作为主观量标记,

能够表达主观大量,在主观上有增量的语用效果,带有夸张的强调语气。例如:

(21) 汉服为何如此火爆?(人民网,2019 年 10 月 9 日)

(22) 而这款如此好用到炸的欧莱雅蒸汽发膜女神当然不会错过,早已成为平日护理秀发,打造发型的绝佳利器。(人民网,2019 年 5 月 5 日)

例(21)中"如此火爆"凸显了说话者对汉服火爆程度的主观评价;例(22)中"如此好用到炸"传递出说话人对蒸汽发膜好用程度的主观性感受,若把"如此"删掉,那么整个句子只是客观描述,主观性大大削弱。

2.3 "如此"的情态功能

马清华(2017a:74)认为:"情态有广狭两解:狭义是能愿动词;广义是句子除命题外的时、体、否定、语气等成分,是除句核成分外的超核成分。"

"如此"多用于对某一事物或现象的赞赏、称赞,这是"如此"最常见的表情功能,此外,在不同的语境下还可以传达出说话人愤怒、忧伤、讥讽等情绪,有时带有希望引起听话人共鸣的表达意图。例如:

(23) 没有任何其他技术能以如此快的速度向全世界传播。(《新京报》2019 年 10 月 20 日)

(24) 她也无法想象威洛比怎么能这样寡廉鲜耻,这样不顾绅士的体面,竟然寄来如此无耻、如此恶毒的一封信。(简·奥斯汀《理智与情感》)

(25) 他看起来如此遥远、如此陌生,我心中不禁充满了后悔。(奥尔罕·帕慕克《我的名字叫红》)

(26) 如此幼稚!如此短见!(帕斯捷尔纳克《日瓦戈医生》)

例(23)中"如此快"表示对传播速度快的感慨和赞叹;例(24)中"如此无耻、如此恶毒"表达出"她"的愤怒情绪;例(25)中"如此遥远、如此陌生"流露出"我"的忧伤之情;例(26)中"如此"的运用使整个句子带上了讥讽、嘲笑的色彩。

当"如此"后为褒义词语时,一般是表达感叹,即正面的积极的评价;当其后为贬义成分时,表达的是说话人的消极的负面的评价。

2.4 "如此"的超预期性

超预期是指现实情况超出了说话人原有的信念、知识经验和心里期待值,令人惊异。"如此"经常用于感叹,表示现实中的性状的程度超出了说话者的心理期待,令其感到出乎意料,通常会有超预期标记"竟然""居然"等与之共现。如:

(27) 于汉超作为国脚,如此荒唐举动,令人匪夷所思。(人民网,2020 年

4 月 15 日)

(28) 知情的保健医生最为惊诧,这次复发,发现红血球才一个月,周恩来竟然<u>如此</u>快速地苍老,并且一眼就能感觉出这是一种病容。(人民网,2020 年 1 月 6 日)

例(27)中,"如此荒唐"是说"荒唐"的程度超出了预期,令说话人"匪夷所思";例(28)中"周恩来""苍老"的速度之快与"保健医生"的心理认知产生落差,因此令他"惊诧"。

值得注意的是,在表高程度义时,"如此"和普通程度副词如"很""非常""十分"等相较有什么特殊之处呢?

第一,非完句效应。非完句效应是指某些句子虽然具备主语、动词、宾语等句子成分,在语义上是完整的,但在句法结构上是不完整的,不能独立起作用(胡明扬、劲松,1989)。"如此"经常用于形容词或动词性词语前表示程度之深,但完句功能相对较弱。例如:

(29) ? 这里<u>如此</u>喧闹。①

(30) ? 他<u>如此</u>机智。

(31) ? 他<u>如此</u>专心致志。

由上例可见,"如此 X"充当句子的谓语,但不具备完足性,似乎话还没有说完。若要实现完句,还需要后续成分的加入。例如:

(32) 这里<u>如此</u>喧闹,是发生什么事了吗?

(33) 他<u>如此</u>机智,灵机一动就把事情解决了。

(34) 他<u>如此</u>专心致志,都没有看到我进门。

一般程度副词只是客观的叙述和描写,具备完句功能。例如:

(35) 此时寨子里很安静。(王小波《青铜时代》)

(36) 进行加强免疫非常必要。(人民网,2021 年 11 月 3 日)

第二,表情的主观化。程度副词可分两类:主观程度副词和客观程度副词。"如此 X"除了具有客观指代义,还带有言者较强的主观性,带有说话者对陈述对象或消极或积极的主观评价。"很、非常、十分"等程度副词多用于表示客观、实际地陈述程度等级高,较少包含说话人的主观评判。

第三,和其他程度副词的兼容性差。"非常、很、十分"等程度副词可以叠加使用以强化程度量级。例如:

---

① 例(29)—(34)源自笔者自拟。

(37) 接着平台上出现了一本十分很像亚佛神圣典的巨书,不过它是金属铸造的,看来与克撒那柄权杖拥有相同的材质。(崔西·西克曼《旅法师》)

"如此"几乎不与其他程度副词共现,我们搜索了北京大学 CCL 语料库,只检索到极个别用例。

第四,唯状性。"如此"具有唯状性,句法功能单一,只能作状语成分。其他一些程度副词除了作状语外还可作程度补语。例如"高兴万分""痛苦无比""香得很"等。

第五,程度义的立体化。由于"如此"的副词用法来源于其指示代词用法,因此"如此"展现的是更为立体的程度表达,说话人提到的事物或情景好像就活灵活现地出现在听者面前,给人以逼真的感觉。

三、"如此"语法化的历程及动因

以上我们从共时平面描写了副词"如此"的句法表现和语义特征,那么"如此"是如何演变为程度副词的? 动因是什么? 下面我们将从历时角度考察"如此"语法化的历程及动因。

3.1 "如此"的词汇化历程

从句法到词法的转化现象在语言中普遍存在,董秀芳(2002)把这种现象称为句法结构的词汇化。"当一个实词的句法功能发生改变,该词与某些词的组合就会失去能产性,最终会发生词汇化。"(董秀芳,2009)

"如"和"此"本是两个独立的词,直到现代,还有"诸如此类""诸如此例"的说法。"如"的本义为"随从、依照",《说文》:"如,从随也。"段注:"从随即随从也。随从必以口。从女者、女子从人者也。"后引申为"像、相似"。例如:

(38) 一日不见,如三秋兮。(《诗经·王风》)

(39) 八月西巡守,至于西岳,如初。(《尚书·舜典》)

例(38)、例(39)中的"如"义为"像、好像",与后面的名词"三秋""初"一起充当谓语。

"此"是"跐"的初文,本义为脚踩,在文献中多引申用作指示代词,表近指,与"彼"相对,义为"这个、这"。

周代时,动词"如"和近指代词"此"开始连用,组合成短语"如此",义为"像这样"。例如:

（40）知我如此，不如无生。（《诗经·苕之华》）

上例中的"知我如此"意思是"早知道我的生命像这样"，这时的"如此"尚未成词，还是动宾短语，指示代词"此"充当动词"如"的宾语，"如此"义为"像这样"。

先秦至两汉，短语"如此"的用例渐多，句法上主要是做谓语，有时也可做补语。例如：

（41）其机如此，此谓一言偾事，一人定国。（《礼记·大学》）

（42）喟然太息曰："嗟乎，大丈夫当如此也！"（《史记·高祖本纪》）

（43）劳苦而功高如此，未有封侯之赏，而听细说，欲诛有功之人。（《史记·项羽本纪》）

（44）人生一世间，如白驹过隙，何至自苦如此乎？（《史记·留侯世家》）

以上例子中的"如此"均为"像这样"之义。前两例中，"如此"分别充当"其机""大丈夫"的谓语，后两例中分别充当"劳苦而功高""自苦"的补语。这时的"如此"还没有凝固成词，"如"与"此"还存在语义分立，"如"的动词义还很显著。

早在先秦时期，"如此"的词汇化就开始萌芽了。例如：

（45）进则思赏，退则思刑，如此则有常赏。（《国语·勾践灭吴》）

（46）如此，则白黑分矣。（《韩非子·用人》）

上例中，"如"和"此"的凝结力增强，凝固成一个整体，意义和用法也发生了变化。一方面，"如此"的语义开始泛化，意义变得凝固，义为"这样、这样的话"，"如"的动词功能衰退，动作义减弱，"如此"的语义重心在"此"。另一方面，"如此"的句法位置变得灵活，可位于谓语前，也可出现在句首单独使用，起到衔接上下文的作用。邢福义（2003：76）指出："如果一个词具有动词的语法特点，但同时具有游移泛代性，应该看作是代词。"因此，我们认为"如此"可看作是代词。

我们注意到，"如此"作为指示代词，经常与连词"则""而"连用，起到衔接上文、引起下文的作用。例如：

（47）如此则为之服矣。（《孟子·离娄》）

（48）德产之致也精微，观天子之物无可以称其德者，如此则得不以少为贵乎？（《礼记·礼器》）

（49）如此而劝以厚赏，威以重罚，则前死不还踵矣。（《资治通鉴》）

（50）若是而王以十万伐郑，梁氏寒心，许鄢陵、婴城，而上蔡、召陵不往来也，如此而魏亦关内侯矣。（《史记·春申君列传》）

上面四例中，"如"和"此"之间的界限和停顿逐渐模糊直至完全消失，"如此"凝固成一个词，具有指代性，指代前文提到的事件或情况，义为"这样的话"。这时"如此"具有篇章衔接功能,用于连接前后两分句。

代词"如此"不仅经常在句中充当主语、谓语、补语、定语、状语,还可以在句中单独使用。用例分别如下:

(51) 汝疏云:泯然无际,如此甚佳,彼多猜,不可令万一觉也。(《宋书·列传》)

(52) 早知诸将辈如此,恨不以白刃驱之,今者悔何所及?(《宋书·张永传》)

(53) 非至德,其孰能顺民如此,其大者乎?(《孝经·广至德》)

(54) 如此之罪。(元话本《三国志平话》)

(55) 如此而后可以为民父母矣,非至德其孰能如此乎?(《礼记·表记》)

(56) 如此,则苞桑可系,危几无兆。(《宋书·范泰传》)

"如此"作为代词的用法一直保留并延续至现代汉语中。

3.2 "如此"的副词化历程

"如此"副词化发生的时间较早,其副词用法最早可追溯到春秋战国时期。例如:

(57) 用志如此其精也,何事而不达?(《吕氏春秋·博志》)

(58) 仕如此其急也,君子之难仕,何也?(《孟子·滕文公下》)

(59) 公曰:"嘻!夫子之家如此其贫乎!而寡人不知,寡人之罪也。"(《晏子春秋》)

(60) 然而用财如此其厚者,言尽之于礼也。(《礼记·聘义》)

上例中的"如此"均出现在状语位置上,其修饰成分由短语或小句转向谓词性成分"精""急"等,整个语段表示感叹性状的程度,释为"这么、多么"。与此同时,"如此"的语义开始逐渐泛化,语义重心开始转移至"如此"之后的谓词性词语。值得注意的是,这一时期的"如此"和形容词之间通常会加上一个表强调语气的助词"其"[①],"如此"所在的句法环境为:S+如此+(其)+A。

两汉时期也有用例。例如:

(61) 秦祸如此其大,而燕、赵之秦者,皆以争事秦说其主,此臣之所大患。(《战国策·燕策》)

(62) 夫圣人之於圣者之死,尚如此其厚也,况当世存者乎!(贾谊《胎教》)

魏晋时期,出现了"如此+之+A"的用法。例如:

(63) 故功业如此之难也。(《三国志·魏书》)

---

① 关于"其"的词性,学者们的解释不一致。王力(1999)将"其"解释为形容词词头;杨伯峻(1981)将"其"看作助词,无词汇意义;白平(1996)、王兴才(2007)认为"其"相当于"极""甚",是一个副词。我们更倾向于认为这里的"其"是助词,古人考虑到韵律和谐的需要,会在单音形容词前加一个助词"其"。

（64）进失当世之务,退无长生之效,则莫不指点之曰：彼修道<u>如此之勤</u>,而不得度世,是天下果无不死之法也。（《抱朴子》）

从先秦到魏晋,"如此"还处在虚化的萌芽阶段,"如此"的副词用法虽有用例,但为数不多,所修饰的成分以单音节形容词为主,"如此"和"A"的关系还不是很紧密。这时的"如此"虽有副词用法,但主要还是用作代词,以指代义为主。以《北史》为例,"如此"句共计出现88次,"如此"的副词用法仅出现4次,占比不足5%。

到了唐五代时期,副词"如此"又得到了进一步发展,其作副词的用例渐多,和谓词成分的关系也愈加紧密,其后可直接加动词、动词短语、形容词表示程度,而且不受音节的限制,用例如下：

（65）<u>如此</u>受苦痛。（唐《佛经》）

（66）琰之曰："有何多,<u>如此</u>逼人！"（《大唐新语》）

（67）<u>如此</u>诡谬,万绪千端。（《通典》）

（68）为官<u>如此</u>易,享禄<u>如此</u>厚,上法<u>如此</u>宽,下敛<u>如此</u>重,则人孰不违其害以就其利者乎！（《通典》）

（69）乃骂曰："一群痴宰相,不能和得阴阳,而闭坊门,遣我汇行,<u>如此</u>辛苦。"（《大唐新语》）

由上例可以看出,"如此"在唐五代时期已摆脱了助词"其""之"的限制,修饰语的范围也得到了拓展,这使"如此"的副词用法进一步凝固。

至宋代,"如此"作为副词的用例渐多,我们在《全宋词》中发现不少用例：

（70）塞外江山,<u>如此</u>萧条,可堪别离。（《沁园春·送郑通父之吴门谒宋使君》）

（71）<u>如此</u>苍茫君莫怪,是归家。（《山花子·春暮》）

（72）青青柳,留君如此,<u>如此</u>匆匆。（《八声甘州·送春韵》）

（73）紫髯黄发,到今<u>如此</u>清健。（《念奴娇·山光堂下》）

唐宋以前,"如此"几乎只能修饰单音节形容词,基本韵律形式为"2+1",后来,"如此"后可以跟多音节形容词、动词性词语,"2+2""2+n(n＞2)"的音节配置很常见,这一变化也印证了"如此"的虚化程度更近了一步。

到了元代,"如此"作为副词的用法不断发展成熟,使用频率逐渐上升。经我们统计,《全元曲》中"如此"句共计出现145次,作状语约有63例,占比43%。我们略举几例加以说明：

（74）黄文,你见乔公说关公<u>如此</u>威风,未可深信。

（75）兀那将军,何故<u>如此</u>躁暴,有仗剑杀我之心也？

(76) 范睢少待,一别许久,正要和你讲话,何故如此惊恐?

(77) 有劳真人如此费心。

(78) 只你那费无忌如此狠心肠,做兀的般歹勾当。

(79) 难得二位贤弟如此真心相待,今后如若宅上欠缺,都在愚兄身上。

明清是"如此"副词化的高峰时期,"如此"在现代汉语的基本用法,这一时期均已具备。例如:

(80) 吾浙科名虽盛,然而无如此奇者。(明《万历野获编》)

(81) 蝉牵其衣曰:"君如此惧怕老贼,妾身无见天日之期矣!"(明《三国演义》)

(82) 却又心生巧计,把一千杀不尽的狗奴做个麇子,甜言蜜语儿哄他,好酒好肴儿醮他,使他回来之时,都传说道南朝的元帅如此好哩。(明《三宝太监西洋记(三)》)

(83) 弟弟们早十多天而如此忙碌,为什么?(清《曾国藩家书》)

(84) 忽听见太后说:"寇官人,你竟敢如此无理!"(清《七侠五义》)

(85) 这非非僧名为方丈和尚,实是开国元帅,所以如此胆大,做这无法无天之事。(清《七剑十三侠》)

明清时期"如此"的副词用法趋于成熟,主要有以下几大特点:

第一,使用频率高。使用频率的高低是语法化的重要条件之一,使用频率越高,就越容易发生语法化。在使用频率上,"如此"在明清小说的使用比例明显高于历代,作为程度副词的用例也相当普遍。我们对《水浒传》中的"如此"做了统计,其副词用法约出现了102次。

第二,直接充当状语。充当状语是实词虚化为副词在句法位置上的重要表现和途径。明清小说中,"如此"直接用于谓词前做状语,且表示程度深,这是程度副词典型的句法功能。

第三,副词连用。明清小说中出现"如此"和其他副词连用的情况,这也是"如此"作为副词用法的一个新的扩展。例如:

(86) 张飞大怒曰:"我等亲赴血战,救了这厮,他却如此无礼! 若不杀之,难消我气!"(明《三国演义》)

(87) 就是谭孝移在日,极隆重的朋友,席面也不曾如此华奢丰盛。(《歧路灯》)

第四,组合能力提高,修饰成分多样化。随着语法化程度的加深,"如此"的修饰成分也愈来愈复杂,明清以前主要以修饰形容词为主,明清之后,还包括光杆动词、动宾短语、偏正短语、连动短语、名词性成分、否定成分等,修饰成分逐渐丰富。例如:

(88) 这妇人因方才也是一惊,一时心内清醒,便道:"你把别人的妻子设计陷害,自己老婆<u>如此</u>防范。你拍心想想,别人恨你不恨?"(清《七侠五义》)

(89) 那大的道:"你为什么<u>如此</u>恨他?"(清《七剑十三侠》)

(90) 其义窃取之言,孟子何以推尊孔子作春秋之功,配古帝王,说得<u>如此</u>惊天动地。(皮锡瑞《经学通论》)

(91) 因思父孙坚<u>如此</u>英雄,我今沦落至此,不觉放声大哭。(明《三国演义》)

(92) 二将到帐下,说:"赵范欲用美人计赚将军,只等将军醉了,扶入后堂谋杀,将头去曹丞相处献功:<u>如此</u>不仁。"(明《三国演义》)

第五,"如此 X"句法功能的扩展。明清之前,"如此 X"通常只做谓语,随着"如此"副词用法的成熟,除了做谓语,还可做定语、补语。例如:

(93) 汜妻讶曰:"怪见他经宿不归!却干出<u>如此</u>无耻之事!非夫人言,妾不知也。当慎防之。"(明《三国演义》)

(94) 一日,郡侯请四众往观,唐僧惊讶道:"工程浩大,何成之<u>如此</u>速耶?"(明《西游记》)

例(93)中的"如此无耻"作"事"的定语,例(94)中的"如此速"作"成之"的补语。

中古至近代,"如此"的副词用法越来越普遍,我们对《全唐诗》《全宋词》《全元曲》《三国演义》《七剑十三侠》等文献进行了标注统计,副词"如此"的使用情况如表1:

表 1 副词"如此"的使用情况

语　　料	出现总次数	副词用例	比例(%)
《全唐诗》	309	7	2.3%
《全宋词》	117	10	8.5%
《全元曲》	145	63	43.4%
《三国演义》	108	57	52.8%
《七剑十三侠》	153	88	57.5%

据表1,我们可以看出,唐宋时期"如此"的代词用法占优势,副词用法只有零星用例,元明清时期,两用法并存,所占比例相近,"如此"在很多语境下都可认

定为副词。

综上,我们认为,"如此"的虚化路径是:先由动词短语"如此₀"虚化为指示代词"如此₁",再进一步虚化为副词"如此₂",指示义弱化,程度义加强。和"如此₁"相比,"如此₂"有自己的特征:

其一,指代功能弱化。作为指示代词,其指代的具体对象可以在上下文语境中找到,但作为副词的"如此₂",在上下文中找不到先行语,无指代义。试比较:

(95)之前多次联系市政热线反馈这个问题,没有什么有效措施,若继续<u>如此</u>恶性循环,遭殃的还是老百姓,现如今居民却因为泊位问题每个月都要额外掏一部分钱去交罚款。(人民网-地方领导,2019年11月11日)

(96)希腊爱琴海学院院长尼古劳斯·斯库尔托斯回忆起2014年在罗德岛与习近平主席见面时的情景,难掩激动,"无论对罗德岛还是我本人,那都是一份巨大的荣誉。作为一位大国领袖,习近平主席<u>如此</u>平易近人。相信此次访问必将进一步深化两国传统友谊,也将推动欧中关系进一步发展。"(《人民日报》2019年11月11日)

例(95)中的"如此"很容易在上文找到明确的指代对象,即加波浪线的部分,因为"如此"仍具有指代功能。但例(96)中的"如此"在上下文找不到它所指代的成分,纯粹是程度副词,只起到修饰、限制形容词"平易近人"的作用,无指称功能。

其二,程度义凸显。语义上,"如此₂"经常和具有[+程度]语义特征的谓词成分搭配,表示性质状态或动作行为达到的程度,而"如此₁"仅仅表示指代,不用于强调程度。

其三,纯状语性。充当状语是副词最基本的句法功能,"如此₂"一般只能充当状语,其后可加"地"或"的",句法上可以删除,而且不影响句子基本意义的表达。而指示代词"如此₁"可以充当谓语、状语、主语、宾语等,不具有纯状语性。

其四,主观量的产生。"如此₂"带有说话人对某种性状程度之高的主观态度和评价,而指示代词"如此₁"指代客观世界的事物或情况,一般不包含说话人的主观态度和情感。

其五,语义重心的后移。当"如此"虚化为副词时,其语义重心逐渐转移至"如此"之后。

综上,我们得出结论:"如此"的指代义是程度义的基础,其程度义由指代义发展而来。这一演变在语言中很常见,世界上很多语言的指示代词都发展出了程度副词的用法。最常见的指示代词"其""之"均有程度副词用法,表示性状的程度等级高。马清华(2017b)指出,指称标记向情态标记的演化在语言中普遍存在,当指说具体事物的指称标记含混指代抽象情态时,就获得了情态义。

3.3 "如此"语法化的动因

杨荣祥(2005:192)曾指出:"决定和促成副词的形成,主要有三个方面的条件,即语义基础、句法位置、语用因素。"我们将从语义、句法、语用等方面来探讨"如此"语法化的成因。

其一,语义羡余。指示代词的核心语义是表指代,但由于其所指与上一事件相同,因而属于语义上的羡余成分,很容易发生空灵化、虚化,逐渐转变为表辅助功能的虚词。"如此"作为指示代词,用于回指上文提到的事件或情况,但由于"如此"与前文具有同一性,"如此"自身的语义就会被人们忽略,成为羡余成分,逐渐从有指走向无指,由指示代词演变为副词。

其二,句法环境的改变。实词或短语虚化为副词,一定与句法环境的改变有关。经常出现在状语位置,与动词(短语)、形容词等谓词性成分组配,为程度义的产生提供了可能性。作为指示代词的"如此"主要位于名词性成分前后,随着语法化进程的加深,经常出现于谓词性成分之前起修饰作用,形成状中关系,引发人们对"如此"结构进行重新分析。

其三,交际求变。杨勇(2017:37)指出:"这些新生代的高程度副词也处在磨蚀之中,因为语言的保鲜就像蛋糕一样,是有时间限制的。高频的使用,导致这些词汇所负载的高程度量也在慢慢损耗,于是人们又开始新一轮的补偿。"在交际求变的动因下,人们不断寻求新的表达方式,自然会有其他性质的词语向程度副词转化。

其四,语境感染。"如此"经常进入状位,修饰具有[+程度][+性状]语义特征的动词(短语)或形容词,在语境吸收作用下逐渐被感染,虚化为强调程度义的副词。马清华(2000:48)提到:"语言成分在具体上下文引发新解释,新解释固化导致语法化的产生,这种方式叫'吸收'。吸收有的是基于语义相似性,如语义共振,有的是基于语义相关性,细分下来有感染、省略、定位、和谐等若干种。"

其五,焦点的移动。焦点作为句子的语义重心,是说话者要强调的关键部分和新信息,当人们的焦点放在"如此"后面的谓词时,"如此"就转化为一个焦点标记词语,标记后面的信息焦点。语义重心的后移使"如此"自身的意义逐渐虚化,不再受人们关注。

四、结　语

通过对"如此"的考察和分析，我们可以得出以下结论：一是"如此"在当代语言生活中已具有副词化特征，在往程度副词的方向发展；二是作为程度副词，"如此"在语义上程度量级高，主观量大，有强烈的表情功能，具有超预期性，相比传统程度副词，"如此"具有非完句性等特点；三是"如此"经历了从动词短语到指示代词再到副词的演变路径，语义泛化、状语位置的明确化、主观化、语境感染等是其语法化的动因。

当然，"如此"语法化的同时，其代词用法也一直保留且使用频率居高不下，新旧用法长期并存，不易将其一刀两断，因此我们还不能说"如此"是个典型的、凝固的副词，其副词化的彻底完成将是一个漫长的过程。邢福义（2003：29）把这种现象叫做"同形异类"，即词的形式相同，但在不同的语法环境中属于不同的词类，究竟属于哪一类，在进入句子之后就可以确定。张谊生（2017）指出，语法化是连续、渐变的过程，存在由不足（under-）语法化到充分（full-）语法化、而后到过度（over-）语法化的发展历程。语法化不可能一蹴而就，会受到句法、语义和很多外部因素的制约，因此我们只能说"如此"是一个表程度的准副词，其语法化的完成最终还有待于其状语的专职化、句法位置的定型化。最后，我们认为，随着使用频率的提高和使用范围的扩大，"如此"从准副词演变为副词是必然趋势。

参考文献

白　平(1996)"其"非词头辨，《山西大学学报》（哲学社会科学版）第 2 期。

陈小荷(1994)主观量问题初探——兼谈副词"就"、"才"、"都"，《世界汉语教学》第 4 期。

董秀芳(2002)论句法结构的词汇化，《语言研究》第 3 期。

董秀芳(2009)汉语的句法演变与词汇化，《中国语文》第 5 期。

侯学超(1998)《现代汉语虚词词典》，北京大学出版社。

胡明扬、劲　松(1989)流水句初探，《语言教学与研究》第 4 期。

李善熙(2003)《汉语"主观量"的表达研究》，中国社会科学院研究生院博士学位论文。

李宇明(1997)主观量的成因，《汉语学习》第 5 期。

吕叔湘主编(1984)《现代汉语八百词》，商务印书馆。

马清华(2000)《文化语义学》，江西人民出版社。

马清华(2017a)汉语情态统辖结构的整合与变异，《山西大学学报》（哲学社会科学版）第 1 期。

马清华、李为政(2017b)论从甲骨文到金文尚书的动宾结构模式化及其发展,《华东师范大学学报》第 5 期。

王　力(1999)《古代汉语》,中华书局。

王松茂主编(2000)《中华古汉语大辞典》,吉林文史出版社。

王兴才(2007)试说"其"有"甚"义,《西北民族大学学报》(哲学社会科学版)第 1 期。

邢福义(1996)《汉语语法学》,东北师范大学出版社。

邢福义(2003)《词类辨难》(修订本),商务印书馆。

杨　勇(2017)高程度副词的语义磨蚀及其补偿机制,《汉语学报》第 1 期。

杨伯峻(1981)《古汉语虚词》,中华书局。

杨荣祥(2005)《近代汉语副词研究》,商务印书馆。

张斌主编(2001)《现代汉语虚词词典》,商务印书馆。

张谊生(2014a)《现代汉语副词研究》,商务印书馆。

张谊生(2014b)《现代汉语副词分析》,上海三联书店。

张谊生(2017)《与汉语虚词相关的语法化现象研究》,学林出版社。

中国社会科学院语言研究所词典编辑室编(2016)《现代汉语词典》(第 7 版),商务印书馆。

中国社会科学院语言研究所古代汉语研究室编(1999)《古代汉语虚词词典》,商务印书馆。

朱德熙(1982)《语法讲义》,商务印书馆。

朱景松主编(2007)《现代汉语虚词词典》,语文出版社。

《古代汉语词典》编写组编(1998)《古代汉语词典》,商务印书馆。

(南京大学文学院,210023,DG1908039@smail.nju.edu.cn)

"并"和"又"的反预期功能比较研究[*]

王艳艳[1]　张汶静[2]

〇、引　言

"并"作为副词,用在否定词前面加强否定语气,强调说明事实不是对方所说的或一般所认为的那样。"又"作为副词,用在否定句或反问句里,加强语气(《现代汉语词典》第 7 版)。"并"和"又"都能出现在否定句中,具有加强语气的作用。《现代汉语八百词》指出"'并'常用于表示转折的句子,有否定某种看法、说明其真实情况的意味;'又'表示转折,常与'可是、但是、却、而、虽然'相配合。"由此我们知道,"并"和"又"都具有表示转折的功能。

值得注意的是,"并"和"又"都已经发展成为反预期标记。李劲荣(2014)指出作为语气词,"并"和"又"都用在否定词前,其中副词"并"表示实际出现的情况与常理中应该会出现的情况相悖,而副词"又"表示出乎听话人的意料。本文认为语气副词"并"和"又"的反预期表达与其在否定语境中的使用和基本义的表达有关,需要结合具体语料,对二者的反预期表达途径进行分析。且同为反预期标记,二者的使用区别以及语义背景和反预期的强弱程度值得研究。

(1) 她的眼光盯在柳遇春脸上,给了个锋利的回答:"并(/又)没'乱'翻'你'的东西! 你这嘴脸给谁看哟!"(茅盾《虹》)

(2) 阿金说:"这也是人家送她的,她转送你,又(/并)不是特意买来的,又何必不要? 留了作纪念罢。"(张恨水《春明外史》)

---

* 本文曾在第九届现代汉语虚词研究与对外汉语教学学术研讨会(2020 年 10 月 31 日至 11 月 1 日,宁波)上宣读。

例(1)中,语气副词"并"加强了否定语气,对事实进行直接否定,反听话人预期。例(2)语气副词"又"通过否定前提条件"因为礼物不是她特意买来的",来肯定结果"你应该收下"。其中,上例"并"和"又"可以互换,但互换后发现,"并"句主要是对事实的否定,"又"句是说话人主观性的体现。二者呈现出主观性的强弱,由此表现出的反预期程度不同。

本文试图结合反预期与转折、否定之间的联系,对"并"和"又"的反预期用法进行分析和比较。吕叔湘(1982:340)指出"凡是上下两事不谐和的,即所谓句意背戾的,都属于转折句。所说不谐和或背戾,多半是因为甲事在我们心中引起一种预期,而乙事却軼出这个预期。"从中可以看出,转折与反预期功能具有一定的联系。单威、邹晓春(2016)指出"反预期的实现途径主要有直接否定预期、间接否定预期和二者并用的情况。"因此,我们知道转折、否定和反预期之间存在语义关联。本文主要以转折、否定与反预期之间的关系为基础,对典型的负极词"并"和强负极词"又"的反预期情态表达进行研究。

一、"并"和"又"的反预期功能

对于反预期的定义,陆方喆(2014)较为全面地对其进行整理和总结:反预期的范围广泛,不仅包括意外和转折,还包括不满和反驳。并指出反预期标记在语音、句法和语义上具有不同的表现。其中语音上表现为轻读;句法上表现为形式多样,常出现在句首或句中;语义上,其概念意义很少或基本没有,不影响所在句子的真值条件,但是具有程序意义。

反预期与预期是一组对应的信息,当语境中含有预期,而实际信息与预期信息不一致时,就会表现出对既定预期的一种否定。反预期是表达与预期信息相反(包括完全相反、转折、偏离、意外)的信息,其不具有概念意义,在句中不影响句子的真值条件,主要起到的是引导听话人对话语理解的方向,促进话语理解的作用。反预期形式多样,有一定的词汇手段,其中"并"和"又"已经发展成为反预期标记。

1.1 "并"的反预期功能

通过分析语料,我们发现"并"在否定语境中表示对已经发生或者说话人判定的事情的反驳和否定。在肯定语境中,"并"表现为基本义,表示"并重,两件或两件以上的事情同时进行或处于相同的地位"。例如:

(3)她惘然站在那猴子棚前,很想找出一只也是会笑的猴子。然而这些猴

子中间并没一只会笑。(茅盾《子夜》)

(4) 玛格丽特已经睡着了,他没有叫醒她,自己脱了衣服,并把一只小床头闹钟拨到早晨 6 点。(阿瑟·黑利《身居高位》)

例(3)"并"与否定成分"没"结合,句子主语"她"想找一只会笑的猴子,在心里有一定的预期,但是实际上却连一只会笑的猴子都没有,加强对原有预期的否定。例(4)"并"位于肯定语境中,表示"脱衣服和拨闹钟到早晨 6 点"这两件事情是并列的。

马真(2001)指出"并"的语法意义表示加强否定语气,强调说明事实不是对方所说的、或一般人所想的、或自己原先所认为的那样。聂小丽(2021)对"又"和"并"的反预期差别进行说明,她指出"并"主要标明情况或性状在事实层面不具有预期的真实性,凸显说话人实事求是的客观态度,其中"并"所体现的预期属于事实预期。例如:

(5) 玉成呵了一声道:"老二回来了,你并没有写信给我,怎么突然回来了?"
  玉和道:"我自己原来不打算现在回来的。所以事先不及写信。"(张恨水《欢喜冤家》)

例(5)中,玉成对老二突然回来表示意外,玉成认为如果老二回家会提前写信告知,但实际情况是老二突然回家,与玉成原先所认为的不同,在强调事实的同时体现出玉成的意外。

单威(2017)指出,反预期信息中,完全悖反的偏离预期度高于部分悖反,高度悖反的偏离预期度高于低度悖反。在 BCC 语料库中对"并+否定"的语料进行分析发现,"并"在否定语境中的预期属于完全悖反的预期,这是因为"并+否定"的句子中一定需要有预设前提的存在,因此构成与原有预期信息之间的绝对对立,从而标示强反预期性。且"并"在否定语境中对事实的否定也体现出交互主观性,语气副词"并"作为预设触发语,在否定语境中能够激活听话人的原有预期,对话语交际的隐含信息作合理性体现,从而在听说双方之间形成良好的互动。例如:

(6) 秀珠道:"你怎么前倨而后恭?"燕西道:"我一来就是这样,今天并没说什么不客气的话呀。"(张恨水《金粉世家》)

(7) "实际上,"本特利指出,"这事讲出去也并没什么大害处,对你正在研究的东西,科技界早已知晓。还记得你请来求教的那两位专家吧。再说,现在吊吊公众的胃口,将来有助于七号缩氨酸的销路。"马丁并没被说服,但也就不提这事了。(阿瑟·黑利《烈药》)

例(6)中,秀珠对燕西的表现不满,燕西进行反驳。"并+否定信息"对秀珠的原有预期"不是一个前倨后恭的人"与实际行为表现结果"前倨后恭"形成差别,产生反预期的表达效果。"并+否定"是对信息的直接否定,属于完全悖反,对秀珠的心理预设进行否定和反驳,否定性强,反预期表达效果强。例(7)中,"并"在否定句中首先否定预设"事情讲出去有大害处",对听话人马丁产生说服作用,从而与听话人产生交互,使马丁更好地把握本特利的主观倾向。

1.2 "又"的反预期功能

通过分析语料,我们发现"又"在肯定语境和否定语境中的分布,都能体现出主观性。李劲荣(2014)指出"又"从客观实际的重复意义产生出标示反听话人预期的交互主观性用法。不同于"并","又"在肯定语境中也能够表达反预期情态。"又"具有表示转折的功能,意思是"反而、却",常常体现"意料之外"的主观情态。例如:

(8) 你之前和我说的可不是这样的,现在又这样说,真是搞不懂你。(自拟)

(9) 他使秋子怀了孕还不算,又杀了她。现在又对孩子下了毒手。(山村美纱《八日花语》)

例(8)中,"又"表示转折,说话人认为听话人之前所说的和现在所说的不一样,使用"又"对信息进行转折,表示对听话人前后说法不一样的追问,这种情况出乎说话人意料,也属于反预期的一种。例(9)中"又+肯定信息"带有主观情态,表现出说话人对句子主语"他"对待秋子的残忍行为表示意外和惊讶,句中"又"不仅具有客观实际的重复意义,而且带有说话人的主观态度。

"又"在否定语境中,加强否定语气。马真(2001)指出语气副词"又"只能用在直接否定前提条件的句子里起加强否定语气的作用。也就是说"又"主要是从否定的角度来强调理由,进而加强对某种行为、做法或心态的否定。例如:

(10) "麻烦?哪个怕她?"淑华圆睁着眼睛恼怒地说。"去公园又不是犯罪。我去,二姐去,琴姐也去。"(巴金《春》)

上例中,淑华认为"去公园不是犯罪",通过强调前述"哪个怕她?"的理由,加强否定语气,表明因为"大家去公园是理所当然的"所以"不用怕她"。

(11) 大家是吵得这样凶,又不是打仗打赢了争功!坐在平排的喜鹊就挽留他们。(沈从文《阿丽思中国游记》)

上例中,"又"所接小句对信息进行转折。"又"具有转移话题的功能,在前后话题之间构建联系。前后话题是在同一领域中的两个极端,"吵架"和"打仗打赢了争功"都可以产生"吵闹或者吵得很凶"的场景,但是出发点是不同的。通过否定

"打仗打赢了,为了争功"这一"吵架"的理由的正当性,进而对大家没有正当的理由而"吵得这样凶"表示不理解。

相较于"并"在否定语境中表现出的完全悖反的反预期,"又"在否定语境中,表现为高度悖反的反预期。"又"所在小句主要是言者主语对"原因-结果"信息的否定,通过否定信息的原因进而对结果进行否定,"又"较多与言者主语的主观性联系,从而与听话人的预期形成反差。例如:

(12)川嫦道:"怎么也没听见你提起?"泉娟道:"当时又不知道她是谁,所以也没想起来告诉你。"(张爱玲《花凋》)

上例中,川嫦询问泉娟"为什么没有提起过这个人",说明川嫦心里认为泉娟认识这个人,应该会提起她。泉娟通过否定原因进而否定川嫦的心理预期,即"因为当时不知道她是谁,所以没有告诉你"。

因此,语气副词"并"在否定语境中的反预期属于完全悖反,"并+否定"在句中的否定机制是通过对信息的预设进行否定从而对信息直接进行否定。而语气副词"又"的反预期属于高度悖反,说话人对信息的原因进行否定,当句中不存在原因解释时,"又+否定"不具备反预期的表达功能,而"并"所在句一定存在信息预设,对预设的否定形成完全悖反的反预期表达。从这个角度看,语气副词"并"的反预期程度高于语气副词"又"。

另外,从交互主观性的角度看,语气副词"又"不一定与听话人产生交互,主要在于凸显说话人的主观情态。例如:

(13)"这狗东西又不知道上哪里去了。等他一回来,我打烂他的屁股,你等着。"(王旭烽《茶人三部曲》)

例(13)中,"又"所在小句主要是对新信息的呈现,表现出说话人对"又找不见人"的无奈和不满,主要在于表现说话人的态度,而不与听话人交互,且不具有反预期表达功能。

二、"并"和"又"反预期功能的程度比较

2.1 从负极性强弱看"并"和"又"的反预期程度

负极性词语指只能使用在否定语境中的词语。郑玉贵、齐沪扬(2019)指出"否定极性副词指一些对否定性语境有依赖性,经常或只用于否定结构的副词。"胡清国(2011)探究了否向副词的语用共性,认为其在语用上可表增量、消除预

设、凸显主观性。因此从负极性强度角度入手,有助于分析"并"和"又"的反预期强度。负极性强度越强其主观性越强,标志着反预期程度越强。葛金龙(2012)指出"并"的语用功能是从结果或事实方面辩驳或纠正某种预想。"并"表示现实或结果与预想之间的不符,且以对被否定事态的肯定性预想为前提。我们知道,"并"作为负极性副词隐含反预期表达的功能。

对于作为语气副词使用的"并"和"又"来说,它们都倾向于出现在否定语境中。其中"并"是一个负极性极强的词语。而"又"的负极性程度明显要低于"并"。那么"又"的反预期程度与"并"的反预期程度就会有一定的区别。

2.1.1 语气副词"并"的负极性及其反预期程度

葛金龙(2012)指出,"并"是主观性副词,伴随否定的态度,赋予否定判断以丰富的表情,主要作用于命题,属于主观范畴的修饰。"并"表示现实或结果与预想之间的不符,且以对被否定事态的肯定性预想为前提。也就是说"并"所在句具有两种语义内涵,即[+现实][+否定],"并"在此基础上对现实的情况进行反驳,进而呈现出一种反预期的效果。

首先分析语气副词"并"的"现实性"语义内涵与其反预期表达的关系。语气副词"并"在现实性中呈现出的主观性程度强,"并"在句中主要从结果或事实方面辩驳或纠正某种预想,所引出的情况或事件往往是意料之外的,表现出反预期情态。例如:

(14) 所说的那个卧室在顶楼,要上去非得有梯子不可,而且至少需要三个人抬梯子,那个人才能"爬上去"。因此,窗下松软的土地上应当留下梯子的痕迹,而辩护人证明并没有任何痕迹。(约翰·福尔斯《法国中尉的女人》)

上例中,在辩护律师的解释下,受社会规约,对既定"事实-结果"有相应预期,即认为"当施害人借助梯子爬上顶楼的卧室时会在窗下的土地上留下痕迹",但是事实与意料不符,使用"并"对事实"在土地上没有留下任何痕迹"进行纠正,从而产生反预期的表达。

接着分析语气副词"并"的"否定性"语义内涵与其反预期表达的关系。胡勇(2009)对语气副词"并"的语法功能与否定进行了研究,表明"并"作为语气副词与否定联系紧密,否定语境为"并"发展为语气副词创造了条件。共时平面上,通过对 BCC 语料库检索发现,语气副词"并"只能在否定语境中出现,其后有显性的否定成分共现。"并"对否定语境的要求与其表现出反预期的表达之间联系紧密。我们知道反预期不影响句子的真值条件,主要起到的是引导听话人对话语理解的方向,促进话语理解的作用。语气副词"并"作为负极性词语在句子中,主

要是表达主观性,对句子的真值也不影响。例如:

(15) 余怀和沈士柱却像是<u>并</u>不怎么在意,看见黄澍闭上嘴巴,也没有继续追问。(刘斯奋《白门柳》)

(16) 被狗吓的是有人,至于猫,那是<u>并</u>不象可怕的东西了,有人问到时,大鼻客人是说得出的。(沈从文《旅店及其他》)

结合例句,我们发现"并"后只与"不/没/无/未/没有"等显性否定性词语搭配使用,用于加强否定的程度,表明言者的主观情态。句子中有无"并"不影响真值性,语气副词"并"主要是加强否定的语气,从而体现出强主观性。

综上,语气副词"并"的否定极性敏感特征包括"现实"与"否定"两个必要因素,只有当且仅当两个特征同时出现,"并"才能在句中作为加强否定语义的成分出现在否定语素前,"并"的负极性强度与反预期强度关联,因为对现实情况的否定是直接的否定,其语气较强,相应的反预期程度也强,呈现出对听话人预期的强否定。

2.1.2 语气副词"又"的负极性及其反预期程度

"又"作为语气副词在句中使用时,既可以出现在肯定句中,也可以出现在否定句中,都具有强调否定的作用。"又"还可以出现在肯定反问句中用于表示否定,还可以出现在否定反问句中用于表示肯定。例如:

(17) 她说完一通批评的话后,<u>又</u>过来安慰我,真让人捉摸不透。

(18) 你去都已经去了,<u>又</u>来问我的意见,不是自讨没趣吗?

例(17)中,"又"表示"却",受到批评之后,"我"觉得刚受到批评就得到安慰是一件令人不解的事情,于是使用语气副词"又"表示惊讶和不解。例(18)表示对已然发生的事情的不满,事情发生过之后才来问意见,"又"明显带有言者的主观不满情绪,此时"又"句隐含否定意义,即"事情已经发生,你不要再来问我的意见"。

(19) 他有一种灰黯的心情:你们谁也不重视我关心我,我<u>又</u>何必自讨没趣!何况,乱世之秋,似乎各人都在自顾自,谁也不想将自己的行踪或动态告诉人家。(王火《战争和人》)

这里的"又"是语气副词,具有言者参与性,表达言者的不满情绪。去掉"又"后,"我何必自讨没趣!"就是一个表示否定意义的感叹句,即"我不必自讨没趣","又"的作用是加强言者的主观不满情绪。

(20) "那么,谁<u>又</u>不让我们在四点钟开饭呢?"元帅又问道,执拗得象卡斯蒂利亚的一头驴子。(大仲马《王后的项链》)

上例中加下划线的"又"主要是表示言者的强烈态度,不满的情绪由疑问的形式表现出来。此时,语气副词"又"与表示特指的"谁"搭配使用,虽属于真性疑问,但是"又"的使用更凸显了元帅的不满。

郑玉贵、齐沪扬(2019)指出"并"已经完成极性词语语法化的进程,"又"是趋于完成极性词语语法化。这表明语气副词"并"的负极性程度高,其虚化程度高于语气副词"又"。

综上所述,我们认为,语气副词"并"的负极性强于语气副词"又",从这个角度看,我们认为"并"的反预期程度高于"又"。

2.2 从转折和否定表达看"并"和"又"的反预期程度

2.2.1 从转折和否定表达看"并"的反预期程度

转折、否定和反预期之间具有语义关系,李劲荣(2014)认为转折表示实际出现的情况与理应出现的情况不符,既然实际情况已是如此,那么理应出现的情况就不可能出现了,于是产生了与预期相反的意义。王维贤(1982)也认为转折关系传达了反预期信息。吕叔湘(1982:340)从心理预期的角度解释了"否定"与"转折"的关系。论及"转折",他认为"所说不谐和或背离,多半是因为甲事在我们心中引起一种预期,而乙事却轶出这个预期,因此由甲事到乙事不是一贯的,其间有转折。"综合学者研究,我们认为三者之间的关系呈现这样的发展序列:预期→否定→转折→反预期。

结合语气副词"并"在否定语境中的表现,根据 Bybee(1994:40)的研究,一个语法成分,在语法化的过程中,"尤其在语法化的后期阶段,上下文语境在解释语法成分的语义上起重要作用,当一个语法成分越来越多地失去它原有的内在的语义时,该语法成分就越容易受其所处的上下文变化的影响。""并"从动词表示两种或两种以上的事物"并排",发展为表示"不同事物(情)同时存在或同时进行"。之后受否定语境影响逐渐发展出用在否定词前加强否定语气,强调说明事实不是对方所说的或一般所认为的那样。"并"的语义演变过程经历了从否定到转折再到表反预期的过程。尹洪波(2011)指出"并"是一个反预期标记,它所引出的情况或事件往往是人们所未曾预料到的,或者有悖于常态。"并"在否定语境中表现出出乎意料的反预期信息时,其反预期程度强。例如:

(21)楚雁潮胸中的波澜却很快地复归于平静,他迟疑地望着郑晓京,说:"我……并没写过入党申请书啊!""是吗?"郑晓京略略有些意外,在她所接触的人当中,组织上找上门来谈话而本人尚未提出申请的现象是少见的。(霍达《穆斯林的葬礼》)

上例中,郑晓京认为"组织上要是找上门来谈话,应该是本人向组织上提出了申请",但是事实上楚雁潮没有提出申请,这种情况在郑晓京是意料之外的,反预期程度强。

2.2.2 从转折和否定表达看"又"的反预期程度

尹洪波(2014)对转折和否定之间的联系进行分析,研究表明转折和否定之间具有共同的语用机制,即"预期偏离"。语气副词"又",在肯定语境中,较多表现出转折的语用功能,从而引出新话题、新信息。"又"常与表示转折的明示成分共现。这时主观性明显。例如:

(22)直到你到得门外咳了一声之后,才认清楚,的确是你,但又不好开口,因为不知道你对我的感情,经过了这十多年的时日,仍能够复原不能?(郁达夫《瓢儿和尚》)

上例中"又"与转折连词"但"共现,虽然"我"已经确认来的是所期待的"你",但是这种情况下,由于我不明确感情是否依旧,因此不好开口。这里语气副词"又"表示对预设情况的一种辩驳,即预设"二人之间的感情经过十年的时间已经不复当初",用以加强对否定情景下所作行为的解释。

(23)吕千秋,我穷?当然,当然!我的口袋里没有钱。可是,我有颗最美丽最丰富的心,我又不能算是穷!(老舍《归去来兮》)

上例中,"又"表示反驳,对"吕千秋认为的没有钱就是穷"反驳,说话人认为"心灵丰富就会富有",此时"又"位于转折语境中,对已经判定的信息进行反驳。

语气副词"又"在句中常用来引出新信息,"又+否定成分"常用来表达对原因的否定,可以在句中没有预期,而只是传递新信息。而语气副词"并"的出现需要有一定的预设,当事实与预期不一致时,就会对原有预期形成偏差或否定,从而形成反预期的表达效果。也就是说,语气副词"并"一定经历"预期→否定→转折→反预期"的过程,而语气副词"又"则不一定经历这一历程。当二者都经历这一过程时,语气副词"并"的反预期含有出乎意料义,反预期程度较强。

三、结　语

"并"和"又"都在否定语境中出现,其中"并"对否定语境有强依赖性,而"又"对否定语境的依赖性不如"并"强。"并"作为强负极性副词,在否定语境中能够表达反预期情态,负极性强度越强,主观性越强,所传递的反预期程度也越强。因此从负极性强弱角度看,语气副词"并"的反预期程度强于"又"。同时,"并"和

"又"都具有表示转折的功能,其中"并"在否定语境中,一定标示反预期信息,经历"预期→否定→转折→反预期"的过程,这是因为"并"对预期有强制要求,交际双方对信息有预设才会形成"并+否定"的反驳和否定,从而与反预期构建联系,属于完全悖反反预期,在交流中与听话人产生交互。而语气副词"又"不一定产生反预期表达,不一定与听话人产生交互,而仅引出新信息,且"并"的反预期中含有出乎意料,其反预期程度强。

参考文献

葛金龙(2012)汉语的否定极性副词,《汉语学习》第 1 期。

胡　勇(2009)语气副词"并"的语法化,《语法化与语法研究》(四),商务印书馆。

胡清国(2011)否向副词的语义语用共性,《中南大学学报》(社会科学版)第 5 期。

李劲荣(2014)情理之中与预料之外:谈"并"和"又"的语法意义,《汉语学习》第 4 期。

陆方喆(2014)反预期标记的性质、特征及分类,《云南师范大学学报》(对外汉语教学与研究版)第 6 期。

吕叔湘(1982)《中国文法要略》,商务印书馆。

吕叔湘(1999)《现代汉语八百词》(增订本),商务印书馆。

马　真(2001)表加强否定语气的副词"并"和"又"——兼谈词语使用的语义背景,《世界汉语教学》,第 3 期。

聂小丽(2021)"又"字否定句的负面事理立场表达功能,《语言教学与研究》第 1 期。

琼·拜比、里维尔·珀金斯、威廉·帕柳卡(2017)《语法的演化:世界语言的时、体和情态》(译自 Joan Bybee,Revere Perkins,and William Pagliuca(1994)*The Evolution of Grammar*:*Tense*,*Aspect*,*and Modality in the Languages of the World*),商务印书馆。

单　威(2017)《现代汉语偏离预期表达式研究》,吉林大学博士学位论文。

单　威、邹晓春(2016)汉语反预期的实现途径与特点研究,《北方论丛》第 5 期。

王维贤(1982)论转折,《逻辑与语言研究》(第二辑),中国社会科学出版社。

尹洪波(2011)"并不"中"并"的功能,《北华大学学报》(社会科学版)第 3 期。

尹洪波(2014)否定与转折,《语言研究集刊》第 2 期。

郑玉贵、齐沪扬(2019)否定极性副词与肯定结构的共现状况及原因分析,《新疆大学学报》(哲学·人文社会科学版)第 5 期。

中国社会科学院语言研究所词典编辑室编(2016)《现代汉语词典》(第 7 版),商务印书馆。

(1. 上海师范大学对外汉语学院,200234,2104153757@qq.com;

2. 上海师范大学对外汉语学院,200234,zhangwenjing@shnu.edu.cn)

时间顺序表达式的
功能类型及其语法形态[*]

徐天云

〇、引　言

近些年来，有关方位词从空间隐喻投射到时间的讨论，就集中于"自我在动"和"时间在动"的说法上面。Gentner *et al.*(2002)提到，时间概念有两种隐喻系统，即"自我在动"隐喻系统(ego-moving metaphor system)和"时间在动"隐喻系统(time-moving metaphor system)。其基本观点是"自我在动隐喻，观察者的景况会随着时间轴朝着未来推移；时间在动隐喻，时间被设想为河流或传送带，事件在此被从未来移动到过去。"在他们看来，站在自我在动的立场来看，时间是静止不动的，而观察者自己正在穿越时间，从过去走向未来，于是就形成了"前指未来，后指过去"的用法，例如：

(1) 当新的秩序还未建立，人们喜欢往后看，而不是往前看。当他们往后看的时候，常常把过去的东西想象得十分完美。(搜狐新闻-新闻圆桌第3期)①

从后一句可知"往后看"是往过去看，相对而言，"往前看"自然是往将来看。

而站在时间在动的立场，时间被认为是在观察者静止时某事件朝着观察者移动，于是就形成了"前表过去，后表未来"的用法，例如：

(2) 术前做了两次化疗，术后还要做两次化疗。

在手术已经实施的情况下，说到例(2)，"术前"指过去，"术后"指将来。

"自我在动"和"时间在动"理论讨论的是时间问题，这没有问题。然而，作为

＊ 本文曾参加第九届现代汉语虚词研究与对外汉语教学学术研讨会(2020年10月31日至11月1日，宁波)交流，会后经过较大改写。承匿名审稿人提供宝贵意见，谨表谢意，本人文责自负。

① 全文语例，除了标明出处的，都为作者自拟。

语法范畴,时间范畴下面有时间数量(temporal quantity)范畴,也有时间顺序(temporal sequence)范畴。例如同样是表示时间的"三年",在"到了三年期满,为什么又跑出来一个五年的考察期"中是三个年头的意思,是对时间长度的量度,属于时间数量范畴;而在"到了三年头上,人问为何不归"中是第三年的意思,是对时间顺序的量度,属于时间顺序范畴。我们可以确定,"自我在动"和"时间在动"展示出的是两种不同的时间顺序隐喻,有关理论实质上揭示的就是事件位置的先后次第,讨论的是时间顺序隐喻系统的问题。①

一、时间顺序的两种表达式

1.1 方位词时间顺序隐喻的不同投射方向

时间顺序理论在讨论方位词从空间范畴向时间范畴隐喻投射时,多是着眼于"自我在动"和"时间在动"这两种投射的结果。近些年来,开始有人注意讨论方位词从空间顺序范畴向时间顺序范畴隐喻投射过程的问题,例如周榕(2001)综合隐喻表征的范畴映现假说把方位词的隐喻投射机制理解成:"隐喻的表征是将本体和喻体两个范畴的知识表征进行结构对正,再将与共有系统相关联的特征从喻体映现投射到本体。"但有关说法还属于笼而统之,并没有把隐喻过程发生的机制谈清楚。

要说清楚有关问题,我们首先要明确,方位词表达式"前、后"在指示空间顺序时反映出两个主要特征:一个是空间矢量状态特征,或称方向性特征,即相续事件朝向运行正方向的状态。在衡量位置相序的两个物体空间顺序的时候,朝向运行正方向的状态用"前"表达,背向运行正方向的状态用"后"表达。另一个是阶段特征,或称序列性特征,即事件排列相续的次序。前后相接的两个物体在运行中,早经历的往往位置靠前,晚经历的往往位置靠后。例如在"前脚一滑,后脚也软了"和"前车变道,后车追尾"两例中,方位词"前"和"后"既指示了脚步和车辆相对运行的方向状态,又指示了运行的早晚两个相对阶段。

其次,我们要明确,时间顺序隐喻发生时,两个特征做的是整体投射,还是部分投射。据我们的观察,当方位词从空间范畴向时间范畴发生投射时,其间发生

① 在汉语中,除了"前、后",方位词"上、下"也被用来表示时间顺序,但有关理论大都谈"前、后",且可以涵盖"上、下",所以本文也只讨论"前、后"。

的隐喻并不是整体投射,而是根据特征向不同方向投射,"自我在动"和"时间在动"只是两种特征向不同方向投射的结果。张建理(2003)根据对时间流动性(方向性)和序列性的研究,把汉语时间认知系统分为认知时间流动性的右视和认知时间序列性的左视两个方面,其实就是对这两种投射结果的印证。

1.2 时间表达式的两种类型

1.2.1 绝对时间表达式

"自我在动"这种投射结果是由方位词的方向性特征隐喻来的,它使时间顺序呈矢量状态。在把时间看作是一种矢量状态的时候,意味着时间运行方向是确定的、唯一的、不可逆的,可以用刻度为将来、过去这样的标尺把时间顺序的方向状态固定下来,"将来"靠近事件运行朝向的正方向,"过去"则朝向运行的逆方向。所以在把衡量空间顺序的"前""后"隐喻映射到时间范畴时,用"前"映射"将来",用"后"映射"过去"就水到渠成了,因为在时间运行时,"将来"指示运行的正方向,"过去"则指示逆方向。龚千炎(1991)在谈事件的时间性时提出了"时制"(tense)的概念,即人们在指示事件发生时"若以某一时刻为准从外部观察整个事件发生的时间,则可以得出'过去''现在''将来'等时间概念。""时制"的概念实际上提供给我们的就是一个判定时间顺序方向的恒定尺度,让我们能够对时间顺序方向做出具体的判定,可以根据时间轴上的过去、现在、将来对时间顺序方向进行固定。

"自我在动"作为对一种时间顺序的认知,衡量的是事件在时间轴上的绝对时间是将来还是过去。在语法层面上,"前"固定与时间轴上的"将来"对应,"后"固定与时间轴上的"过去"对应。其标明的时间顺序与时间轴运行方向相合,所以我们称"前指未来,后指过去"用法的语法格式为绝对时间表达式。

1.2.2 相对时间表达式

那么,时间顺序是不是都需要用这个"时制"进行研判呢?或者说,在判定时间顺序时,用标定了时间状态过去、现在、将来的这个时间轴来量度是否都是必要的呢?

与"自我在动"中"前""后"都在时间轴上用"将来"或"过去"指示固定方向不同,"时间在动"与时间轴上的绝对时间无关,而只与早经历、晚经历这样的相对时间段对应。Núñez et al.(2006)就提出有些时间顺序只体现出"早于"和"晚于"的关系,看到了一部分时间顺序相对性的特点。"时间在动"表现出来的这种相对时间顺序,是方位词的序列性特征映射来的结果。例如:

（3）老舍的写作：解放前是小说家 解放后是话剧家（佚名《舒乙忆老舍》标题）

此例中的"解放前""解放后"对舒乙来讲，都已经是过去的事，是对老舍身份在不同阶段变化的界定：以"解放"为参照点，"解放前"为较早的时间段，"解放后"为较晚的时间段。再看下例：

（4）以小康目标总揽全局，集中精力发展经济，前三年分期达标，后三年巩固提高。（CCL 语料库）

此例中的经济发展六年计划分成早晚两个阶段，较早阶段用"前"表示，较晚阶段用"后"表示。但无论"前三年"，还是"后三年"，都是对将来的规划。

以上两例中的"前""后"或者表示不同事件，或者表示同一事件不同阶段，但把不同事件或事件不同阶段在时间顺序上区分成早晚的情况却是一致的。"前""后"与绝对时间将来、过去的对应关系是变动不居的，只在一定的语境条件下才能确定指示的是将来，还是过去。因为"时间在动"标明的时间顺序在语法层面只是指示相续事件在时间顺序上较早和较晚，所以我们称这种可以"前表过去，后表未来"用法的语法格式为相对时间表达式。①

二、时间顺序表达式的两种功能

2.1 两种时间顺序表达式的功能对立

利用与时间轴的方向是否一致，我们可以把两种时间表达式用一个标准区别开来。然而，这并不能揭示造成表达式差异的动因，要想从根本上把造成二者差异的原因说清楚，还是要考察不同的表达式所体现的语法意图、所表现的语法功能；换一种说法，造成时间顺序表达式出现差别的原因在于时间量度的需要不一样。Miksa(2018)也注意到要从时间顺序表达式的使用角度看问题，但文章的侧重点在于检验人们使用"自我在动"和"时间在动"表达形式的频率，尚不能给出使用两种表达式的逻辑动因，即使用者出于什么语法意图采用自我在动表达式，又出于什么语法意图采用时间在动表达式。

在我们看来，形成功能差异的关键点在于时间顺序表达式指示的是时间轴

---

① 相对时间表达式确实可以如"时间在动"隐喻理论所说那样"前表过去，后表未来"，但又不必如此，具体理由见下一节。

上绝对时间的过去、将来,还是非时间轴上相对时间的较早和较晚。前者量度了时间顺序的状态,后者量度了时间顺序的过程,这就造成两种时间表达式在量度时间顺序时的功能区别。

2.1.1 状态功能

我们可以把量度时间顺序的时间尺度设定为 X、Y、Z 三个读数,分别代表时间轴中的过去、现在、将来,如图1:

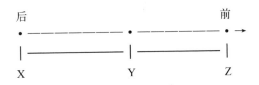

图1 时间顺序量度表

在事件运行的时候,观察者可以借助时间轴来量度事件的顺序。观察者观察到事件经过了 X 点,正抵达 Y 点,还未到 Z 点,时间尺度的三个读数就是过去、现在和将来,或者说过去、现在和将来就是事件在时间轴中的三种时间状态。在此时间矢量状态下,如果观察者在 Y 点,事件 A 在 Z 点,而 Z 点就符合更靠近运行正方向的感知,所以用方位词"前"来隐喻;相反,事件 B 在 X 点,而 X 点则与背向正方向的感知一致,所以用"后"来隐喻。这样时间顺序感知与在时间轴上观察到的读数就形成同步对照——"前"与"将来"相契合,"后"与"过去"相契合。例如:

(5) 顾廷烨:"万事朝前看,好生照看好自己的日子。"(电视剧《知否知否应是绿肥红瘦》29 集)

(6) 比如说现在已经出生的人口,后退十年以后是什么样的形态,会对未来的小学、初中、高中乃至大学阶段都会产生不同的影响。(搜狐教育《〈教育改革纲要〉解读:高教毛入学率增长会超 40%》)

(7) 选择方向时要向前看未来,而不是向后看过去,不要因为某些专业讲得天花乱坠你就走进去。(新浪新闻《杨振宁寄语青年学子:"放眼长远,保留韧性"》)

(8) 我们希望我国的知识分子继续前进,在自己的工作和学习的过程中,逐步地树立共产主义的世界观,逐步地学好马克思列宁主义,逐步地同工人农民打成一片,而不要中途停顿,更不要向后倒退,倒退是没有出路的。(毛泽东《关于正确处理人民内部矛盾的问题》)

以上各例,有的话语中"前"与"后"相对出现,有的则"前"或"后"单出。但无论怎么样,表达式中表示时间的方位词都是可以读出时间读数的,表达式的使用目的就是固定指示出时间轴上的一个绝对的时间,形成格式化的表达式,要么是"前"——将来,要么是"后"——过去,目的在于说明事件的状态表现为将来的未经历态,还是过去的经历态。这种时间顺序表达,都遵循(follow)时间轴的方向,刻画的是目标在时间轴上的绝对时间,在作用上突出的是事件的状态,我们称之为时间顺序表达的状态功能(status function)。

2.1.2 过程功能

绝对时间表达式指示的就是时间轴上某一个绝对时间的过去、将来,那么相对时间表达式的意义是否也在于指示时间轴上某一个绝对时间呢? 能够,但目的不在于此。我们看下例:

(9) 十年前的我们,都在追求学业的旅途上;十年后的我们,都在追求生计的道路里。(佚名《十年前后》)

仅就此例而言,我们确实可以说"前"表示时间轴上过去,"后"表示将来。所谓"前"表过去,"后"表将来的"时间在动"时间隐喻其实说的就是这种情况。然而情况却比这要复杂得多,实际上同一个时间表达式可以指示不同的时间段,同一个时间段可以用不同的时间表达式指示,这就不是"时间在动"时间隐喻所能说明得了的了。

首先,同一个时间表达式可以指示不同的时间段。郭善芳(2007)提到:"时间本无前后,其前后是观察者选定的,参照点的不同也影响着人们对时间前后的判断。在'自我在动'方式中,观察者处于移动状态,时间处于静止状态,而'某一段时间'作为参照点,其在时间轴上不同的假定位置决定着人们对时间'过去、未来'的不同判断,例如:在'小王走后,校长来了'和'小王走后,你再离开'两句中,前者的'后'表示过去时间,后者相反。"按照作者的分析,同一个时间顺序表达式"后"既可以表示过去时间,又可以表示将来时间,确定时间到底是过去还是将来的依据是以说话当前时间为参照。对于说话当前时间来说,前例"校长来了"已经发生,之前发生的"小王走后"发生的更早,所以"后"表达的时间是"过去"。后例"小王走后"还没有发生,所以"后"表达的时间是"将来"。按照这样的讲法,"前"也一样既可以表示过去时间,又可以表示将来时间。例如:

(10) 三先生,天亮之前有一个时候是非常暗的,星也没有,月亮也没有。(茅盾《子夜》)

说这句话的时候,"天亮之前"这个时刻还没有到来,所以可以说"天亮之前"

在时间轴上表明的时间是未来。但如果说成:

(11) 天亮之前他们就出发了,现在已经到家了。

说这句话的时候,"天亮之前"这个时刻已经过去,所以也可以说"天亮之前"在时间轴上表明的时间是过去。

反过来,时间轴上的具体时间"将来",或者"过去",既可以用"前"表示,又可以用"后"表示。比如把"小王走后,你再离开"同"小王走前,你就走"比较就可以知道,以说话当前时间为参照,讲到"将来",说成"小王走后"与说成"小王走前"都可以。

综上所述,时间顺序表达式"前""后"在某些情况下与时间轴上的绝对时间"将来"和"过去"并不能形成固定的对应关系,"前""后"用来区别时间顺序的效力被中和掉了。董为光(2004)就认为"后来、然后、以后"这类词在用于表达过去已经发生的事件和相对在后的时间时,跟过去、将来这种时间轴上的绝对时间无关。

实际上,"前"和"后"在不与时间轴上的绝对时间"将来"和"过去"形成固定对应关系的情况下,却与事件发生顺序的"早""晚"形成了固定对应关系,"前"只是指"早于……的时间","后"只是指"晚于……的时间"。"小王走后,校长来了"和"小王走后,你再离开"都是比较"小王走"与"校长来"、"小王走"与"你离开"之间时间发生的早晚顺序,而不是确定在"小王走后,校长来了"一句中"小王走后"发生在"过去","小王走后,你再离开"一句中"小王走后"发生在"将来"。同样,在"小王走后,你再离开"和"小王走前,你就走"两句中,虽然"小王走后"和"小王走前"都可以表示"将来",但两句话的目的并不在说明事件发生在时间轴上的具体时间位置,而是说明"你离开"晚于"小王走"、"你就走"早于"小王走"。再比如:

(12) 他又想:"这是三十岁前的事了。"

(13) 他又想:"这是三十岁后的事了。"

对"他"说话的当时来讲,"三十岁前""三十岁后"都可以已经成了过去,所以我们可以确认这两句话都可以有默认参照,但默认参照——说话的当时——现在对"他"用相对时间表达式表达时间顺序无意义,他要判定的只是早于时间参照"三十岁"的时间段和晚于时间参照"三十岁"的时间段。

(14) 我们现在这么做,前人会怎么想,后人会怎么看?

此例中的"前人、后人"如果是相对于"今人"说的,"前人"指过去的人,"后人"指将来的人,在时间轴上可以确定时间绝对值。然而对于"前人栽树,后人乘凉"这样的句子来说,时间顺序表达的主要目的并不是在时间轴上加以区分,而在于"前人"与"后人"两个时间段的比较,"前人"只是在时间发生上较早,"后人"只是在时间发生上较晚。说"前人、后人"都指过去的人,或者说它们都指将来的人皆未尝不可。此时时间轴上的绝对时间是被忽略不计的,表示过程中相对的阶段则被突出出来。

（15）在缺口发生的当天或后一天,若成交量特别大,而且趋势的未来似乎无法随交量而有大幅的变动时,这就可能是消耗性缺口,假如在缺口出现的后一天,其收盘价停在缺口之边缘,形成了一天行情的反转时,就更可确定这是消耗性缺口了。（佚名《什么是消耗性缺口》）

这里的"后一天",只是指比"缺口出现"晚一天的时间,像这种虚拟的情况根本无法判定相对于说话当前时间到底指过去,还是将来。

如此看来,相对时间表达式中的方位词"前"和"后"虽然也可以指将来、过去,但并没有与时间轴上的绝对时间将来、过去固定起来形成一种格式化表达。相对时间表达式的意义,在于说明事件或事物的过程是早经历的,还是晚经历的;是处于较早阶段,还是处于较晚阶段。但无论哪一种,"前、后"都主要描写事物的排列延续状况,判断目标在时间轴中相对的位置关系,表示事物经历的过程顺序。这种时间顺序表达刻画的是目标的相对时间,在作用上突出的是事物的过程,我们称之为时间顺序表达的过程功能（process function）。

2.2　时间顺序表达式功能对立的过渡性

虽然绝对时间表达式主要指示时间轴上的绝对时间,但我们也注意到,在像"眼光要往前看,不能往后瞅"中"前、后"相对来说的情况,把时间顺序划分成相接续的不同阶段的特征也还是看得到的,说明状态功能表达的主流中,也存在过程阶段的因素。

而对于相对时间表达式来说,也不是完全不表达状态功能,只是表达过程功能的倾向更强而已。在"我们现在不好好保护环境,就无法向后人交待"中,"后人"指"将来的人","后人"的"后"也可以在时间轴上读出明确的读数"将来"。当然,如果需要,在表达过程的功能项中,可以很轻易地补出相对的词项,变成"前人已经给我们留下了很多教训,如果我们现在还不好好保护环境,就无法向后人交待。"而很多表达状态的功能项就很难补出比较项,例如对"前景"来说,补不出"＊后景";对"前途"来说,补不出"＊后途"。对"前程"来说,如果补出"后程","前程"的"前"就不再表示将来,而是表示过去,表现出表达过程功能的倾向。所以无论在时间轴上能不能读出确定的读数,相对时间表达式的"前、后"描写时间过程的倾向还是非常强烈的。

而像"前科-＊后科①、＊前话-后话、从前-＊从后、前总统-＊后总统"这样的例子,只有单项存在,补不出对立项,又在一定程度上减弱了过程的阶段性,也说明了相对时间表达式表达过程功能的有限性。

综上所述,两种时间顺序表达式在功能上并非绝对地区分成状态和过程,状态功能、过程功能对于它们来说只有程度的差别,绝对时间表达式和相对时间表达式只是或者倾向于表达状态,或者倾向于表达过程。据此,我们可以把两种表达式与其表达功能的对应倾向用图 2 表示出来。

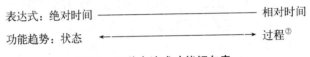

图 2　两种表达式功能倾向表

三、时间顺序表达式的语法形态

3.1　句法表达式的差异

时间顺序表达式在功能上形成状态和过程的对立,那么有什么差异性的语法形态可以把二者区别开来呢?

在充当句法成分的时候,状态功能有两种表现形式,一是"前/后"直接做状语,③例如:

(16) 社会变迁既包含前进,也包含后退;既有长久的,也有短暂的。(刘献君、谢圣明《社会学》)

(17) 呈现在我们面前的,将是一个古老然而博大精深的、滞后然而又是锐意求新的、发展的然而又是艰难前行的、开放的然而又是坚持中国特色的文化中国。(李国文《21 世纪是中国文学的成熟期》)

二是出现在"介词＋前/后"格式中做状语,例如:

(18) 人生,是的,这就是人生。往前走一步,就是生途;往后退一步,就是绝

---

① "-"读作"和"。
② "→"正向表示趋强,反向则趋弱。
③ "/"读作"或"。

境。(刘白羽《心灵的历程》)

（19）别说你们没什么，就是有什么，也该向前看，鼓起生活的勇气。(王朔《大陆作家》)

（20）曾经宣传过历史学应当揭示历史因果关系和公理公例的梁启超，"五四"以后，在历史观上日益向后倒退，终于导致否定历史客观规律的存在。(白钢《历史学的发展趋势》)

在表达过程功能的时候，"前""后"也表现为两种情况：一是构成"X＋(以/之)前/后"格式，X可以是名词、名词短语、动词、动词短语和小句，如：

（21）长大了些，记得有一年除夕，大概是光绪三十年前的一、二年，母亲在院中接神，雪已下一尺多厚。(老舍《抬头见喜》)

（22）孩子生下来之前，她向我宣布三条决定。孩子生下来后，她把这些决定忘得精光。(周国平《妞妞——一个父亲的札记》)

（23）回机关后有人听说这件事后，说我不注意自己的身份，和一个没有文化的退休工人去争吵什么呢？(谭谈《桥》)

（24）她是在她姨家长大的，但成人以后和她姨的关系似乎就变得冷淡，很少再去。(王朔《过把瘾就死》)

（25）学成之后，经选拔或通过科举考试，优秀者授予官职。(丁锦宏《教育学讲义》)

二是构成"前/后＋X"格式，X可以是确数或不确数(如"几、些")与时量单位(如"天、小时、世纪")或动量单位(如"次、趟")等表示时间的概念，如：

（26）今年1月，韩国检察机关决定传讯金云龙的前一天，金云龙以患高血压病等理由住进了医院。(搜狐新闻《国际奥委会副主席金云龙被韩国检察机关正式拘捕》)

（27）周朝的后几百年，封建社会制度逐步解体。(冯友兰《中国哲学简史》)

（28）腾讯前些时候一样从四百多跌到三百六。(东方财富证券姚记科技吧)

比较上面各例可以看到，从句法形态来讲，过程功能有的，状态功能通常没有，反之一样，故此状态功能与过程功能在句法形态上基本上呈互补状态，彼此区别开来。

3.2　词法表达式的差异

由"前""后"构成的复合词，既可以表达状态功能，又可以表达过程功能，所以二者在构词方面没办法区别开来。但二者在聚合关系上有较大不同：表达状态功能的绝对时间表达式往往没有对照项,例如：

(29) 1979 年,IBM 撤出了印度市场,印度的计算机业进入最艰难时期,而普伦姆吉却看到了 IT 业的发展前景,毅然决定投资 200 万美元创建了 WIPRO 公司,开始进入 IT 领域。(张剑《世界 100 位富豪发迹史》)

(30) 他对于战局是悲观的,对于自己前途也是悲观的。(茅盾《子夜》)

(31) 此去投唐,自有大大前程。(佚名《说唐》)

上面几例中的"前景""前途""前程"都不存在"＊后景""＊后途""＊后程"这样的对立项。

而表达过程功能的相对时间表达式一般都是双项甚至是三项对立的,例如：前生-后生、前世-后世、前人-后人、前天-后天、前任-后任、以前-以后、前半夜-后半夜、三十年前-三十年后、前三十年-后三十年、唐朝前期-唐朝中期-唐朝后期等。

(32) 三十年前,师傅还是个学徒,他也遇到过这样一个姑娘,那姑娘在他的记忆里,炉火一样鲜红,她的模样儿,三十年后,仍像刻在他心上,只是因为师傅的反对,酿成了悲剧。(吴丽嫦《莲子》)

但表达过程功能的词法表达式也有只出现单项表达式的,说明倾向之外也有例外,例如有"前科",无"＊后科";有"后话",无"＊前话";有"从前",无"＊从后";有"前总统",无"＊后总统";有"今后",无"＊今前"。

(33) 科比遇难事件飞行员有前科,曾违反飞行规定。(新浪体育《曝科比遇难事件飞行员有前科! 曾违反飞行规定》)

(34) 我们后来在莫斯科的食用消费都靠他。这都是后话。(瞿秋白《俄乡纪程》)

(35) 宋儒既说人性是善,又说善恶只是一理,于是就避免了与从前天善之说互相冲突。(徐松石《基督眼里的中华民族》)

有对照项的与无对照项的相比,有对照项的更倾向于表达过程,反之更倾向于表达状态。这也从一个侧面说明,功能是过渡性的,表现形式也显示为程度差异,并没有形成绝对的对立。

参考文献

董为光(2004)汉语时间顺序的认知基础,《当代语言学》第 2 期。

龚千炎(1991)谈现代汉语的时制表示和时态表达系统,《中国语文》第 4 期。

郭善芳(2007)时空隐喻的认知学分析,《贵州大学学报》(社会科学版)第 5 期。

张建理(2003)汉语时间系统中的"前"、"后"认知和表达,《浙江大学学报》(人文社会科学版)第 5 期。

周　榕(2001)隐喻认知基础的心理现实性——时间的空间隐喻表征的实验证据,《外语教学与研究》第 2 期。

Dedre Gentner，Mutsumi Imai，Lera Boroditsky(2002) As Time Goes By：Evidence for Two Systems in Processing Space-Time Metaphors. *Language*，*Cognition and Neuroscience* 17(5)：537 - 565.

Tena Miksa(2018) Who is Winning in the Race against Time? Individual Differences in Mental Representation of Time. *Psihologijske Teme* 27：385 - 408.

Rafael E. Núñez，Benjamin A. Motz，Ursina Teuscher (2006) Time after Time：The Psychological Reality of the Ego-and Time Reference-Point Distinction in Metaphorical Construals of Time. *Metaphor and Symbol* 21(3)：133 - 146.

（肇庆学院文学院,526061,xutianyun1961@163.com）

现代汉语条件复句语序表达的选择性研究[*]

刘春光¹　昔秀颖²

〇、引　言

汉语句法不光有固定的一面,还有灵活的一面(吕叔湘,1986),这种特点主要集中体现在语序的表达上,现代汉语词汇、短语、句子、复句甚至篇章结构中都有体现。20 世纪 30 年代至今,从复句前后分句语序变化的性质和表达效果出发,学界大致围绕"追补""强调""篇章衔接""欧化"等四个角度进行阐释(刘春光,2018),王春辉(2010)、黎洪(2012)、祁艳红(2013)、徐式婧(2017)、谭全呈(2018)等分别从类型学视野、认知动因、文体分布、历时演变、修辞效果等角度对条件句的语序类型和语序变化进行研究,但框定条件句的范围不一。复句在语序的表达上是有选择的,不同的选择即是出于不同的表达需要,这种选择性的具体表现、句法强制性和语用因素的互动关系还有待于深入探讨。

一、现代汉语条件复句语序选择性表达的形式特点

关于条件复句的分类,一种观点是三分(黎锦熙,1924/2001;胡裕树,1979;张斌,2003;黄伯荣、廖序东,2007);一种观点是二分(王维贤等,1994;邢福义,2001;刘月华等,2001)。在二分和三分内部分出来的各小类的名称和标准也不

---

　*　本文曾在第九届现代汉语虚词研究与对外汉语教学学术研讨会(2020 年 10 月 31 日至 11 月 1 日,宁波)上宣读,已发表于《汉语学习》2020 年第 6 期。

尽相同,有的将假设和条件并立或者归并,有的将无条件取消或者归并到转折类让步小句中,还有的认为"如果……就"表充分条件。不管从形式还是从逻辑语义出发,各家观点都各有分歧,但基本都认可条件可包括"充足条件""必要条件"和"无条件"。因此,本文主要考察有标记①的这三类条件复句语序表达的选择情况。

1.1 "充足条件"复句语序的选择表达形式

1.1.1 先条件后结果

条件句一般由偏句和正句组成:"只要"引出条件,正句中往往要搭配出现"就""都""便""总/总是"等词语。语序往往选择"偏句在前,主句在后"的形式。例如②:

(1) 河豚毒素的毒性极强,据称是剧毒药品氰化钾的1250倍,一个50公斤重的人只要在皮下注射300微克河豚毒素,就足以毙命。

(2) 工商业文化下人们的创新精神和冒险意识较强,只要有发展机遇,农村工业便会迅速发展起来。

(3) 他从小就是事无大小,只要想到了就非办到不可。

(4) 新井场位于老井的侧风方向,必须抓紧时机施工,不然一旦风向变化,时刻都有起火爆炸、井毁人亡的危险。

(5) 柯达动议明显带有行业垄断的意味,一旦定案,便毋庸置疑地意味着富士从中国市场的出局。

(6) 心理弹性是个体固有的品质,一旦形成后就不会变化。

从上面的例(1)—(6)可见,复句的语序安排选择"先条件后结果"。一是有语法标志的强制要求:关联词语的前后框架搭配和紧缩格式的压制。二是逻辑语义的限制:"条件"和"结果"有着紧密的联系,时间和事理的先后顺序决定了"只要""一旦"小句的语序位置要先于结果小句。

1.1.2 条件结果前后两可

和1.1.1中情况不同的是,条件用"只要""一旦"等引出,正句一般不用关联词语。条件和结果语序先后两可。例如:

---

① 选择有标记基于两方面的原因:一方面,关系属于隐含的语义范畴,理解起来有灵活性,标志则是一种客观存在的形式体现,不会因人而异,因而可以成为客观标准;另一方面,关系和标志并非简单对应,从运用标志来标明关系的过程看,标志对关系有显示、提示、转化和强化等不同作用,只有抓住标志,让关系接受标志的控制,才能从语法上对复句的类属做出合理的判断。(邢福义,2001:8)

② 本文语料来自北京大学中国语言学研究中心CCL语料库,为行文简便,恕不一一标明出处。

(7) a. 搞科研不能有门户之见,都是中国人,<u>只要</u>对祖国的事业有利,不存在白送不白送的问题。

　　 b. 搞科研不能有门户之见,都是中国人,不存在白送不白送的问题,<u>只要</u>对祖国的事业有利。

(8) a. 李锦河多次盛情邀请:<u>只要</u>你乐意来我们厂工作,住房、家属的安排一切都包在我身上。

　　 b. 李锦河多次盛情邀请:住房、家属的安排一切都包在我身上,<u>只要</u>你乐意来我们厂工作。

从上面例(7)和例(8)可见,"就""便""都""总/总是"等词语的缺省为条件结果先后两可选择提供了句法位置,条件句的位置不再受关联词语联合使用的管控。

1.1.3　先结果后条件

条件一般选择在后,而且不宜变成"先条件后结果"的语序格局。例如:

(9) a. 得到这些东西后,不管值多少钱,我都会立即给了别人,<u>只要</u>能换来钱。

　　 * b. 得到这些东西后,不管值多少钱,<u>只要</u>能换来钱,我都会立即给了别人。

(10) a. 希望我们的编导演等主创人员都非常自信:"不怕你坐不住,<u>只要</u>你走进影院。这故事,是我的,也是你的!"

　　 * b. 希望我们的编导演等主创人员都非常自信:"<u>只要</u>你走进影院,不怕你坐不住。这故事,是我的,也是你的!"

从上面例(9)和例(10)可见,受到语篇连贯表达的制约,条件句不能前置。"只要"和"一旦"引导的条件复句在语序的选择上也是不平衡的,"一旦"条件句只有"先条件后结果"的表达形式,而"只要"的选择形式比较灵活。

1.2　"必要条件"复句语序的选择表达形式

1.2.1　先条件后结果

"只有""除非"等引出实现结果的必要条件,条件在前,结果一般用"才""否则"等词语关联。例如:

(11) <u>只有</u>在温带地区,四季的界限<u>才</u>表示得相当明显。

(12) <u>除非</u>萨德尔的支持者放下武器,临时政府<u>才</u>有可能和萨德尔进行谈判。

(13) <u>除非</u>能反映计划,<u>否则</u>预算就不能作为控制的标准。

（14）除非教师犯了罪，否则当了公立学校的教师，就等于进了职业保险箱。

从上面的例（11）—（14）可见，必要条件和结果语序选择的先后也是受到句法标志的框定和逻辑语义的限制，如果没有条件在先也无法引出后果。

1.2.2　条件结果前后两可

如果条件分句在后，就不需要"才""否则"等关联词语，但需要补上"要"，条件和结果的语序安排变得自由。例如：

（15）a. 只有指望郭子仪，才能打退回纥、吐蕃。

　　　b. 要打退回纥、吐蕃，只有指望郭子仪。

（16）a. 只有进行革命，才能改变不合理的社会制度。

　　　b. 要改变不合理的社会制度，只有进行革命。

1.2.3　先结果后条件

"才""否则"等关联词语不出现，条件句选择语序在后，不能选择变换在前。例如：

（17）话是没错，但搞政治的话，这点很重要，除非你不干这行。

（18）为革命奋斗的历史，别人是抹煞不了的，除非自己毁掉它。

（19）中南海是党中央所在地，你们要想冲进中南海，除非从我身上踏过去。

从上面的例句可见，虽然必要条件可以用"只有"或者"除非"来引导，但"除非"句选择居后比"只有"更自由。

1.3　"无条件"复句语序的选择表达形式

1.3.1　先条件后结果

在现代汉语的无条件复句中，前后分句往往用"不管……都"等①来连接，条件和结果的语序不可以互换。例如：

（20）他交待看望的人回去以后一定要把生产搞上去，不管多大的困难都要顶住。

（21）不要把舞台当作自己独立的创作，你的作品无论如何杰出、如何伟大，也只能是整个演出的一部分。

（22）如发奖大会，不问内容，不看对象，统统都安排领导同志来发，就值得考虑了。

---

① "不管"类词语有"不管、不论、无论、不拘、不问、任凭、任、随"等；"都"类词有"总、总之、反正、均、还（是）、就、便、也、全、都"等（张斌，2010）。

1.3.2 条件结果前后两可

条件和结果的先后选择比较自由,相互交换语序位置后既合乎语法也合乎语义的表达。例如:

(23) a. 不管是宋、明、清还是其他朝代,各朝都遵循一种基本的财政规律。

　　　b. 各朝都遵循一种基本的财政规律,不管是宋、明、清还是其他朝代。

(24) a. 有的人无论怎么努力,奋斗一辈子都不会成功。

　　　b. 有的人奋斗一辈子都不会成功,无论怎么努力。

1.3.3 先结果后条件

"都"等关联词语隐现,条件句选择居后,并且不能变换居前。例如:

(25) 先王所讲所行的治道。它并不是某种主观的东西,它永恒地在那里,不管有没有人讲它、行它。

(26) 安南对美国攻打伊拉克所持立场完全符合联合国维护世界和平与公正的基本原则和目标,那些要求安南辞职的人显然要把联合国当成一个鼓吹美国政策的传声筒,无论这些政策对错与否。

上面例(25)—(26)中,由于主语的不同,条件和结果小句在句法上比较独立,为语序的可选择性提供了句法条件。

综上所述,不同关联词语引导的条件复句在语序选择的自由度上是不相同的,可归纳如下(刘春光,2014):

充分条件复句语序的选择性:只要＞一旦①

必要条件复句语序的选择性:除非＞只有

无条件复句语序的选择性:主从句主语不一致＞主从句主语一致

语言表达的灵活性既受到句法规则的制约,同时也与其形成一种互动关系,句法规则强制性使得不是所有的条件都可以自由选择语序,这种选择性的制约也使得同一类型的条件小句形成了分工互补格局。

二、现代汉语条件复句语序选择性
表达的制约条件

"充分""必要""无条件"三类条件复句在语序的表达上都是有选择性的,"先条件后结果""条件结果先后两可""先结果后条件"情况中都有分布,从以往研究

---

① "＞"表示语序表达选择的自由度高,详见刘春光(2014)。

数量统计来看,条件分句前置是优势语序既符合语言共性,也有心理学实验的证明(Diessel,2001;张金桥、莫雷,2005;王春辉,2010;黎洪,2012)。但我们认为,以往从"易位"或"语序变异"的角度考察复句语序,对其句法的规约性关注不够,因为语言中存在的一些语序变化是为了适应语言处理的需要,由句法处理所决定的最佳语序可能被语法化为基本语序。语言的不同在于这种语法化的程度可以不同:在一些语言中,有更多的在处理上具有优越性语序类型被规约化(conventionalize)为固定语序(Hawkins,1995/2006①)。因此,现代汉语条件复句语序的几种表现形式都是可以被选择的,只不过在选择的时候出现不均衡的情况,这种选择性表达是句法、语义和语用共同作用的结果。下面具体讨论分析。

2.1 语序选择性表达的句法条件

这里谈的句法条件主要包括两个方面:一方面是句法结构的强制性,另外一个方面指的是句法标记的隐现和互动。

2.1.1 句法结构的强制性

句法规则对条件复句语序的表达具有强制性,当关联词语"只要……就/便""一旦……就/便""只有……才""除非……不/否则""不管/无论……都"等成对匹配使用的时候,句子结构非常紧凑,复句的语序表达比较固定,条件和结果无法突破框架,只能选择先条件后结果的语序,这一点在紧缩复句上表现尤为明显,如例(3)、例(6)。再如:

(27) 只有规范化的语言才能使各地人民正确地相互了解。

(28) 除非是自己的人来保才走。

(29) 不管是否存在损害后果都是对个人尊严和价值的贬损。

(30) 无论智慧多高的人也没有人敢轻视《论语》。

上面例(27)—(30)句法结构紧凑,语序受句法结构的限制不自由。句法的强制性也有跨语言的共性,我们选择 SVO 和 SOV 两种类型的语言进行证明。英语的条件复句除了很少使用成对的关联词语以外,关联词语的语序类型和汉语都比较相似,如"as""only if""without""unless"。在比较紧实的句法结构里,条件句一般选择"先结果后条件"的方式,尽管以往的研究认为条件小句前置是

---

① 详见董秀芳为该书做的导读。

优势语序。例如①：

(31) Many packets can be sent <u>as</u> time allows.

(32) It's possible to intercept the signal <u>only if</u> you're standing directly between the transmission point and the receiving end.

(33) Going nowhere <u>without</u> you.

(34) l wouldn't ask for this <u>unless</u> I really needed it.

从例(31)—(34)中可以看出,如果在一个紧凑的句法结构中,条件句不易选择前置,如果非要选择前置,需要加入符号隔开或者主句内部语序也要发生变化。

我们再以韩国语为例来看 SOV 型语言中条件复句的语序表现情况。孙洪花(2009)认为韩国语条件复句的语序比较自由,条件和结果的语序可以互换,我们考察发现,有些韩国语条件复句的语序也同样体现了句法的强制性。例如②：

(35) 돈이 있어야만　　　　　　대학 간다.(只有有钱了才能上大学。)

　　　钱　有 条件接续词尾/只　　大学　上

(36) 먹어 보아야　　　　　　　맛을 알지.(只有尝了才知道味道。)

　　　尝　条件接续词尾　　　　味道 知道

例(35)—(36)句子结构紧实,从标准语法来看条件和结果语序不能更换位置,即使在口语中接受度也很低。

2.1.2　标记与语序的互动

现代汉语条件复句语序的选择性表达和标记的隐现是一种互动关系。如果条件从句居前,结果句要共现"就""便""都""才"等词语;反之,这些共现的关联词语就要隐现,为语序的调整提供了句法条件,详见第一小节中的例句。标记与语序的互动在英语中也有所体现,如果条件句在前,句子会有明显的停顿或者主句采取倒装的形式。例如：

(37) <u>No matter when a war breaks out</u>, now or in future, we must have our own fortifications and ammunition.

(38) <u>Only</u> by maintaining a strong unity between higher and lower levels <u>can things be done easily</u>.

2.2　语序选择性表达的语义条件

复句的语义关系分为事理关系(factural relation)、认识关系(cognitive

---

① 英文例句检索于北京大学中国语言学研究中心汉英双语语料库。
② 韩国语例句检索于 www.naver.com。

relation)、心理关系(psychological relation)等三种关系(王维贤等,1994)。条件复句语序的选择性表达与这三种语义层级关系相对应。下面具体分析。

2.2.1 "事理关系"对应"先条件后结果"

事理关系指客观事物之间的事实上的关系,往往对应"先条件后结果"的表达方式,如例(1)"河豚毒素"与"毙命"、例(11)"温带地区"与"四季明显"都是客观事理关系,内部逻辑语义关系紧凑,加上关联标记的配对使用,形式与意义严格对应。上面韩国语例(35)—(36)"돈이 있어"和"대학 간다""먹어 보아"和"맛을 알지"也是典型的事理关系,因此语序不可调换。

2.2.2 "认识关系"对应"条件和结果先后两可"

认识关系指的是,人脑在反映事理关系时不是被动的,而是经过人的主观认识、经过主观的熔铸和选择加以反映的。因此"条件和结果"孰先孰后在人的主观加工上存在两可的空间。如例(8)"能够引进人才"对于说话者来讲重要性更凸显,而"住房、家属的安排"对于听话人来说更重要,认识关系角度的不同为条件结果语序的两可提供了语义前提。另外例(15)"要打退"中的"要"也体现了这种认识关系,从而出现了语序前后两可的局面。我们再来看跨语言的表现。例如:

(39) a. <u>So long as</u> we truly develop democracy, the struggle for democracy will certainly be conducted on a large scale.

　　　b. It does not matter if it is a yellow cat or a black cat, <u>as long as</u> it catches mice.

(40) a. 바보가 아니<u>고서</u> 그런 말을 하지는 않겠지.

　　　b. 그런 말을 하지는 않겠지. 바보가 아니<u>고서</u>.

(41) a. 눈이 오<u>나</u> 비가 오<u>나</u> 그는 한번도 결석한 적이 없다.

　　　b. 그는 한번도 결석한 적이 없다. 눈이 오<u>나</u> 비가 오<u>나</u>.

从上面例句可见,汉语、英语和韩国语虽然属于不同的语言类型,但在语义的关系的认知层面体现了语言的共性。

2.2.3 "心理关系"对应"先结果后条件"

"心理关系"指的是对客观事物或关系的主观态度,对应"先结果后条件"的语序表达方式。条件句居后往往凸显一种主观情态。我们来看上文中的例(19),"除非从我身上踏过去"这个条件句带有强烈的语气,表明阻止对方的主观态度,条件句居后承载了句子的语气使得小句的独立性增强,地位得到凸显,以往的研究忽略了这一句法后果。

2.3　语序选择性表达的语用条件

黎洪(2012)统计发现,语体的正式性越强,句序变异的可能性越小,句序变异的频率越低①。语言事实也确实如此,特别是汉语和韩国语条件复句语序在口语中大多数情况下表现为先后两可。以往研究认为口语中的后置是处于追加和补充的需要不无道理,但值得注意的是,条件句选择语序居后发展出了主观情态义,表达一定的语气,当这种语序凝固规约化以后又对句法产生了重要的影响。例如:

(42) 여행을 갔으면.

韩国语条件句中的"면/으면"是接续词尾,不能完句。但在上面例(42)中,结果小句"좋겠어"往往可以省略,"면/으면"发展成了相当于终结词尾的用法。② 因此我们认为,除了上面所说的追补义外,复句语序的选择性表达还往另一个路径发展,就是"先结果后条件"是一种规约化表达,条件句不再是次要信息,也不是补充信息,是说话人的一种主动选择,从而凝固化为固定语序。

上面例(25)和(26)反映了篇章的限制,条件小句只能居后。再如:

(43) [A]他不能也不愿他的国家卷入一场对南斯拉夫人的战争中去,<u>除非他们攻击我们</u>。[B]在那种情况下,我们才有理由用盟国的军队把他们打退到足够远的地方,以防止再发生任何侵略。

从上面例(43)来看,"除非他们攻击我们"有承上启下的作用,这句话既是 A 的条件也是 B 的条件,相对于结果 A 语序居后,相对于结果 B 语序居前,这种条件结果先后两可的选择特性在语篇中得到了中和。

三、现代汉语条件复句语序选择性表达的理据

语言世界不是直接对应于物理世界,而是以一个心理世界作为中介(沈家煊,2008),语言从物质世界到语言世界的发展过程使得相应的语言表达形式也要做先后顺序上的变化。这种语序上的变化不是突然发生的,而是在句法结构上经历了一种竞争和演化的过程(刘春光,2014)。已有研究从频率统计的角度指出"先条件后结果"是语言共性。我们观察一下近代汉语,"先结果后条件"的语序形式就是存在的(贺阳,2008)。贺文例句如下:

---

① 条件复句句序变异出现频率为:艺术语体＞日常交际语体＞新闻语体＞科学语体＞法律语体＞政治语体。

② 参见국립국어원(2005)。

(44) 遮莫甚么去处, 都随你去, <u>只要</u>救了我两个兄弟。(《水浒传》四十九回)

(45) 就是老太太知道了, 倒也是放心的, <u>只要</u>太太说得宽缓些。(《红楼梦》一百三回)

(46) 我这园不卖。他若要买我的时, <u>除非</u>黄金满布园地。(《西游记》九十三回)

(47) 若小的不尽心, <u>除非</u>不要这脑袋了。(《红楼梦》六十五回)

基于语言演变和语法化的视角出发, 表达相同语义内容的不同句法形式往往相互竞争, 结局或是取代, 或是共存, 功能分化后各司其职。条件复句中"条件"和"结果"在语序的选择表达上相互竞争并形成一种互补关系, 在语法化的链条上也可以看到语序两可的局面(刘春光, 2014)。

语言表达式是基于人们对事物或事件的感知、思辨、整合的结果。外界对大脑的刺激是杂乱的、多样的。人们对它们进行整理的过程中, 往往根据认知中的凸显性和事物的完整性来组织语言表达(赵艳芳, 2001)。Talmy (1975)指出"图形"对应于主句, "背景"对应于从句, 句法结构的安排往往体现了"图形-背景"凸显原则这一基本认知规律, 这种认知规律与人们认识事物的视角(perspective)有密切关系(Taylor, 2007)。条件复句语序选择性表达的认知心理基础是"图形-背景"的转换。正是因为"图形"具有完整的形状、结构和连贯性, 凸显程度高, 所以图形信息往往和凸显程度高、容易引起认知主体注意的断言、新信息相关。从认知的角度来说, "图形-背景"同时存在于知觉场中, 但不会同时被感知, 图形在感知上比背景更突出, 更容易被感知和强调(黎洪, 2012)。"图形"和"背景"的分离转换关系也正好对应于语言形式的选择。

四、结　　语

本文考察现代汉语条件复句的语序问题不是从"变异""倒装"或者"易位"等角度出发点的, 而是通过详细描写条件复句的语序表现, 认为条件复句的语序表达是有选择性的, 句法和语义为这种选择性提供了客观条件, "图形-背景"是条件复句语序选择性表达的认知基础。另外, 本文在狭义的范围内考察条件复句语序表达的选择性问题, 表假设和让步的条件复句语序表现以及它们之间有何不同还有待于进一步研究。

参考文献

贺　阳(2008)《现代汉语欧化语法现象研究》, 商务印书馆。

胡裕树(1979)《现代汉语》(修订本),上海教育出版社。

黎　洪(2012)《汉语偏正复句句序变异研究》,安徽大学博士学位论文。

黎锦熙(1924/2001)《新著国语文法》,商务印书馆。

刘春光(2014)《认知视角下的现代汉语语序研究》,上海师范大学博士学位论文。

刘春光(2018)现代汉语因果复句语序的选择性,《互动语言学与汉语研究》(第二辑),方梅、曹
　　秀玲主编,社会科学文献出版社。

刘月华、潘文娱、故　韡等(2001)《实用现代汉语语法》,商务印书馆。

吕叔湘(1986)汉语句法的灵活性,《中国语文》第 1 期。

祁艳红(2013)《现代汉语有标条件复句研究》,东北师范大学博士学位论文。

沈家煊(2008)三个世界,《外语教学与研究》第 6 期。

孙洪花(2009)《汉韩条件复句对比》,延边大学硕士学位论文。

谭全呈(2018)条件复句变序的效果和动因,《柳州职业技术学院学报》第 2 期。

王春辉(2010)汉语条件句标记及其语序类型,《语言科学》第 3 期。

王维贤、张学成、卢曼云、程怀友(1994)《现代汉语复句新解》,华东师范大学出版社。

邢福义(2001)《汉语复句研究》,商务印书馆。

徐式婧(2017)汉语条件句的构式化和历时演变,《古汉语研究》第 3 期。

张　斌(2003)《汉语语法学》,上海教育出版社。

张　斌主编(2010)《现代汉语描写语法》,商务印书馆。

张金桥、莫　雷(2005)汉语假设条件复句的心理表征项目互换效应研究,《心理科学》第 1 期。

赵艳芳(2001)《认知语言学概论》,上海外语教育出版社。

Diessel，Holger（2001）The Ordering Distribution of Main and Adverbial Clauses：A
　　Typological Study. *Language*，2：433－455.

John A. Hawkins (1995) *A Performance Theory of Order and Consitituency*. Cambridge：
　　Cambridge University Press.

Talmy，Leonard (1975) Figure and Ground in Complex sentences,*Proceedings of the First
　　Annual Meeting of the Berkeley Linguistics Society* 1(1)：419－430.

Taylor，J. (2007) *Ten Lectures on Applied Cognitive Linguistics*. Beijing：Foreign Language
　　Teaching and Research Press.

국립국어원(2005)외국인을 위한 한국어문법 2, 커뮤니케이션북스.

　　(1. 上海师范大学对外汉语学院,200234,cgliu@shnu.edu.cn;

　　2. 上海外国语大学高级翻译学院,2000283,mukaxi2012@163.com)

现代汉语"有＋数量结构"构式的类型及构式义再探[*]

王 刚

○、引 言

"有＋数量结构"是现代汉语中的一种常见线性组合结构,学界也给予了较多关注,其中代表性的研究成果主要有:刘丹青(2011)、金晶(2012)、温锁林(2012)、宗守云(2013)、王明月(2014)、庞加光(2015)。这些研究主要关注了该结构的语用功能、结构义来源、"有"的性质等问题,取得了较多成果,但是,仍有两个问题并未良好解决:一是有些论著在讨论该结构时并未明确划分其不同类型,仅仅选取了典型案例进行研究,有些论著虽然进行了一些划分,但多集中于不同的语义类型,并未关注到与之相关的共现环境。二是引入构式理论对该结构进行分析是当前研究的主流,而对于其构式义提取、整体功能认定方面还存在一些争议。

一、"有＋数量结构"的类型

1.1 根据其中"有"的语义类型分类

学界在界定各自研究对象时,大多建立了一定的标准,其中有两条使用得最多:第一,结构中的"有"可以删减,不影响句子的成立与真值意义;第二,"有"失

* 本文曾在第九届现代汉语虚词研究与对外汉语教学学术研讨会(2020 年 10 月 31 日至 11 月 1 日,宁波)上宣读,已发表于《湖州师范学院学报》2020 年第 5 期。本文为国家社科基金一般项目"互动视野下现代汉语数量构式研究"(19BYY021)阶段性成果。

去词汇意义,主观化倾向显著。这样的界定标准就确保了典型构式的提取,但是如果从"有"字句的语义演化链条来看,这样的界定就只关注到了该链条的一端,对于链条的另一端以及中间的连续统却有所忽略,这样也就不利于整个构式的分析。基于对实际语料的分析,根据其中"有"的语义类型不同(即"有"的意义实在与否),我们认为"有+数量结构"在实际的使用中至少应该分为三种类型。

第一种:"有"具有且仅具有实在的"领有"或"存在"义。

(1) 我有一头小马和一部自己的汽车,我父亲死后给我留下了三百镑。(戴维•赫伯特•劳伦斯《查泰莱夫人的情人》)

(2) 地方虽不十分大,但正当川盐入湘的孔道,且是桐油集中处,又有一条小河,从洞庭湖来的小船还可由湘西北河上行直达市镇。(沈从文《从文自传》)

第二种:"有"具有"领有、存在"义,同时具有表大、表多的语义倾向。

(3) 比不上那些发达的大国,这点我们要承认。美国科研队伍有120万人,苏联前年的资料是90万人,现在又增加了。我们是20多万人。(《邓小平文选》)

(4) 二战期间,有600多万美国妇女加入国家劳动大军,国防工业雇佣了大量女性。(《都市快讯》2010年2月23日)

(5) 中央财经大学、南京大学和广西的3位大学女生发起了拒绝婚前性行为的网上签名活动,短短几天就有700多人签名。(《文汇报》2010年3月14日)

第三种:"有"失去了"领有、存在"义,仅表示某种主观量意义。

(6) 他看了有一刻多钟,终于忍不住,把老师揪紧的被子一点一点从那双满是裂口的手中挪开。(张炜《你在高原》)

(7) 老妈子答应着去了。过了有十五分钟之久,老妈子出来道:"姑小姐输了钱了,七爷你等着罢。"(张恨水《金粉世家》)

在第一组例句中,"有"具有以下特征:第一,含有实在的词汇意义;第二,充当句子的谓语或谓语中心词;第三,在句中是必有成分,不可随意删除。第三组中的"有"正好与之相反:第一,并不表示真值意义;第二,不单独充当句子成分;第三,可以删除,删除后并不影响句义表达。而第二组正好介于二者之间:第一,"有"含有一定的词汇意义,同时还表示某种主观量;第二,在句中可以充当谓语或谓语中心词,但是即使删除也不影响句子成立。同时需要注意的一点是,第二组例句其实有两类,一类如例(3)和(4),这类例句中"有"前面没有其他修饰,其主观量主要是从上下文的对比中显现出来的,第二类如例(5),这类例句中的"有"前面有其他词语(如"就")修饰,通过这样的词语来进一步凸显主观量。

前文提到的相关研究均通过设立各种标准力图把第一种类型的例句排除出

去,把第三组"有＋数量结构"作为自己的研究对象,进而认定该类结构表示某种主观量,这样就忽略了第二种例句。通过上面的分析,我们可以这样描述这三组例句:第一组和第三组是"有"的两种典型用法,分别表示实在的"拥有、存在"义和"主观量"意义,可以视为一个连续统的两端,而第二组正好处于这个连续统的中间。这个连续统在某种程度上正是"有"的虚化轨迹。

1.2 根据"有＋数量结构"前面是否出现"V 了"分类

根据对实际语料的分析可以发现,"有＋数量结构"前面是否出现"V 了",其意义及功能也是有差别的。前面几篇文献的题目也体现了这种区别,温锁林(2012)和王明月(2014)讨论的是"有＋数量结构",而金晶(2012)、宗守云(2013)的题目中均包含了"V 了"。基于此,有必要将"有＋数量结构"分为两类。

1.2.1 "有＋数量结构"前无其他动词

(8) 据介绍,作为中国教育信息化重要基础设施的中国教育和科研计算机网,已建成 2 万公里主干线路,全国<u>有</u> 100 多所高校可以用 100M 以上的速率接入。(《文汇报》2002 年 7 月 3 日)

(9) 根据一项调查研究显示,<u>有</u> 61.21％的学员明确表明需要进行面授辅导,33.62％的学员认为应根据课程性质进行一定的面授,而明确表示不需要面授的学员仅为 5.17％。(《都市快讯》2011 年 3 月 19 日)

1.2.2 "有＋数量结构"前面有其他动词

这种类型就是金晶(2012)和宗守云(2013)所讨论的结构,在宗守云(2013)中标记为"V＋有＋数量结构"构式。

(10) 卫紫衣不敢置信的,惊疑不定的看着宝宝,足足看了<u>有</u>一世纪那么久。(谢上薰《情郎上错身》)

(11) 大约过了<u>有</u>一个时辰光景,沙克浚的禁宫侍卫统领金克走来,拱手肃容道:"国君在寝宫正厅请诸位一叙!"(诸葛青云《俏罗刹》)

从我们检索到的语料来看,这两种类型具有以下特点:第一,就出现例句的绝对数量来说,第一种类型的例句数要远远大于第二类,这也和"有"字句的普遍分布是一致的。第二,如果就其构式典型性来说,第二类例句要远强于第一类例句,这里所说的典型性指的就是前面的两条判定标准:"有"字是否可删除、"有"的词义虚化程度。而造成这种典型性差异的原因也就在于,前面有了其他动词就会使得"有"作为实义动词的必要性大大降低甚至不复存在,"有"就可以"专心"用来表达其他意义和功能。

二、"有＋数量结构"的构式义

当"有"的实词义开始弱化,语用义增强的时候,"有＋数量结构"的形义不透明性就增强了,其作为"构式"的典型性也就增强了,"有"前是否有动词出现又会导致不同构式义浮现。

2.1 "有＋数量结构"构式

这里所说的"有＋数量结构"构式是指"有"前面没有其他动词的这一类。根据语料显示,该构式具有明显的表大、表多的语义倾向。例如:

(12) 在"课件设计满意度"的调查中,有52.59％的学员认为目前课件"比较满意"或"很满意",这说明现有课件能够满足基本的学习需求。(豆丁网,2020年3月30日)

在本句中"52.59％的学员"表示的就是一个大量,这种大量并不仅仅是由过半数的"52.59％"表示的,而是由"有52.59％的学员"这个整体来表示的(当然,句子后续内容也为这种大量解读提供了一定的语境),其中离不开"有"的作用,这一点可以通过对比下面的例句得到更加明显的体现。

(13) 统计数据显示,在34 990位特殊教育学校的教师中,只有18 976位教师接受过特殊教育专业的培训,仅占54％,换句话说,目前在特殊学校工作的教师中的人有46％从来没有接受过任何特殊教育知识和技能的培训。(装配图网,2020年11月14日)

在例(13)中的数量为"54％",其绝对数值要比前面例(12)的"52.59％"更大,但是在句中并不表示大量。相反,其中的数值小量"46％"由于加了"有"反而凸显了主观大量。

再比如:

(14) 根据一项调查研究显示,有62.17％的学员明确表明需要进行面授辅导,31.62％的学员认为应根据课程性质进行一定的面授,而明确表示不需要面授的学员仅为6.21％。(新浪网,2016年12月23日)

(15) 截至去年年底,世界500强企业中,有80％的企业已经采用在线学习的手段进行员工技能培训。(人教网,2010年8月27日)

在这两个例句中,"有＋数量结构"均表示的是大量。刘丹青(2011)指出,现代汉语"有"字句具有表好(褒义)和表多(主观大量)的语义倾向,并且认为这一倾向源于两个因素：一是汉语"有"字固有的表好、表多倾向，二是汉语句子自然焦点居末的要求。此处所讨论的"有＋数量结构"构式具有表大、表多的语义倾向，其原因之一就是"有"本身表大、表好的语义倾向遗留。

这里还需要回答两个问题："有＋数量结构"在表示大量时经常有辅助性成分出现，那么这个大量到底是构式本身所具有的，还是辅助性成分所赋予的？在实际语料中也存在"有＋数量结构"相关例句表示小量的情况，这与前面构式义的认定是否矛盾？

包含"有＋数量结构"的例句确实存在表示小量的情况，但是数量较少且全部有辅助成分。在我们检索的 500 条例句中仅有 6 条是表示小量的，并且全部有"仅"等辅助性成分出现。

（16）店铺内部的面积仅有十来坪，隔局并不方正。（凌淑芬《月老的恶作剧》）

（17）当时巴黎有数百名男妓，其中最有名气的一位名叫安德烈，其夜度资高达 1 800 法郎，而当时一名技术工人的日薪仅有 2 至 4 法郎。（李银河《同性恋亚文化》）

与此相对的是，"有＋数量结构"表示大量时可以有辅助性成分，也可以没有辅助性成分。

（18）他翻了翻，足有 300 页之多！直看得李高成有些瞠目结舌、心神难安。（张平《抉择》）

（19）总理说："据说，这两棵海棠已经有 300 年了，还这么旺盛！"（魏巍《东方》）

（20）今年，那源源不断的潮水般的人流预计将创新的世界纪录。届时将会有 30 万辆私人轿车，3 万辆公共汽车，4 000 架次飞机，1.1 万专列满载着游客来到这里。（欧文·华莱士《箴言》）

例(18)有"足""之多"作为辅助凸显大量，例(19)(20)两句就没有这种表大量的辅助性词语了，但是这两句还是能够传递出大量的意义，当然这里也可以说"因为有前后文的辅助"，但是，语境意义的规约化是构式义形成的一个重要途径，构式在某一语境中高频使用就会使得构式吸收该语境的意义进而成为该构式自身的意义，同时也会使得说话人在表达该种意义时优先考虑使用该构式。我们再看下面两个例句：

（21）母亲问：是谁？姑姑说：我徒弟小狮子啊！母亲说：那个嫚有 30 多岁了吧？姑姑说：正 30。母亲说：小跑才 26 啊。姑姑说：大点好，大点知道疼人。（莫言《蛙》）

（22）现在，她说话了："我能够问你今年多大年纪了吗，史蒂夫？"兰德尔迟疑了一下，他不愿让她知道自己比她大了整整 12 岁。最后，他还是说道，"我已

经<u>有</u> 38 岁了"。(欧文·华莱士《箴言》)

例(21)(22)均没有辅助性成分,也传递了大量的意义。并且更为重要的是,言者(母亲/他)其实就是要表达主观大量的意义,所采用的语言形式就是"有+数量结构",这说明在言者的认知中,也认可"有+数量结构"是表达大量的可选语言形式。

由此可见,"有+数量结构"表示大量时可以是无标记的,表示小量时必须是有标记的,其实这个小量就是由"仅"等辅助性成分传递的,是词汇组合意义。

2.2 "V+有+数量结构"构式

该类构式义的认定是已有研究争论的核心,争论的焦点就在于该构式表示的是主观大量还是主观估量。我们在北京语言大学语料库(BCC)中随机抽取了五百条该类例句,逐条进行标注并分析。通过分析我们认为,该构式的基本构式义是表示主观估量,但是并不排斥大量意义,二者之间没有矛盾,可以兼容,也可以各自独立,然而在表示主观大量的时候经常会有其他的形式标记。

2.2.1 表示估量

(23) 下午茶馆有评书,请的是小石玉昆说《三侠五义》,上了<u>有</u>七成座。(邓友梅《烟壶》)

(24) 隔了<u>有</u>一个星期模样,她忽然当着叔惠说起她姊姊结婚了,家里房子空出来了,要分租出去,想叫他们代为留心。(张爱玲《十八春》)

例(23)(24)中的"上了有七成座"和"隔了有一个星期模样"均表示的是估量,都是言者主语的估计。通过上下文,我们也看不出其有表示主观大量的倾向。这样的例句在我们的五百条例句中有 323 条,占 64.6%。

2.2.2 表示大量

(25) 众人中身上少的也背了<u>有</u>七只麻袋,一个个都默默地站到了先前进来那人的背后,负手而立。(郑子瑜《天风海雨江东去》)

(26) 时间似乎过了<u>有</u>一世纪那么久,然后,那批日本兵从山沟出口的松柏掩护之处,一个个的走了,居然没有人发现我们。(琼瑶《我的故事》)

(27) "你别作梦了,我不会跟你走,大不了是个死!"向智开道,"要想让你死,你早就死了<u>有</u>一百回了。"(令狐庸《风流老顽童》)

在例(25)中"背了有七只麻袋"其中的"七"是一个确数,并不是言者的主观估计,在这里表示的是一种大量。结合文中意思理解就是,在丐帮中,一般是依据帮内人士身上背负的麻袋的数量多少来识别等级的,麻袋越多等级越高,此处显然是要通过"众人中身上少的也背了有七只麻袋"来说明"来的人排场很大"。

例(26)的"过了有一世纪那么久"也不是估量,言者只是使用这样一种方式来表示"时间过了很久很久",表示的是主观上的大量。例(27)的"死了有一百回了"也不是文中人物的主观估计,而仅仅是要通过这样的方式来表示"死的次数多"。这样的例句有 25 条,占 5%。

2.2.3　主观估量和主观大量并存

(28) 贾大亮十分惶恐不安,他如同热锅上的蚂蚁,在办公室里足足转了<u>有一个时辰</u>之后,不得不冒险找金九龙和石有义商讨对策。(聂昱冰《官场女人》)

(29) 她这千百情愫的眸子看着人家,可是直瞪了<u>有一炷香之久</u>,动也不动离也不离。(奇儒《柳帝王》)

(30) 独孤急忙双腿用力,猛然纵了起来。这一下竟是纵起了<u>有三丈余高</u>。(令狐庸《剑魔独孤求败》)

(31) 有个收票人看他们一谈谈了<u>有三刻钟</u>,不由得好奇起来,走过去,仿佛很注意他们。(张爱玲《多少恨》)

例(28)的"足足转了有一个时辰"显然具有估测时间的意义,同时也有主观大量的倾向,这一点通过前面"足足"的使用更加明显。例(29)(30)(31)皆是如此,并且分别都有表示主观大量的其他方式,例(29)使用了"直""之久",例(30)使用了"竟",例(31)使用动词拷贝形式。该类例句有 152 条,占 30.4%。

2.2.4　"估量"与"大量"的判定

通过上面的分析,我们可知,"V+有+数量结构"的优势构式义是表示主观估量,同时它也可以单独表示主观大量。当其中的数量结构满足下列条件之一时,表示的是主观大量:

第一,相关的数值容易得出,不需要去估计;

第二,后面的数量本身远离客观实际,仅仅追求一种修辞效果。

可以说,该构式的构式义是一个连续统,"主观估量"和"主观大量"是该连续统的两端,二者并不是截然分开的,存在中间状态,所谓的"中间状态"指的就是在表示估量的同时体现出主观大量。而这里的影响因素除了上面提到的数量结构本身的性质以外,还包括编码者与解码者的主观认识。

既然是估量,其重点在"估"上,为什么要"估"呢?就是由于客观条件限制,不容易得出精确的数字,或者在某环境中不需要精确的数字,只需要一个大概的数字即可满足要求。如例(23)中的"上了有七成座",到底上座率有多少,言者并没有进行精确的计算,此处也没必要进行精确计算,只是"估测"一下,所以此句表达的是一种"主观估量"。那么,如果某一数字是容易得出的呢,那就不需要去估。如例(25)的"背了有七只麻袋",本身"麻袋数量"在丐帮中是一种身份等级的标记,其数量标示非常明显。正如现在军队的肩章一样,看到上面的"星、杠、麦"到底有多少并不是一件困难的事情。

另外,既然言者要"估测",就有一种"尽可能接近客观真实数量"的潜在要求。如例(24)的"隔了有一个星期模样",到底"隔了多长时间"可能不容易得出,但是"一个星期"应该是接近真实时间跨度的。那么,如果其中的"数量"完全偏离客观数量呢?言者就不可能是在"估测"了。如例(26)中的"过了有一世纪那么久"绝不是言者所要估测的数量,而仅仅是通过"一世纪那么久"这样一个超乎常规的时间长度来表达"过了很长时间",是一种主观大量。例(27)中"死了有一百回了"也绝不是言者在估测"某人死的次数",而只是突出一种"后果的严重程度",也是一种主观大量。

当然,如果言者在估测的时候有意往多、大里估测,或者言者本身无意但是实际的数量确实很大,这就会使得该构式同时具有"估量"和"大量"的意义。宗守云(2013)在论证该构式表示"主观估量"之后也承认该构式具有"表大、表多"的附加语用色彩。我们认为该构式在表示"主观估量"的同时可以表示"主观大量",二者是并存的,并无从属关系,也无附加关系。造成这种现象的原因就在于二者都是"主观"的,既然是主观的,那么就有言者主观因素的影响,关键就是看言者主观上是要突出其量大还是要突出量的多少。如果突出数量大,那就是主观大量,如果主观意愿是表示数量多少,那就是主观估量。

另外,解码者的主观性也会影响对具体语言事实的解读,这里的主观性主要指的是解码者的知识背景以及心理预期。有时候编码者本身并没有明显的表示"主观大量"的倾向,解码者(一般为读者、听者)在接受某些言语时认为该数量在自己的认知域里属于大量的范畴,此时解码者就会认为该言语具有"主观大量"的倾向。其实这也是语言交互主观性的体现。温锁林(2012)和宗守云(2013)都提到一个例子"老王吃了有一小碗面条",两人观点就不一致。温锁林(2012)认为其中体现了"主观大量"(当然,他给这句话设置了"大病初愈"的语境,然而设置语境本身就是一种理解倾向的反映)。宗守云(2013)认为这里没有主观大量,其表示的仅仅是主观估量。这里就是解码者的主观认识不同。

三、结 语 与 余 论

本文主要讨论了现代汉语中的"有+数量结构"构式,从两个角度对其进行了分类，一是根据"有"的意义语义类型，二是"有＋数量结构"与动词的共现情况。通过前一种分类可以较为清楚地厘清该结构的连续统序列，通过第二种分类则可以更为清楚、明确地观察"有＋数量结构"的典型类别。

根据"与动词的共现情况"主要分为两种类型：一种是"有"前面没有其他动词出现的情况，即"有＋数量结构"；一种是"有"前面出现其他动词的情况，即"V＋有＋数量结构"，两者的构式义是不一样的。"有"前面没有"V"的时候，"有＋数量结构"的基本构式义是表示主观大量。但是该构式和普通"有"字句的界限并非截然分开的，二者之间存在中间状态。其判断标准有两条：一是结构中的"有"可以删减，不影响句子的成立与真值意义；二是"有"失去词汇意义，主观化倾向显著。"V＋有＋数量结构"构式的构式义是一个连续统，连续统的两端分别是主观估量和主观大量，存在中间状态，而具体构式实例到底体现哪种意义受到以下因素制约：第一，数量本身的大小，如果数量大，则在表示估量的时候很自然地带有大量的倾向；第二，数量与客观真实的相符度，如果相符度高则估量倾向明显，如果相符度低，则在估量的同时具有主观大量倾向，如果完全偏离客观真实，则是完全的主观大量；第三，数量的精确数值是否容易得出，如果非常容易得出，则不需要估测，是主观大量；第四，编码者和解码者的主观因素影响。

从形式上看，"有＋数量结构"是"有"字句下面的一个子类。根据构式理论，上位构式的构式义会被下位构式全部或者部分地承继。由于"有"的意义类别繁多，"有"字句所表示的意义也较为广泛，作为典型构式的"有＋数量结构"所承继的就是"有"字句"表达积极语义"的语义倾向。

参考文献

金　晶(2012)"V了＋有＋数量短语＋(NP)"中"有"的用法特点,《汉语学习》第3期。

刘丹青(2011)"有"字领有句的语义倾向和信息结构,《中国语文》第2期。

庞加光(2015)"有＋数量结构"：从客体观照到主体观照,《当代语言学》第2期。

王明月(2014)句末"有＋数量结构"的构式及话语功能探析,《语言教学与研究》第5期。

温锁林(2012)"有＋数量结构"中"有"的自然焦点凸显功能,《中国语文》第1期。

宗守云(2013)说"V＋有＋数量结构"构式,《语言教学与研究》第5期。

（湖州师范学院人文学院,313000,941472896@qq.com）

视角型换言标记构式 "从 X 方面说"*

李晓琴[1]　陈昌来[2]

〇、引　言

换言标记（reformulation marker）是指将两个相邻的具有语义相似性（semantic similarity）[①]的说法关联起来的语言表达式。现代汉语中，典型的换言标记如"换句话说、或者说"等。例如[②]：

（1）你似乎也同意，确定谁是本案凶手，必须以去年十一月二十日晚上谁在你家为依据，其他尽可略去；换句话说，凶手只能在当时在你家的人中去找。（王朔《枉然不供》）

（2）就是这样，现在我心目中她排在你前头，或者说她取代了你的位置。（刘心武《多桅的帆船》）

以上由"换句话说、或者说"所连接的句子或语段，说法不同，但表达的意思相近。凡具有类似"换句话说、或者说"这种篇章功能的语言表达式，就是换言标记。换言标记所联系的前句或语段，我们称之为"前项"；换言标记所联系的后句或语段，我们称之为"后项"。

---

* 本文为国家社会科学基金重大项目"中国语言学史（多类分卷本）"（16ZDA206）、国家社会科学基金青年项目"汉语语篇意义整合的机制和手段研究"（18CYY045）和浙江省属高校基本科研业务费专项资金资助项目"现代汉语换言类语用标记研究"（SJWY2022015）的阶段性成果。本文初稿曾在第四届汉语句式国际学术研讨会（2019 年 11 月）与第九届现代汉语虚词研究与对外汉语教学学术研讨会（2020 年 10 月 31 日至 11 月 1 日，宁波）上宣读，刊发于《对外汉语研究》第 25 期，修改过程中得到了《对外汉语研究》匿名审稿专家中肯的修改意见，谨致谢忱。

① 语义相似性（semantic similarity）的概念由 Blakemore(1996：338)提出，她在考察英语中的换言标记"in other words"时指出换言前后项具有语义相似性。

② 本文语料主要来自 CCL 语料库，另从人民网与新浪微博检索到部分例句，长例句有删节。

现代汉语中,偏正短语"从 X 方面说"①也具有换言标记功能。例如:

(3) 旅行便成了一个"放大镜"与"显微镜",帮人们察觉很多平时生活很难发现的问题,从而检验两个人是否适合继续在一起。如果一对情侣能够默契地应对好旅行中的分歧,那么他们就能够应对好生活中的问题。<u>从这个方面说</u>,旅行是检验爱情的重要标准之一,这是有一定道理的。(《旅行检验爱情》,人民网,2018 年 9 月 21 日)

(4) 分期付款的好处很多。<u>从大的方面说</u>,它有利于疏导商品流通,扩大销售,回笼货币,减少购买力集中冲击市场的危险;有利于优化产业结构,推动生产发展。<u>从小的方面说</u>,分期付款所购商品,以定合同时价格为准,消费者日后可避免物价上涨的风险;它有助于消费者灵活而有计划地安排支出……(《人民日报》1995 年)

例(3)中"从这个方面说"前后项的语义相似性表现在都是讲旅游和爱情的关系。例(4)中后项是从"大""小"两个视角来详细说明前项"分期付款的好处很多",前后项之间也存在语义相似性。

不过有的"从 X 方面说/看"只充当句法成分。例如:

(5) 伊利英说:"怎么说好呢? 我深为抱憾。<u>从一方面说</u>我是自做自受,我受到处理后,所有其他人却事不关己……"(《作家文摘》1997 年)

(6) 其次是信息技术与生物工程技术的兼容。这种兼容可<u>从两方面看</u>。(《人民日报》1995 年)

例(5)中"从一方面说"是一个状中结构,其中的"说"与上文的"怎么说"相照应,都是作谓语,"从一方面"是介词短语作状语。例(6)中,"从两方面看"也是个状中结构,其中的"看"作谓语,前面"从两方面"也是介词短语作状语。这两例中的"从 X 方面说/看"都是作句法成分。

有的"从 X 方面说/看"充当视角标记,在句中作插入语,或篇章连接成分。例如:

(7) "柳屯的",<u>从一方面说</u>,是他的宝贝。(老舍《柳屯的》)

(8) 到这儿来领女人的,只须花两块钱的手续费和找一个妥实的铺保就够了。这是个便宜。<u>从男人方面看</u>;据我想,这是个笑话。(老舍《月牙儿》)

例(7)中,"从一方面说"处在主语和谓语中间,是个插入语。例(8)中,"从男

---

① 该构式中的可替换项主要是"X",其中常项"说",也可以是"来说、讲、来讲"等,也可以是"看、来看、考虑"等,"说"与"看"语义中和,都表示认知义,而不是言语动词和视觉动词。

人方面看"虽然处在篇章结构中,但其前后句之间没有语义相似关系。在这两例中,"从一方面说""从男人方面看"都只是一个单纯的视角标记,没有换言功能。

本文只研究具有换言标记功能的"从 X 方面说/看",而不涉及作为句法成分或单纯的视角标记的情况。为称说方便,本文将用"从 X 方面说"来统一指称该构式。

关于换言标记,国内外目前一般谈到的都是实体构式(entity construction)形式的,国外如 Quirk et al.(1985)、Blakemore(1993、1996)、Tanaka(1997)、Fraser(1999)、Cuenca(2003)、Del Saz Rubio(2003、2007)、Murillo(2004)、Negro & Fiorentini(2014)、Fiorentini & Sansò(2017)等。国内如廖秋忠(1986)、徐静(2006)、徐静和叶慧(2009)、常娜(2006、2009)、肖立成(2008)、张丽艳(2008)、杨天明(2011)等。现代汉语中还出现了一类半图式构式形式的换言标记,如"用 X 的话说"(李宗江,2017、2018、2019)、"说得 X 一点"(李晓琴、陈昌来,2020a)、"往 X 里说"(李晓琴、陈昌来,2020b)等。"从 X 方面说"也是一个半图式构式,由于其凸显换言后项语义的认知视角(cognitive perspective),因而我们称之为"视角型换言标记构式"。

一、"从 X 方面说"的视角类型

视角是观察一个情景的方式(Langacker,1987:491)。语言使用者总是从一定的视角出发,并运用视角化的语言手段来表征事物的(Ensink & Sauer,2003:9)①。简单地说,视角就是观察问题或事物的角度,因而带有主观性,这种主观性又常常通过一定的语言手段来表达。就"从 X 方面说"来看,由于"从"是一个表示与处所有关的介词,在与"说"组成介词短语后表示认识的着眼点,即从某个视角看问题,这种概念义保留在充当换言标记构式的"从 X 方面说"上②,其中 X 代表具体的视角,根据进入 X 的成分,可将视角分为相同视角和不同视角两种情况,不同的视角又可分为相反视角与相对视角两种情况。

1.1 相同视角

相同视角是指当 X 为"这个、各个"等指示代词时,由于代词的回指功能,换

---

① 参见苗兴伟(2017)。
② Takeuchi(1998)认为有些话语标记既有概念意义也有程序意义。汉语的"从 X 方面说"属于这种情况。

言前后项视角一致。例如：

（9）共青团广西区委负责人余远辉说，广西农村地区高中阶段的入学率只有 30％左右，这是教育资源和人才资源的巨大浪费。<u>从这方面来说</u>，希望工程任重道远。（新华社新闻报道，2002 年 9 月）

（10）在我心里野哥真是充满力量和正能量的存在。他是纯粹，是希望，是光明，是永不放弃，是困境时拉住的那双有力的手。<u>从各个方面来说</u>，他都对我来说太重要了，也太有意义了。（新浪微博，2021 年 5 月 16 日）

例（9）中"X"为定指代词"这"，回指前面广西农村地区高中入学率，后项承接"这"回指的内容，从中判断希望工程任重道远。例（10）中"X"为遍指代词"各个"，回指前面说话人关于"野哥"的各种评价，后项承接"各个"回指的内容，从对"野哥"的各种评价中解释"野哥"对"我"的重要性。以上两例前后项的认知角度和认知倾向是一致的。

1.2　不同视角

不同视角也分两类：一是相反视角，二是相对视角。

1.2.1　相反视角

相反视角是指当 X 为"小、大""好、坏（不好）"等反义对举形式出现的形容词时，换言前后项视角相反。例如：

（11）（A）国考中作弊，（B）<u>从小的方面讲</u>有损考试的公平正义，（C）<u>从大的方面讲</u>就是"犯罪"。（《不要以晚会心态看"3·15"》，人民网，2015 年 3 月 17 日）

（12）（A）头疼很常见，几乎每个人都有过，因为头部是血管和神经分布最密集、最丰富的区域，而且头部的颅外血管和神经都比较浅，（B）<u>从好的方面讲</u>，头部的感觉和感知力，是全身最敏锐的，（C）<u>从不好的方面讲</u>，因为敏感，所以更容易受影响，也最容易发生疼痛。（《有一种头疼能要人命》，人民网，2017 年 3 月 29 日）

以上两例都包含了双重换言。句 A 与句 B、句 C 之间是第一层次的换言，是相同的视角，如例（11）中，句 A 讲国考中作弊，句 B 和句 C 共同分析了作弊的危害。例（12）中句 A 讲头部血管和神经密集，句 B 和句 C 是共同指出血管和神经密集的作用。除了如上这层换言关系外，句 B 和句 C 之间还有一重换言关系，这第二重换言是从两个相反的角度说的，如例（11）是从"小"和"大"两个角度来谈作弊的危害，角度不同，性质完全不同。例（12）是从"好"和"不好"两个角度说血管和神经密集的作用。

1.2.2　相对视角

当 X 为表示行业、学科等名词性成分时,换言前后项视角相对。例如:

(13)《白轮船》是艾特玛托夫创作的一个转折点。<u>从内容方面看</u>,作家从现实描绘向道德探索和哲理思考过渡;<u>从文体方面看</u>,它标志着作家从中短小说的写作向长篇小说的过渡;<u>从创作手法看</u>,它标志着作家的一次自我超越。(《当代世界文学名著鉴赏词典》)

(14) 简言之,仿生学就是模仿生物的科学。……<u>从生物学的角度来说</u>,仿生学属于"应用生物学"的一个分支;<u>从工程技术方面来看</u>,仿生学根据对生物系统的研究,为设计和建造新的技术设备提供了新原理、新方法和新途径。(《仿生学》)

例(13)中前项总说"《白轮船》是艾特玛托夫创作的一个转折点",后项则转到三个相对视角分说这个转折点的不同表现。例(14)中前项先笼统说什么是仿生学,后项分别从"生物学"和"工程技术"两个相对视角对仿生学进行解说。

另外,还有少量动词性成分也可以进入"相对视角"中的 X①,多以并列形式出现,表示双重换言。例如:

(15) 客观地看长篇小说现状,可以说充满了一种过渡性特征:<u>从创作方面看</u>,不少人普遍意识到长篇文体的重要,却还没能做到有力而独到的把握;创作中都力求打破传统范式,但走向哪里又游移未定;<u>从出版方面看</u>,国家出版机构依仗名号吸引作者,非官方出书渠道施用高酬抓取书稿;一个看作者重于看作品,一个求利润甚于求文学。(《人民日报》1995 年)

(16) 这种认识上的变化,是改革开放新形势"催生"出来的。<u>从改革方面来说</u>,目前,相当一批国有中小企业进行了产权制度改革,成为市场经济条件下依法纳税、自主经营实体,政府不再是这些企业的"顶头上司";<u>从开放方面来说</u>,越来越多的外商在内地投资兴业,这些企业最关心我们的投资环境和服务方式。(《人民日报》1998 年)

例(15)中前项先说明长篇小说现状充满了一种过渡性特征,后项从"创作"和"出版"两个相对视角对这种特征进行说明。例(16)中前项总说这种认识上的变化来源于改革开放新形势的"催生",后项从"改革"和"开放"两个相对视角来解释这种认识上的变化。

---

① 这里的动词是表示指称而不是表示陈述。

二、换言与认识的优化

关于换言前后项的语义关系,廖秋忠(1986)认为换言前后项是一种同义或同指关系,前项是一种抽象或难懂的说法,后项是一种通俗易懂或具体的说法。何自然主编(2006)认为换言后项是对前项的总结或概述。Blakemore(1996)认为换言前后项具有语义相似性。Cuenca(2003)认为换言前后项之间是一种等价操作(equivalence operation),后项是对前项的解释。虽然学者们对换言前后项之间语义关系的具体说法不完全相同,但基本上都认可前后项语义具有某种相似性,后项是对前项的另一种表达。就"从 X 方面说"来讲,换言后项不是简单地由难到易或者对前项的总结等,而是说话人通过换言标记保持或转换视角,表示说话人对某事物或现象等的认识优化过程,相对于换言前项来说,后项表示认识的细化、提升、拓展。

2.1 后项表示认识的细化

前项是一种概括或在说话人看来需要解释的说法,后项从相同、相反、相对的视角来对前项进行具体细致的说明。例如:

(17) 猜测离不开直觉和想象。从这方面讲,猜测同创造性思维紧密相联,可归入创造性思维之列。(《哈佛经理的谋略》)

(18) 所以关于这个作者问题,我的基本看法就是,施耐庵是主要的作者,罗贯中是他的合作者。从狭义的方面来说,我们可以承认作者是施耐庵。从广义的方面来说,应该说《水浒传》是他们两个人共同创作的。(《〈水浒传〉的作者》)

(19) 巴以总理相继访美有其复杂的背景。从巴勒斯坦方面来说,尽管"路线图"计划已经启动,巴各派别单方面宣布停火 3 个月,以军撤出部分巴勒斯坦城市,但是,巴以双方在以方释放在押巴勒斯坦人、解禁阿拉法特、停止修建隔离墙以及以军撤出更多巴城市和巴方解除激进组织武装等问题上相持不下……从以色列方面来看,沙龙原定今年 9 月访问白宫,现提前到了阿巴斯访美 4 天之后。虽然以色列在巴以局势中处于相对强势,但也面临着要求其按照"路线图"计划继续与巴方和谈的强大国际压力……(新华社新闻报道,2003 年 7 月)

例(17)后项从与前项相同的视角将"猜测离不开直觉和想象"进行分析说明。例(18)前项先概括说明说话人对《水浒传》作者问题的看法,后项则从狭义与广义两个相反视角具体说明这种看法。例(19)后项从巴勒斯坦和以色列两个相对视角对前项"巴以总理相继访美有其复杂的背景"进行细致说明。

2.2 后项表示认识的提升

前项是一种较为具体零散的说法,后项从更高的层次将其内容进行概括提升或对其本质进行揭示等。例如:

(20)但是,中国国土辽阔,经济发展不平衡,尤其是中西部地区,经济发展比较缓慢,地区差别很大。另外,中国还有国有企业、金融机构的大量不良资产等问题。中国加入世界贸易组织不久,农业问题和就业问题都没有得到根本性解决,<u>从这些方面来看</u>,中国经济还有许多弱点。(新华社新闻报道,2003年9月)

(21)美国有人声称,人民币汇率"自由浮动"将有助于保护美国就业机会。格林斯潘就此指出,那些人假定的前提是,其他国家不会取代中国向美国出口商品。如果中国停止向美国出口,其他国家就会取而代之。<u>从这方面来说</u>,这不是中国的问题,而是一个国际竞争的基本问题。(新华社新闻报道,2004年2月)

例(20)前项具体说明中国经济发展不平衡的各种表现,后项从更高层次概括说明中国经济还有许多弱点。例(21)前项具体陈述即使中国停止向美国出口商品,其他国家也会取而代之,并不能缓解美国就业问题,后项则指出这个问题的本质是一个国际竞争的基本问题。

2.3 后项表示认识的拓展

前项陈述一个现象或事件,后项则指出由这个现象或事件所关涉的另一种现象或事件。二者之间是由此及彼的关系。例如:

(22)许海峰在谈到"老枪"与"新秀"的关系时指出,射击运动员的运动生涯往往很长,这在国际上也是一种规律,瑞典的一位射手曾打过七届奥运会。王义夫状态一直稳定,多次参赛,<u>但从另一方面也说明</u>,中国在王义夫所在的项目上后继乏人。(新华社新闻报道,2003年7月)

(23)食物崇拜与性行为仪式之间有紧密联系。在原始时代,人们期望食物繁殖的心愿常常通过模拟的或实际的性行为仪式来表达,他们认为这种作法可以刺激动植物相应的生殖繁衍,从而获得丰产。<u>从另一方面看</u>,性仪式也具有保证人类自身繁衍的目的。(《中国古代文化史》)

例(22)前项是从正面认识王义夫多次参赛的意义,后项从反面认识王义夫多次参赛这一事件说明中国在相关项目上后继乏人。例(23)前项陈述"食物崇拜与性行为仪式之间有紧密联系",后项据前项"原始时代的人们常常通过模拟的或实际的性行为仪式来表达期望食物繁殖的心愿"认识到其中的另一个事实："性仪式也具有保证人类自身繁衍的目的"。

三、换言视角与元话语功能

语言不仅对命题表示的成分进行编码,同时也表现说话人的态度、评价等情态成分,说话人实现这些需要通过一定的语言手段。前文已分析换言视角包括相同与不同两大类,相同视角属于视角的延伸,是指换言以后视角没有变;不同视角属于视角的转换,是指换言以后视角发生变化。篇章中,说话人通过换言延伸或转换视角促进话语进展,完成相应的功能。

Williams(1981：211)认为,元话语是"有关话语的话语,跟主题无关"。Hyland & Tse(2004：157)认为,元话语有狭义和广义之分,狭义的观点是,强调元话语的组织篇章的功能;广义的观点是,元话语体现了作者在篇章中所表现出来的运用语言和修辞的方法,以及把话语组织和话语含义结合起来的方法。总之,元话语是用于组织话语、表达作者对话语的观点、涉及读者反应的一种方法(徐赳赳,2006)。

Hyland(2005：49)根据功能把元话语分为两大类：一类是语篇交互类元话语(interactive),这类元话语反映语篇内部的关系,其作用是引导读者理解语篇;另一类是人际交互类元话语(interactional),这类元话语反映作者与读者之间的互动,其作用是吸引读者参与到交际中来。大致说来,语篇元话语属于信息层面(informative),而人际元话语属于互动层面(interactional)(方梅,2017)。根据Hyland(2005：49)的分类,英语中的换言标记如 namely,such as,in other words属于语篇交互类元话语。根据以上分析,换言标记构式"从 X 方面说"的元话语功能分为语篇功能与人际功能。下面分述"从 X 方面说"的视角如何作用于其元话语功能。

3.1　语篇功能

换言标记构式"从 X 方面说"的语篇功能表现在话题延续与话题转换两个方面。话题延续是指当换言前后项视角保持一致时,话题也一致。例如：

(24) 因此毛主席 1975 年 10 月的这个批示,其重要性一是有其政策上的典型意义;二是证实了即便 1953 年之后毛与梁中断了见面长谈,但在毛泽东的记忆库里并没有忘记梁漱溟这位特殊的老朋友。<u>从这两方面看</u>,毛泽东的这个批示,既是政治性的,又是充满人情味的。(《人民日报》1993 年)

上述例中说话人在所涉及话题的基础上通过换言标记构式继续保持,对该话题进行更为具体的阐释:例(24)前项主要说明毛泽东两个指示的具体内容,说话人通过换言标记对这两个指示进行判断,接下来的内容也是与这两个指示相关。

话题转换是指当换言前后项视角不一致时,后项引出与前项不同的话题。例如:

(25)从这次会议的情况看,采取行动减缓人口增长以实现持续发展,不仅成为国际社会的广泛共识,而且正在变为实际行动。<u>从另一方面看</u>,人口问题从本质上讲是一个发展问题,所以又是一个人与自然资源的关系问题。人口过快增长自然会过快消耗自然界不可再生的资源,而人类消费模式的过度奢侈化,同样会浪费地球的有限资源。(《人民日报》1994 年)

上述例中说话人在已涉及话题的基础上通过换言标记转换了视角,展开新话题:例(25)换言前项是说会议内容,后项从会议内容转到另一个话题,即人口问题是一个人与自然资源的关系问题,接下来的信息主要是围绕人口增长与自然资源的关系。

3.2 人际功能

人际功能是指说话人通过视角的延伸或转换来体现对所提及的命题的看法、评价等,帮助说话人向听话人传达交际目的。

说话人通过视角的延伸来表明关于前项的看法、判断等。例如:

(26)健康教育就是用一些很简单的办法,可以预防很多重要的病。有人讲现代科学发达了,希望治病用高科技。高科技好是好,代价太贵,而且只为少数人服务。……而且高科技不可能使人恢复到原来没有病的状态,仍然不如不得病好。……其实预防很简单,减少很多人得病,减少很多人得意外,<u>从这方面来讲</u>,高科技远远不如预防得好。(洪昭光《怎样活到 100 岁》)

(27)官司不在钱多少,丘建东"一块二"的官司,伸张了正义,堵住了公用电话亭不按规定乱收费的歪风,为广大消费者维护了共有的合法权益。<u>从这方面看</u>,这场官司的真正价值是无法用金钱来衡量的。(《人民日报》1996 年)

例(26)中换言前项说话人从预防和采用高科技治疗两个角度谈论健康这个话题,后项是说话人基于事实得出的判断。例(27)换言前项陈述丘建东"一块二"的官司为消费者维护了共有的合法权益,后项是说话人对此官司的看法。

说话人通过相反的视角来对换言前项进行评价。例如:

(28)《读书》已经三岁多了。虽然只是幼儿园小班的年龄,却也有点"老气横秋"。它一出生时有些毛孩子气,现在是仿佛"规行矩步"的老夫子了。<u>从好的方面说</u>是成熟,<u>从差的方面说</u>是老化。(《〈读书〉三年》)

(29)乖孩子的本质是孩子能自觉服从社会规则。<u>从积极方面说</u>,乖孩子比较机灵,擅讨大人欢心;<u>从消极方面说</u>,乖孩子缺乏探索和创造精神。(新浪微博,2016 年 2 月 17 日)

例(28)中说话人分别从"好、坏"两个相反的视角对《读书》的发展进行评价。例(29)中说话人从"积极、消极"两个相反的视角来对乖孩子进行评价。

说话人利用相对视角从多个方面对同一问题或事件等进行换言,就会出现双重或多重换言,从而便于读者理解。例如:

(30)从工资制过渡到分享制的最大障碍就是宏微观损益的不对称性。<u>从工人方面看</u>,工人对劳动的报酬制度的选择只重视报酬数额的大小和稳定性,而不管是采取什么样的报酬制度,更不注重给宏观造成的影响。<u>从厂商方面来看</u>,厂商也只仅仅重视报酬数额的大小。(《读书》)

(31)《白轮船》是艾特玛托夫创作的一个转折点。<u>从内容方面看</u>,作家从现实描绘向道德探索和哲理思考过渡;<u>从文体方面看</u>,它标志着作家从中短小说的写作向长篇小说的过渡;<u>从创作手法看</u>,它标志着作家的一次自我超越。(《当代世界文学名著鉴赏词典》)

例(30)中说话人从"工人、厂商"两个视角分别论述关于从工资制过渡到分享制的最大障碍,帮助"工人"与"产商"或者读者更好理解这个障碍。例(31)中说话人从"内容""文体""创作手法"三个视角帮助读者更好地理解换言前项的内容。

四、结　论

关于功能性成分,已有成果多是研究虚词、类虚词性的成分,或实义构式形式;就图式构式的研究来说,主要是研究具有命题功能的实义构式。本文从不同角度对现代汉语中视角型换言标记构式"从 X 方面说"进行了说明与阐释。这类功能性成分既具有篇章连接作用,同时又是半图式构式,学界给予的关注还不够充分,无论是理论探讨还是事实描写都较为少见。

　　除了具有换言连接功能的构式,现代汉语中还有哪些功能性半图式构式,它们在汉语的语法和语篇形式系统中发挥着怎样的作用,它们是怎么演变为功能性成分的,与作为虚词或话语标记的实体构式形式之间是什么关系等等,都有待于进行深入研究。

参考文献

常　娜(2006)《换言连接成分研究》,广西师范大学硕士学位论文。

常　娜(2009)换言连接成分“即”的研究,《云南师范大学学报》(对外汉语教学与研究版)第3期。

方　梅(2017)叙事语篇的衔接与视角表达——以“单说、但见”为例,《语言教学与研究》第5期。

何自然主编(2006)《认知语用学——言语交际的认知研究》,上海外语教育出版社。

李晓琴、陈昌来(2020a)评价性换言标记构式“说得 X 一点”,《新疆大学学报》(哲学·人文社会科学版)第1期。

李晓琴、陈昌来(2020b)现代汉语换言标记构式“往 X 里说”,《语言文字应用》第1期。

李宗江(2017)近代汉语“换言”类语用标记及其演变,《汉语史学报》第1期。

李宗江(2018)引述性换言标记构式“用 X(的)话说(讲)”,《语法研究和探索》(第19辑),商务印书馆。

李宗江(2019)《近代汉语语用标记研究》,上海教育出版社。

廖秋忠(1986)现代汉语篇章中的连接成分,《中国语文》第6期。

苗兴伟(2017)视角的语篇组织功能,《现代外语》第1期。

肖立成(2008)“换言类”元语言研究,《云南电大学报》第4期。

徐　静(2006)换言连接成分类型及其语篇特点研究,载《江西省语言学会2006年年会论文集》。

徐　静、叶　慧(2009)换言连接成分类型研究,《学理论》第11期。

徐赳赳(2006)关于元话语的范围和分类,《当代语言学》第4期。

杨天明(2011)《现代汉语换言类话语标记研究》,辽宁大学硕士学位论文。

张丽艳(2009)《论“即”》,南昌大学硕士学位论文。

Blakemore，Diane(1993)The Relevance of Reformulations. *Language and Literature* 2(2):101-120.

Blakemore，Diane(1996)Are Apposition Markers Discourse Markers? *Journal of Linguistics* 32(2):325-347.

Bruce Fraser(1999)What Are Discourse Markers? *Journal of Pragmatics* 31(7):931-952.

Ensink，T. & Sauer，C.(2003)Social-functional and Cognitive Approaches to Discourse

Interpretation: The Role of Frame and Perspective. In T. Ensink & C. Sauer(eds.), *Framing and Perspectivising in Discourse*. Amsterdam: John Benjamins Publishers.

Hiroaki Tanaka(1997) In Other Words and Conversational Implicature. *Pragmatics* 7(3): 367-387.

Hyland, Ken(2005)*Metadiscourse: Exploring Interaction in Writing*. London & New York: Continuum.

Hyland, Ken & Tse, Polly (2004) Metadiscourse in Academic Writing A Reappraisal. *Applied Linguistics* 25(2): 156-177.

Ilaria Fiorentini & Andrea Sansò(2017)Reformulation Markers and Their Functions: Two Case Studies from Italian. *Journal of Pragmatics* 120: 54-72.

Ma Milagros Del Saz-Rubio (2003) An Analysis of English Discourse Markers of Reformulation. Universitat de València: Servei de Publicacions de la Universitat de València.

Maria Milagros Del Saz-Rubio(2007)*English Discourse Markers of Reformulation*. New York: Peter Lang Publishing.

Maria-Josep Cuenca (2003) Two Ways to Reformulate: A Contrastive Analysis of Reformulation Markers. *Journal of Pragmatics* 35(7): 1069-1093.

Michiko Takeuchi (1998) Conceptual and Procedural Encoding: Cause-Consequence Conjunctive Particles in Japanese. In Rouchota, V. & A. H. Jucker(eds.), *Current Issues in Relevance Theory*. Amsterdam/Philadelphia: John Benjamins Publishing Company.

Murillo, Silvia(2004) A Relevance Reassessment of Reformulation Markers. *Journal of Pragmatics* 36(11): 2059-2068.

Randolph Quirk, Sidney Greenbaum, Geoffrey Leech & Jan Svartvik(1985)*A Comprehensive Grammar of Contemporary English*. London: Longman.

Ronald W. Langacker (1987) *Foundations of Cognitive Grammar. Vol. 1. Theoretical Prerequisites*. Stanford: Stanford University Press.

Silvia Dal Negro & Ilaria Fiorentini(2014)Reformulation in Bilingual Speech: Italian Cioè in German and Ladin. *Journal of Pragmatics* 74: 94-108.

Williams, Joseph M. (1981) *Style: Ten Lessons in Clarity and Grace*. Boston: Scott, Foresman and Company.

(1. 宁波大学人文与传媒学院,315211,lixiaoq2018@163.com;

2. 上海师范大学对外汉语学院,200234,chchl62@shnu.edu.cn)

"我请问"类话语标记的
功能及其形成动因*

黄培培

〇、引　言

"请问"是常用的询问类话语标记,是一种敬辞,多出现在言谈会话中。主要功能是有疑而问,用于请求对方解答疑问。如:

(1) 走了几步,他又转身回来,高声问道:"请问,哪边是北呀?"(老舍《贫血集》)

(2) 请问,您是怎样萌生到歌坛来开拓的想法的?(陈建功《皇城根》)

(3) 服务员小姐拿起那个还没挂断的电话,问方雨林:"我们杜副经理请问您是哪一位?"(陆天明《大雪无痕》)

例(1)(2)中"请问"的主语是发话人自己,根据语言经济性原则,主语"我"被省略。例(3)主语是非说话人,因而真正的问话人"我们杜副经理"显身。这是"请问"的常见用法,有时"请问"前会出现主语"我",但这种情况相对来说较为少见。如:

(4) 甲:你这场是什么?

　　乙:相声。

　　甲:好,我请问您,相声都讲究什么?

　　乙:讲究四个字。

　　甲:哪四个字?

　　乙:说、学、逗、唱。(《对口相声》)

* 本文初稿曾在第九届现代汉语虚词研究与对外汉语教学学术研讨会(2020 年 10 月 31 日至 11 月 1 日,宁波)上宣读。在文章写作过程中,得到李宗江教授、张莹、张彬等多位学者的指正,谨致谢意! 本研究得到国家"十三五"重点院校和重点学科专业项目"多元互动式汉语文化教学模式在高级汉语中的探索与实践"(项目编号:KC2020117)资助。

"请问"一般位于话轮之首,用于开启新话轮。"请问"后需要听话人回答,听说双方共同完成一个话轮对。

然而,在实际会话交际中,我们发现与"请问"有着密切关联却略有不同的用法。请看例句:

(5) 删也就删了,您还能理直气壮地说"重要的东西应该存起来",<u>我请问,您是不是也把重要的东西放电脑里呢?</u> 错都错了,不承认也就算了。(BCC 语料库 微博语料)

(6) 那一巴掌的麻痛显现她受广多大的委屈无诉处,她甘心受过。"<u>那么我请问奶奶她手上的伤哪来的?</u> 该不会是她自己烫的吧!"(寄秋《洛阳花嫁》)

例(5)中"我请问"后"重要的东西应该存起来(放在电脑里)"是对对方观点的引述,"我请问"及后续句是对对方观点的回应,含有说话人不认同的个人立场。例(6)中"那么"衔接前后,虽使用"请问"但语气强硬,其后引出一个事实反驳对方观点,隐含质问,虽使用"请",但礼貌程度偏低。

比较发现,例(5)(6)中的"我请问""那么我请问"与例(1)—(4)不太相同。集中体现在:第一,"我请问""那么我请问"居于句中,其作用是承接上文的话题,进一步询问。一般是一个话轮结束后,说话者继续就该话题进一步讨论。第二,虽使用"请问",但该用法似乎并不必然要求对方做出回答,有"反问/质问"之意,似有由有疑而问转为质问的倾向,倾向于表达说话者"不赞同"的态度。第三,该结构呈现出语体倾向性,即常在对话和口语语体中使用。

孟艳丽(2017)对"请问"的三种用法做了详细分析,涉及"请问"的反问用法,但未涉及"我请问"。鉴于此,本文在前人研究基础上,从"我请问"的使用语境、话语功能及形成动因三个方面进行考察。

在检索的语料中,这种具有反问功能的话语标记常出现形式有"请问""我请问""那么我请问",为方便表述,本文将其统一定为"我请问"类话语标记。

另外,诸如例(4)这样单纯表疑问的"我请问"不在本文考察范围内。本文所用语料均出自 BCC 语料库和浙江大学的朱氏语料库,为节省篇幅,下文不再标注出处。

一、"我请问"的使用语境

1.1 位于话轮中,作为应答语,对前项内容作进一步回应

通过对语料的考察发现,"我请问"类标记总是出现于特定话语语义框架中,

这个框架包含"引述"和"指明问题"两个部分。"我请问"前项一般是引述部分,通常用于引用对方论点,后续成分多为补充论据材料或指明对方疏漏,通过提问形式对引述内容进一步回应。其话语框架模式为:引述＋我请问＋指明问题。

(7) 我们中国的戏剧最不讲究这些经济方法。如长生殿全本至少须有四五十点钟方可演完,桃花扇全本须用七八十点钟方可演完。有人说,这种戏从来不唱全本的;我请问,既不唱全本,又何必编全本的戏呢? 那种连台十本,二十本,三十本的"新戏",更不用说了。这是时间的不经济。

(8) 就戏剧而论,我们说,"美善的戏剧,应当怎样",一般的人说,"中国戏是中国的,必要这样,要是那样,就不是中国的了"。我请问中国戏剧的发生,难道不是摹仿西域北胡吗?

例(7)引述的内容是"有人说,这种戏从来不唱全本的",而后用"我请问"引出该观点的缺陷"不唱全本,又何必编全本的戏呢",通过"我请问"点明对方的逻辑错误,作为回应,达到反驳的目的。例(8)引述的内容是"中国戏是中国的,必要这样,要是那样,就不是中国的了",指明存在的问题即:"中国戏剧的发生是摹仿西域北胡的",通过指明问题表示对方观点有误,对其进行反驳。

"我请问"的话语框架特征在对话体中更为明显。从会话序列位置看,有些话语成分能够开启言谈行为,有些话语成分则偏向于应答行为(方梅,2017:242)。"我请问"在会话互动中,多是作为应答语出现。引述部分由其他会话参与者发出,"我请问"句处于后续话轮,发话人通过"我请问"句对前一话轮进行回应。会话中的话语框架模式为:A 表述 B 我请问＋指明问题。请看例句:

(9) "现在我们公馆里头热闹了。"周老太太冷笑地说。"年轻人总是这样的,枚娃子现在倒比从前活动多了。"周伯涛接着解释道。"那么我请问你蕙儿在郑家过的又是什么日子? 她给人家折磨死了,也不听见你做父亲的说一句话。现在倒轮着我们来受媳妇的气了。"陈氏板着脸质问她的丈夫道。

上例中,表述内容由周波涛说出,即"年轻人总是这样的,枚娃子现在倒比从前活动多了。"陈氏通过"我请问"句引出反驳的证据,即:"蕙儿在郑家过的又是什么日子? 她给人家折磨死了",通过补充事实性证据指明对方不作为,达到反驳对方观点的目的。

(10) A:可悲的不是男足不行,而是大家对男足的嘲讽,群众基础就不行,嘲笑别人的时候你怎么不想想自己怎么不去踢球呢?

B:意思说我还要自己先学会制冷才能评价冰箱?

A:那我请问,如果冰箱不好,你可以换。男足呢? 你能换嘛?

B：冰箱要是不好我可以换,但冰箱属于我一个人我想换就换。男足要是也属于我一个人我早就换了,不然扔了也行。

(11) A：我说过了,没说不允许你们怼,你们随便怼,但是别人被怼了要怼回来也没毛病,敢怼别人就得准备好被人怼回来。

B：<u>我请问一下我怼谁了?</u> 我没有怼任何人吧? 我发表一下我的疑问,有什么问题?

(12) A：人疯了就会乱咬,不检查自己的问题,把问题都推在别人身上,这样教育出来的孩子大多数是没有人性的!

B：<u>人家孩子在加拿大,加拿大,父母在国内,我请问你关教育什么事呢?</u>

A：孩子在加拿大关别人什么事? 难道让别人负责教育?

上述几个对话中,从会话序列位置看,"我请问"都是应答语,位于话轮中。例(10)对话双方讨论对男足的态度,A 提出观点,即"人们嘲讽男足"不对。B 提出质疑后 A 补充证据"冰箱可以换,而男足不能换,因为二者性质不同"对上一个话轮回应和反驳。"我请问"位于第二话轮对的开端,是对上一话轮的回应。

例(11)和例(12)中"我请问"都位于第二话轮,例(11)A 的观点为"怼别人就要接受相应的结果",B 用"我请问"句引出"自己没有怼人"的事实,指明对方错误,进行反驳。例(12)A 对"不检讨自己的问题而去推脱"这种行为做出判断,认为"这样教育出来的孩子没有人性",B 不同意该判断,指出孩子和父母并不在一个地方的论据后,反驳对方。

1.2 位于句首或单独使用,表达言者主观态度

"我请问"的另一种用法是说话人在话轮内表达自己的观点态度。这类"我请问"问句不需要听话人回应,其话轮内上下文中常有相关解释说明,说话人用"我请问"句表明立场,凸显主观态度。请看例句:

(13) A：<u>《凤囚凰》是怎么过审的我请问?</u>

B：女主有后台啊,这有啥好问的。

A：这我当然知道啊。

B：那你还问。

A：这么多人都知道,只有你回答了,你知道这是为啥吗?

上面这段对话是交际双方就《凤囚凰》电视剧的讨论,可以看出来,A 使用"我请问"表明《凤囚凰》不应该过审的看法。而 B 未明白其言外之意,进行回答

后,A 以第三话轮"我当然知道"和第五话轮的反问句"这么多人都知道,只有你回答了,你知道这是为啥吗?"给予回复,显然这里"我请问"是个反问句,并不需要回答。

在 BCC 语料库中,"我请问"类话语标记在"微博"语料中出现频率最高。这类用法一般是说话人就某现象或事实进行评价,表达自己的立场,所评价的现象或事实作为背景信息出现。

比如例(5)中对方删除了说话人存放在电脑中的资料并认为"重要的东西应该存起来",因此删除资料并不是自己的错。说话人认为"把资料存在电脑里是常见现象",用"我请问"提醒对方注意这一事实,表达不赞同的态度。再如:

(14) 我也被神逻辑惊到了,有些人真是神逻辑,那么我请问下那些刷屏的为什么不为别人考虑下,刷屏不怕烦到别人么?

(15)年末,不知道多少抢劫、盗窃、破坏上海治安,这样的环境下,我请问什么叫包容? 本地报纸公然挑动地域之争?

例(14)背景信息是对方认为说话人发微博是不为别人考虑的行为。"我请问"句是发话人追加证据,即:假定自己发微博是"不为别人考虑",那么对方更过分的"刷屏"行为当然更打扰别人,说话人用"我请问"句点出事实,达到反驳的目的。这里"请问"也不需要回答。例(15)是对上海报纸中批评大家"不包容"观点的不赞同。前续句"年末,不知道多少抢劫、盗窃、破坏上海治安"点出环境恶劣,后续使用"我请问"句反驳对方"要包容"的观点,表达不赞同的立场。

二、话语功能及其形成动因

2.1 话语功能

"我请问"是一种互动话语标记,在含有[＋负面]语义的语篇或会话中使用,常出现在辩驳和激烈讨论等语境中,是用于"行为/观点——评价"交际模式中的话语标记。其话语功能主要有:一是表达言者主观立场功能;二是拉远交际双方心理距离,增强否定语气。其中,传递言者主观立场是"我请问"类标记的核心话语功能。

2.1.1 表达言者主观立场

Du Bois(2007)指出,人们使用语言最重要的是表达一定的立场。它是由交际主体于言语互动交际中通过各种语言手段共同协商、建构而成的,是言语互动交际过程中即时浮现的产物,并提出评价、定位和同盟三位一体的"立场三角"理论。

"我请问"是汉语口语中表示评价的立场表达方式,表达语用否定。说话人使用"我请问"质疑对方论断或行为的合理性,表达对对方话语行为的否定性评价,其否定的对象是对方的言语行为和言语内容。

那么这种否定性评价的途径是什么呢?关于反问句的范畴类型,刘娅琼、陶红印(2011)概括为"提醒、意外、反对和斥责"。"我请问"类句主要通过提醒起到反对和斥责的作用。在交际中,因为对方忽略某一应知信息,说话人通过"我请问"提醒对方注意,指出对方言语行为和内容的错误,再通过补充相关证据等言语行为,实现反对和斥责的目的,带有较强的指责意味。请看例句:

(16) 那些评论的人,<u>我请问你们很了解冯绍峰吗?</u>你说我叔应该是啥态度?祝福有错,不祝福也有错,反正不管咋弄都里外不是人了。

(17) 我要提醒你,你这种话包含着根本推翻我们谈判基础的危险。<u>我请问你,假使我方所作的一切允诺都无价值,你们为什么还来和我们谈判?</u>

例(16)通过提醒对方注意这一事实:即你不了解冯绍峰,指出对方不了解却随便评价的错误行为,从而对对方行为做出否定性评价。在该例中,否定的是对方的言语行为。例(17)中,谈判对方认为我方允诺无价值,即"一方面质疑我方的允诺无价值,一方面又进行谈判的行为",提醒对方注意言行不一的事实,指出对方行为的矛盾之处,进而达到质疑对方言语合理性的目的,对对方言语内容进行反驳,表明立场。

2.1.2 拉远交际双方心理距离,增强否定语气

"请"是礼貌语标记,"请"的使用在于间接指出双方关系不亲近,具有拉远双方心理距离的作用。在会话交际中,使用礼貌标记是为了遵循礼貌原则,即:说话人说话时往往尽量多地给他人带来方便,从而使对方感到受尊重,保证会话顺利进行。Brown & Levinson(1978)指出礼貌本质上是策略性的,即通过采取某种语言策略达到给交际各方都留面子的目的。在交际中,礼貌程度和礼貌标记的使用常与交际双方关系远近呈现出负相关的特点,即关系越近,选择礼貌标记的可能性越低;关系越远,使用礼貌标记的可能性越高。在"我请问"类话语标记中,礼貌标记"请"的使用间接指出双方关系不亲近,表明双方心理距离较远。

人称代词不仅具有指代作用,还具有主观性。张伯江(2010)指出:人称代词总是负载某种语用意义。人称代词表示说话人"移情"的方向。刘正光、李雨晨(2012)指出第一人称移情度高。"我+NP"构式凸显出说写者的强烈移情,主

要有两个方面:凸显说写者的主体意识和抒发强烈的亲切感。刘彬、袁毓林(2016)认为人称代词具有互动性,在互动交际过程中,人称代词的使用可以增加话语的针对性和现场性,通过移情,传达出说话人某种特殊的主观情感、态度。

"我请问"类话语标记包含"请问""我请问"等变体,删去人称代词"我",句子依然可以成立。但人称代词"我"的显现具有增强主观立场的作用,起到强化标记的作用。人称代词"我"是说话人为增强自己的话语意图而采取的语用策略。其话语的真正意义不在于传达真值语义信息,而在于传达当下情境中说话人的主观态度,使立场表现得更为突出。

人称代词"我"的浮现,能凸显听说双方"你-我"的立场对立,在交际中拉远双方心理距离,进而表达说话人的不满情绪和否定立场。因为说话人在使用"我请问"时,直接指向对方,增强了话语的针对性和关涉性,增强不满、愤怒等语气。听话人在听到对方使用"我请问"话语标记后,能够明白说话人直接针对自己,进而揣测说话人的话语意图。人称代词"我"的显现是说话人根据主观态度和立场表达需要选择的结果。

2.2 形成动因

"我请问"类话语标记的核心话语功能是表达言者主观立场。"请问"和"我请问"都是疑问标记,用于引出疑问句,当疑问句表示反问时,就起到标记立场的作用。实现这一功能的根源建立在"我请问"类句为反问句的基础上。那么,如何判断"请问""我请问"是反问而不是疑问呢? 下面我们将对其形成动因进行解析。

关于反问句,学界有很多相关研究,比如反问句的否定功能、反问句是否有疑、反问句在语境中的话语功能等。吕叔湘(1990:290)指出反诘与询问作用不同,"反诘实在是否定的方式:反诘句里没有否定词,这句话的用意就在否定;反诘句里有否定词,这句话的用意就在肯定"。郭继懋(1997)指出反问句的语义语用条件在于间接告诉别人他的行为不合理。胡德明(2010)提出反问句的否定来源于语境条件,来自说话人主观上的否定态度。刘娅琼和陶红印(2011)、邵敬敏(2014)认为结合具体语境反问句具有反驳等功能。张文贤、乐耀(2018)以不同的事件信息类型(A、B-event)即交际双方对信息的认识状态不同为出发点,分析了汉语反问句的语言形式和语用功能的特点,判断反问句是否有疑。本文试图以事件信息类型(A、B-event)理论为基础对"我请问"类句子进行分析和判断。关于 A、B-event 内容介绍如下:

在交际中,言谈至少包含 A(说话人)和 B(受话人)双方共同构成。Labov & Fanshel(1977)的 A、B-event 理论包含以下几种情况:

A-event(Known to A,but not to B)指的是对于 A 来说是已知信息,对于 B 是未知信息,所以叫做基于 A 的事件信息。

B-event(Known to B,but not to A)指的是对于 B 来说是已知信息,对于 A 是未知信息,所以叫做基于 B 的事件信息。

若说话人认为该信息对于 A、B 都是已知的,那么可称为 A、B-event (Known to both A and B),所以叫基于 A 和 B 共知的事件信息。

若信息为人人皆知的常识,则为 O-event(Known to everyone present),则是基于常识的信息。

根据该理论,结合语料,发现"我请问"类的后续句一般属于 A、B-event 和 O-event。即:一是双方共知的背景知识,二是社会常识。

例如上文中例(5)"我请问你是不是也把重要的东西放在电脑里?"是以说话人视角做出的判断,即:大部分人都将重要的东西存放在电脑里。这是常识,说话人以此为出发点做出判断,进而做出反问,实现反驳的目的。例(6)中"奶奶她手上的伤不是她自己烫的",这里听说双方共知信息,即:"奶奶受的伤是被虐待而来"。此处说话人通过对双方共知信息进行提问,达到质问和反问的目的。

对于 A、B-event 和 O-event 的判断是以说话人视角进行的。说话者是以自己的视角为出发点,判断该信息是否是新信息。如例(12)说话人用"我知道"和听话人的"这还用问"句表明《凤囚凰》不应该过审对听说双方都是已知信息。再如例(14)双方共知的信息或社会常识是:刷屏比评论更加烦人,说话人通过"我请问"点明这一点后,达到反驳对方,表达不满和斥责的目的。

反问句往往用于带有反通常性的语境下,说话人对所涉及的反常情况表示怀疑,使用反问句故意对该情况进行质疑。"我请问"类话语标记的后续句正是通过对交际双方共知信息和社会常识进行提问,形成反通常性的语境,进而使"请问""我请问"后续句从一般疑问句变为反问句,获得表达言者主观立场的功能。

三、余　　论

在以对话和微博为代表的当代口语中,"我请问"类话语标记表达言者主观立场的用法很常见。这是因为"请问"自带的礼貌因素和"我请问"类标记通过反问使得该形式具有反讽的语用效果,因而在口语和对话中受到欢迎。但这并不意味着"请问""我请问"已完成语法化。我们认为这类话语标记目前尚处于习语化过程中,"我请问"类话语标记从表达功能上看,开始习语化为一个语用层面的话语标记,属于汉语口语中的主观性语用范畴;从语言结构形式变化看,该结构还处于语法化的初级阶段。

参考文献

方　梅(2017)《规约化与立场表达》,北京大学出版社。

郭继懋(1997)反问句的语义语用特点,《中国语文》第 2 期。

胡德明(2010)从反问句生成机制看反问句否定语义的来源,《语言研究》第 3 期。

刘　彬、袁毓林(2016)"S_1S_2 是 V"句式的主观性及其形成机制,《语文研究》第 3 期。

刘娅琼、陶红印(2011)汉语谈话中否定反问句的事理立场功能及类型,《中国语文》第 2 期。

刘正光、李雨晨(2012)主观化与人称代词指称游移,《外国语》(上海外国语大学学报)第 6 期。

吕叔湘(1990)《吕叔湘文集第一卷·中国文法要略》,商务印书馆。

孟艳丽(2017)"请问"及其构成的句式,《现代汉语句式研究》(第二辑),张豫峰、曹秀玲主编,
　　复旦大学出版社。

邵敬敏(2014)《现代汉语疑问句研究》(增订本),商务印书馆。

张伯江(2010)汉语限定成分的语用属性,《中国语文》第 3 期。

张文贤、乐　耀(2018)汉语反问句在会话交际中的信息调节功能分析,《语言科学》第 2 期。

Brown, P. & Levinson, S.(1978)Universals in Language Usage:Politeness Phenonimena. In
　　E. Goody(ed.), *Questions and Politeness: Strategies in Social Interaction*. Cambridge:
　　Cambridge University Press.

Du Bois, J. W. (2007) The Stance Triangle. In R. Englebretson (ed.), *Stancetaking in
　　Discourse: Subjectivity, Evaluation, Interaction*. Amsterdam: John Benjamins Publishing
　　Company.

William Labov & David Fanshel(1977) *Therapeutic Discourse: Psychotherapy as Conversation*.
　　New York:Academic Press.

(战略支援部队信息工程大学洛阳校区,215300,huangpeipei518@163.com)

思维类"V起来"话语标记的功用与成因 [*]

江洪波

〇、引　言

吕叔湘(1999)在《现代汉语八百词》(增订本)多次指出,"起来"用在有限的几个动词(如"说、看、听、算、想")后,作插入语或句子前一部分。关于这类"V起来",吴为善(2012)认为其在句法和语义上与句中的成分没有直接的关联,已经或正在虚化为话语标记。本文通过对现代汉语语料的考察发现,另有一些跟思维活动有关的动词构成的"V起来"(本文称为思维类"V起来"),诸如"归纳起来、综合起来、分析起来、比较起来"等,也有类似的用法和特点。例如下面两组例子①:

A组:

(1) 看起来,量子论不太可能是错误的,或者自相矛盾的。

(2) 有王千户解到倭犯一十三名,说起来,都是我中国百姓,被倭奴掳去的,是个假倭,不是真倭。

(3) 我有一个朋友,原来是美容师,现在自己经营一家美容院。算起来,她已经年近四十岁了,可一点儿没有衰老之态,薄施粉黛,体态轻盈。

B组:

(4) 我国《民法通则》第八十九条第二款对此作了规定。概括起来,抵押权

＊ 本文曾在第九届现代汉语虚词研究与对外汉语教学学术研讨会(2020年10月31日至11月1日,宁波)上宣读。

① 其中所用语料大都自CCL语料库,少量转引自相关论文的例句,为行文简洁不一一标明出处,特此说明。

主要有下列特征。

(5) 是谁造就了"追星族"？当然,细究起来,原因是多方面的,其中包括社会环境、思想影响以及工作不力等因素。

(6) 可见,趣味是同人的高尚、人的纯粹程度联系在一起的。道理很清楚,趣味实属于人的心理和精神上的选择,热衷于吃喝玩乐、声色犬马是一种趣味,钟情于读书写字、绘画抚琴也是一种趣味;喜欢结交酒肉朋友,吆三喝四地混玩混闹是一种趣味,倾心于独处一隅,品名著、研经典,宁静而致远也是一种趣味。比较起来,这些趣味孰高孰低,是不言自明的。

这两组"V起来",都具有如下特点:或位于句子前一部分或位于句中,与句中其他成分没有直接句法关系,并且可以删除而不影响句子意思表达。也即是说,从形式上看,它们都或位于句子前一部分,或位于句中;从句法关系上看,它们都与句中其他成分没有直接句法关系;从语义上看,可以删除而不影响句子意思的表达。按照以上三个标准,可以看出,A组和B组具有平行性。

这两类"V起来"整体上具有凝固性,韵律上独立,在语音上具有可识别性。它们也都符合一般话语标记的三个特征:在句法上具有可分离性和非强制性;在语义上,无真值义,具有意义的程序性;在功能上,具有元语用性。(曹秀玲,2016)

再者,学界对"V起来"的语篇衔接功能有过探讨,如齐沪扬、曾传禄(2009),王晓凌(2012),邱崇(2012)等等。王晓凌(2012)指出:一些具有元语言功能的动词如"论""讲""谈""综合""归纳""算"等构成的"V起来"结构也能出现在N之前、句子之首的位置,认为"V起来"是一种整体衔接手段,具有语篇衔接功能。而邱崇(2012)则认为起衔接作用的只是其中的零形式而已,"V起来"本身不具有衔接功能。我们赞同齐沪扬、曾传禄(2009)的看法,从共时角度看,"V起来"的功能已经分化,存在着一个由实到虚的连续统。

因此,本文把诸如"分析、比较、归纳、综合"等跟思维活动有关的动词构成的、能独立使用的"V起来",称为思维类"V起来"话语标记。例如,在现代汉语中"归纳起来"主要有如下用法:

(7) 关于"一心不乱"的见解,诸大祖师有各种不同的说法,把它们归纳起来,不外以下几个方面。

(8) 苍蝇所能传的病传染的疾病很多,那么我们归纳起来呢,第一类是病毒病,它包括脊椎灰质炎,这是非常严重的病……

(9) 煤自燃是一个十分复杂的现象,它受许多因素的影响。归纳起来,大体可分为内在因素和外在因素两类。

(10) 证券市场中使投资者蒙受损失的风险<u>归纳起来</u>不外两大类：一类是外部客观因素所带来的风险；另一类是由投资者本人的主观因素所造成的风险。

在例(7)(8)中，"归纳起来"是一个动词短语；在例(9)(10)中，"归纳起来"与"看起来、说起来"等用法一样，具有凝固性、独立性，位置较自由，在句中具有程序义，主要起语篇衔接与话语组织功能，可以定性为话语标记。本文主要讨论思维类"V起来"话语标记的功用及其成因。

一、思维类"V起来"话语标记的功用

思维类"V起来"作为话语标记，与评注类"V起来"话语标记用法类似，本节主要考察其共时语法表现、语义语用功能。

1.1 语法表现

我们从两个方面考察思维类"V起来"话语标记的共时语法表现：

其一，思维类"V起来"话语标记，其中V主要是跟思维活动有关的动词，以双音节动词为主，少数单音节动词也可以进入。主要有三类："概括"类，如"概括、归结、归纳、总结、总括、综合"等；"比较"类，如"比较、比、对照"等；"思考"类，如"分析、回想、回溯、深究、细究"等。

其二，思维类"V起来"话语标记，常常位于句首，也可以用在句中，甚至用于句子或段落之间。例如：

(11) 讲到《红旗谱》在当代文学史上的突出成就，我以为，<u>总括起来</u>，有以下三个方面。

(12) 和平问题是东西问题，发展问题是南北问题，<u>概括起来</u>，就是东西南北四个字。

(13) 一些最低限度的人权必须得到所有共同体的一致拥护。<u>总结起来</u>，人权标准是最低的，所以才能成为普遍的。

(14) 煤自燃是一个十分复杂的现象，它受许多因素的影响。<u>归纳起来</u>，大体可分为内在因素和外在因素两类。

1.2 语义语用功能

思维类"V起来"话语标记，在语义上，还有一定的语义滞留，由思维活动动词表示语篇之间的某种关系，或者是归纳总结，或者是分析说明，等等。在语篇中,主要作用是衔接前后文,昭示语句之间的某种关系,使前后话语组织自然、连贯,将语句整合为一个有机的语篇片段。

其一,承上归纳总结。例如:

(15) 夏季属火,暑邪当令,天气炎热,暑气迫人,人体阳热偏盛,腠理开泄,汗出过多,耗气伤津。暑为阳邪,其性升散,体弱者易为暑邪所伤而致中暑。人体脾胃此时也趋于减弱,食欲降低,若饮食不节,贪凉饮冷,容易损伤脾阳,出现腹痛、腹泻等脾胃病征。古人还认为长夏属土,其气湿,通于脾,湿邪当令。湿属于阴邪,易损伤人体阳气。每当梅雨季节,湿邪充斥,人体脾胃最易受湿邪所伤。归纳起来,湿热之夏,养生须防损伤阳气。

(16) 文化交融从来就是双向的,虽然在中西文化交融中,西学东渐几乎是一统天下,但另一种流向仍然存在,这就是中学西传。尽管与西学东渐的滚滚大潮相比,它显得异常微弱。这项工作也是由西方传教士开始的……比较起来,或许西方了解和吸取中国文化要比中国了解和吸取西方文化更难。

上面两例中,"归纳起来""比较起来"都有提示对上文的总结作用。

其二,启下分析说明。例如:

(17) 到了17世纪,有许多科学问题需要解决,这些问题也就成了促使微积分产生的因素。归结起来,大约有四种主要类型的问题:第一类是……第二类问题是……第三类问题是……第四类问题是……

(18) 分析起来,原因主要有二:一是为上"工"而上"工",资源不占优势,厂子办好后揭不开锅,不是缺米,就是米的质量太差,或者成本太贵,这当然做不出好饭来。二是有了"工"之后没有"市",产品优势转变不成商品优势,生产出来的东西没有市场,卖不出去或者卖不出好价钱,结果只能是压库、停产,"关门大吉"。

在上面两个例句中,"归纳起来""分析起来"提示后面语句是对下文内容的总结,有启下分析说明的作用。

总之,思维类"V起来"话语标记串联上下文,能够最大限度地减少听话人对话语处理而付出的努力。

二、思维类"V起来"话语标记的成因

思维类"V起来"也存在一个由实变虚的演变过程,原是一个动词短语,用以描述思维活动的起始或完成,一般做句子谓语核心。以"分析起来"为例,例如:

(19) 专家们分析起来,农业产业化实际上包含着六个缺一不可的要素:

一、面向国内外大市场;二、依托当地优势;三、实行专业化分工;四、形成经营规模;五、农、工、商、产、供、销密切结合;六、采取现代企业的管理。

(20) 看罢南造云子的材料,戴笠再次拿过厚厚的黄秋岳档案<u>分析起来</u>。

(21) 佛教的理论<u>分析起来</u>是很细密的,修行方法也很多很深。

(22) 我们感到,这种提法一般地笼统地说,也是可以成立的,但从心理学角度<u>分析起来</u>,就不够贴切有力了。

在以上四个例句中,"分析起来"具有较为实在的意义,表示"分析"的思维活动开始进行或已经完成。在例(19)(20)中,"专家们""戴笠"是主语,"分析起来"做谓语核心。在例(21)中,"佛教的理论分析起来是很细密的"是所谓的中动句,句子主语是"佛教的理论","分析起来"具有实在的意义。① 在例(22)中,"分析起来"有状语"从心理学角度"修饰。

那么,是什么原因导致它由实变虚呢? 我们认为,主观化起到重要作用。"主观化"是指语言为表现主观性而采用相应的结构形式或经历相应的演变过程(沈家煊,2001)。由于主观化的作用,这类"V起来"从动词短语演变为话语标记,主要表现在以下三个方面。

2.1 由句子主语到隐含的言者主语视角

这类"V起来"由于言谈者或写作者主观性的带入,主语逐渐脱落或者隐含,句子逐渐进入言者主语视角,成为某种组织话语方式。以"比较起来"为例,例如:

(23) 与大学教授讲课的方式<u>比较起来</u>,中学老师可算是手把手地教了,而且,讲课的速度也有着天壤之别。

(24) 由于报纸订户并不多,李小龙的工作和之前<u>比较起来</u>并不是很辛苦,但是报酬也就少得可怜。

(25) 平素,乌拉部与建州、与叶赫都有贸易关系,友好相处。但是两者<u>比较起来</u>,对叶赫部更亲密一些。

(26) 我们曾有一个兵团俘虏了敌人六万,自己损失一千一百人,<u>比较起来</u>,我们的代价花得很少。

(27) 也可以拿"词素"做最小的单位,只包括不能单独成为词的语素。<u>比较</u>

---

① 该例中,也可认为"分析起来"是插入用法,此时,作为话语标记,表示程序义,"分析起来"可以提到句首。

起来,用语素好些。

在例(23)(24)(25)中,"比较起来"带有较明显的句子主语,分别是"中学老师""李小龙的工作""两者"。在例(26)(27)中,"比较起来"不出现主语,逐渐成为言者主语视角,主观性较强。

2.2 由概念义到程序义的关联功能

这类"V起来"在句中由实变虚,不再表示大脑中实际发生的思维活动,而是成为话语之间的一种组织方式,概念义减弱,程序义增加,产生较强的关联功能。

再者,廖秋忠(1987)曾指出:实现支配管领的谓语动词包括表述动词、感知动词、行动动词、等同动词、包含动词、存在动词六类。表述动词如"说、想",感知动词如"听、看"等。"思维"类动词本身具有管界的作用,如"归纳、综合、分析、比较"等,也体现出对话语组织的串联作用。例如:

(28) 上述两处的"老当益壮",意思是一致的,都是说年老而志气应当更加壮盛。现在有的词典干脆把这个成语解释为"年纪虽大,劲头儿更大"。比较起来,笔者认为前者准确,后者也太直白了,有悖于这个成语的本意。

(29) 双边援助为我国社会主义现代化建设作出了有益的补充,总括起来,有以下几个方面。

在例(28)中,"比较起来"是对上文中两处"老当益壮"解释的比较。在例(29)中,"总括起来"管领到下面包括的几个方面。

2.3 由时间指称的消失而凝固化

这类"V起来"本来可以表示思维活动的起始持续,也可以表示思维活动的完成,用于描述客观世界里的时间。随着语义、句法变化,仅表示思维活动在说话人的心理完成,失去时间指称,不再描述客观世界中的时间,仅表示言者心理上的时间。时间轴从客观的物质世界调整到了主观的心理世界。例如:

(30) 由世贸组织秘书处把它与其他国家和中国签署的双边协议综合起来,从而构成中国加入世界贸易组织的一个总的协议。

(31) 再结合每个人在小组演讲和答疑时的表现,综合起来给学生打分。

(32) 当时的各种报刊作出种种猜测,综合起来,大致有以下三种。

在例(32)中,"综合起来"不能添加时体标记,失去时间指称性,逐渐凝固化,成为话语标记。

这种主观化还反映出概念域之间的映射,沈家煊(2003)根据 Sweetser

(1990)将复句的关系分为"行、知、言"三个概念域。评注类"V起来"由动作义发展出主观评价义、让转义(江洪波,2020),其发展演变过程是:行域→知域→言域。例如:

(33) 捧起一本小人书,津津有味地<u>看起来</u>。

(34) <u>看起来</u>,你对那些在生产第一线,直接肩负工程重担的工人们还不了解。

(35) 给气球充气<u>看起来</u>简单,其实还真有不少学问呢!

在例(33)中,"看起来"表示实际的行为动作,是行域用法。在例(34)中,"看起来"表示推断,是知域用法。例(35)中,"看起来"具有让转功能,是言域用法。

思维类"V起来"与思维活动密切相关,直接从知域发展出言域用法,从认知义到程序义(知域→言域),是自身语义逐渐弱化而主观性和话语标记功能逐渐增强的过程。例如:

(36) 专家们<u>分析起来</u>,农业产业化实际上包含着六个缺一不可的要素。

(37) <u>分析起来</u>,政治制度决定着教育的以下几个方面。

在例(36)中,"分析起来"表示思维上的分析,是知域用法。在例(37)中,"分析起来"表示话语组织功能,发展出言域用法。

从历时方面看,"起来"首先与几个感官动词最先发生语法化,"看起来"等先语法化,后来发展到思维活动相关动词。

三、结论与余论

一般认为,作插入语的"V起来",其中的"V"仅指"看、说、算、听、讲、想"等动词,但语言事实说明,一些诸如"分析、比较、归纳、综合"等元语言功能动词也能进入。本文把这两类"V起来"都定性为话语标记,主要考察思维类"V起来"话语标记的功用与成因。

这两类"V起来"都逐渐凝固化,其中,"起来"则进一步语法化。沈家煊(1994)指出:语法化格的各种表现形式可以排成一个等级,"语法化的程度越高就越倾向于采用形尾和零形式:词汇形式(>副词)>介词>词缀/形尾>零形式"。张斌(2013)统一把其中的"起来"当做附缀。张谊生(2006)把"看起来"看作评注性准副词,可以看出,"起来"正在虚化成为构词语素。本文认为,经过主观化,思维类"V起来"已经凝固化,独立使用时具有可分离性,其中"起来"的虚化程度不同。"看起来、说起来、归纳起来、分析起来"等中"起来"看成准词缀/词缀较为合适。

参考文献

曹秀玲(2016)《汉语话语标记多视角研究》,中国社会科学出版社。

江洪波(2020)评注类"V起来"话语标记的功用与成因,《新疆大学学报》(哲学·人文社会科学版)第 2 期。

廖秋忠(1987)篇章中的管界问题,《中国语文》第 4 期。

吕叔湘主编(1999)《现代汉语八百词》(增订本),商务印书馆。

齐沪扬、曾传禄(2009)"V起来"的语义分化及相关问题,《汉语学习》第 2 期。

邱　崇(2012)"V起来"有语篇衔接功能吗?《当代修辞学》第 5 期。

沈家煊(1994)"语法化"研究综观,《外语教学与研究》第 4 期。

沈家煊(2001)语言的"主观性"和"主观化",《外语教学与研究》第 4 期。

沈家煊(2003)复句三域"行、知、言",《中国语文》第 3 期。

王晓凌(2012)"V起来"的话题标记功能和语篇衔接功能,《当代修辞学》第 2 期。

吴为善(2012)"V起来"构式的多义性及其话语功能——兼论英语中动句的构式特征,《汉语学习》第 4 期。

张　斌(2013)《现代汉语附缀研究》,上海师范大学博士学位论文。

张谊生(2006)"看起来"与"看上去"——兼论动趋式短语词汇化的机制与动因,《世界汉语教学》第 3 期。

Sweetser, Eve(1990) *From Etymology to Pragmatics: Metaphorical and Cultural Aspects of Semantic Structure*. Cambridge: Cambridge University Press.

(浙江师范大学国际文化与教育学院,321004,xiaolang1171@126.com)

实义性"说起来"和
"说下去"的比较研究*

李 慧

〇、引 言

"起来"和"下去"作为一对具有反义关系的复合趋向动词,不仅是趋向动词中的典型,更是"说+趋向动词"的特殊用例,形式上相反相对的"起来"和"下去"在进入"说+趋向动词"构式后呈现出了不同的语法特点。借助CCL、BCC 语料库分析调查可知,"说起来"是一个特殊的语言单位,兼有实义与虚义两种语义性质,实义性的"说起来"是一个具有持续意义的动补结构;虚义性的"说起来"是一个已经固化成功的话语标记,虚义性"说起来"是实义性动补结构发生语法化与词汇化而来的短语词,在句中没有实际意义,只起构建语篇的作用。"说下去"作为一个动补结构,从北宋《朱子语类》开始就一直表示"言说动作的持续",意义非常实在,没有发生类似"说起来"的语法化与词汇化的虚化过程。由此可知,找出实义性"说起来"和"说下去"的相同点和不同点,将对趋向动词、"说+趋向动词"及"V+趋向动词"的研究做出贡献。

本文将立足于大量语料,从句法表现、语义特征与语用功能三个平面对实义性动补结构"说起来"和"说下去"进行对比分析。

---

* 本文曾在第九届现代汉语虚词研究与对外汉语教学学术研讨会(2020 年 10 月 31 日至 11 月 1 日,宁波)上宣读,已发表于《东方语言学》第二十一辑。

一、研 究 现 状

1.1 "说起来"的研究现状

"说起来"具有表示新的言说动作开始进行的意思,此时的"起来"表示状态意义,用在"说"后表示进入一个新的状态,代表人物是刘月华先生。刘月华(1998:364-365)认为:"'起来'表示状态意义时,主要功能是通过叙述进入某种状态来描写人物或环境,往往包含有不知不觉的意味。"即言说主体由未说话进入到一个开始说话的新境界。后续研究大多以刘先生的研究为基础,如刘甜(2019)认为"说+起来"表示"开始说",此时"起来"的语义等同于"开始"。再如苏琳琳(2013)、贺阳(2004)等人也认为"说起来"是表示动作的动词短语,相当于"开始说",其中的"起来"是趋向动词。

"说起来"还具有表示言说动作开始发生并将继续下去的意义,此种说法强调了言说动作的延续性,动作"说"有了起点,随着时间的推移,言说动作持续,但没有结束。代表人物是吕叔湘先生。吕叔湘(1980:331-332)在《现代汉语八百词》中指出"起来"用在动词后,可以"表示某个动作开始而且会一直持续下去"的意义。支持此观点的学者还有宋玉柱(1980)、朱京津(2019)等,他们都强调动词"说"具有[+持续]的语义特征,此时的"起来"具有"时体义",具有[+起点][+持续][-终点]的语义特征。

1.2 "说下去"的研究现状

"说下去"表示说话动作仍然继续进行。此观点的代表人物为吕叔湘先生,吕先生(1980:434)还指出"说下去"的"句中如有受事,一般放在动词前边。"持相近观点的还有刘月华先生,刘月华(1998:195-196)指出"说下去"的"下去"表示继续的状态意义,经常用在"表示可持续、可以重复进行"的言说动作后。后辈学者几乎都支持这两位先生的观点,如王道宇(2015)、黄舟(2016:10)、陈洁洁(2013:12)等都认为"说下去"是现代汉语时态系统中的一种,表示动作持续进行。"下去"在这里表示继续义或持续义。

综上可知,学术界有关实义性"说起来"的研究还存在不同见解,有关"说下去"的研究则意见一致,但两者都具有持续意义的语义特征则是确定无疑的。故而,将两者进行比较,找出各自的特征规律,将具有重要意义。搜索中国知网可知,目前学界还没有专门将实义性"说起来"和"说下去"进行对比的文章,相关阐述只在论述"说+趋向动词"的整体研究中有所涉及。如苏琳琳(2013)在考察"NP+说起来+VP/AP"句式时,简短论述了情状义"说起来"来源于实义性"说起来"。李晓津(2017:53-61)在重点论述"说+趋向动词"固化过程时简短论述了"说起来"与"说下去"的语法特征。所以,吾辈学者还需继续进行这方面的开拓探索。

二、实义性"说起来"和"说下去"的句法比较

2.1 实义性"说起来"的句法特点

实义性"说起来"经常出现在一般主谓句中,位于主语后,作谓语,前面经常有状语修饰,后面可以带宾语也可以不带宾语,不带宾语的"说起来"经常出现在句末。实义性"说起来"由表示言说意义的动词"说"和表示开始并持续意义的"起来"组合而成,意义实在。

(1) 白人先生见到女主人。两人<u>说起来</u>。(杜拉斯《副领事》)

(2) 阿招突然<u>说起来</u>话来。(张爱玲《秧歌》)

(3) 我俩挨着斜靠着一垛衣被躺着,默默地啜着酒。大车老板自言自语地<u>说起来</u>:"唉,兄弟!说真的,那个时候你不该不在哟……"(张承志《黑骏马》)

例(1)中的"说起来"是一种言说动作,由言说主体"两人"发出,后不带宾语。例(2)中的"说起来"也是一种言说动作,"阿招"做出言语行为,后带宾语"话"。例(3)中"大车老板"进行自反式说话,后带具体宾语,点明说话的内容。这三句中"说起来"的句法功能都是作谓语。

除经常出现在一般主谓句外,实义性"说起来"也可以出现在把字句中,构成"把+NP+说起来"句式,"说起来"的句法功能依然是作谓语,意义实在。

(4) 他究竟是禁卫军里的,想了一想,把部队的番号也<u>说起来</u>了,说是某师某联队禁卫军里的人自以为比常备军高一等。(萨克雷《名利场》)

例(4)的主语"他"把宾语"部队的番号"用动作"说"来传达,此句的"说起来"意义实在。

经笔者统计,"说起来"虽可以用在"把"字句中,但使用频率很低。

实义性"说起来"也可以出现在连谓句中,构成"NP+说起来+VP/AP"句式,也可以构成"NP+VP/AP+说起来"句式,此时的"说起来"仍带有动作意

义,不可以随意删除,和句中其他谓词有先后关系,不可以随意移位。

(5) 麦克尔至少并不指望她来答话,事实上,麦克尔好像更喜欢一个人<u>说起来</u>没完没了。(阿加莎·克里斯蒂《清洁女工之死》)

(6) 我们这场形式比较简单,也不用什么道具,两个人往这一站就<u>说起来</u>,虽然是两个人,但是观众要听主要得听我。(刘英男《中国传统相声大全》)

例(5)中的"说起来"和"没完没了"构成连动结构,"说起来"是连动结构中首先出现的动趋结构,叫前谓语。例(6)中的"说起来"是后出现的谓语结构,叫做后谓语。

实义性"说起来"除了用在以上三种陈述句中,还可以用在疑问句中,表示说话动作的开始及持续。

(7) 许三多:您也承认他现在重新起跑,但是您不让他跑。就是说心有成见。

袁　朗:你出门喘口气就能<u>说起来</u>了? 一直藏着?

许三多:我急了。(兰晓龙《士兵突击》)

例(7)中的"说起来"出现在疑问句中,动作"说"的意义实在。整句话带有质问的语气。疑问句中实义性"说起来"的句法功能依然是作谓语。

从上述语料分析中可知,实义性动补结构"说起来"的句法功能非常单一,只能充当句子的谓语,但作谓语的"说起来"却不都是实义性"说起来",如:

(8) 像天桥打拳人卖的狗皮膏药和欧美朦胧派作的诗,这笑里的蕴藉,丰富得真是<u>说起来</u>叫人不信。它含有安慰、保护、喜欢、鼓励等等成分。(钱锺书《猫》)

例(8)中的"说起来"虽然作谓语和"叫人不信"构成连动结构,但根据语境可知,"不信"是该句最核心的谓语,语义指向兼语"人","说起来"虽然并列作谓语但意义不实,前后句也并没有明确的言说行为,此时的"说起来"是提及义不是动作实在义。

实义性"说起来"只能作谓语,表示动作"说"开始并继续进行。即凡不出现在核心谓语位置上的"说起来",意义都是不实的。如:

(9) 他接着说,"现在我国照相馆一般都是捏'皮球',<u>说起来</u>,捏'皮球'还是一种技术呢!"(胡冰《为了那美好的瞬间》)

例(9)的"说起来"显然没有出现在谓语位置,出现在句子中间,衔接前后"捏皮球"的事件,已经语法化为话语标记。

综上,实义性"说起来"的句法分布非常广泛,可以出现在句中或句末任意位置,可以出现在把字句、连动句、疑问句、一般主谓句等各种句式中,句法位置灵活多变,但句法功能非常单一,只能做谓语。

2.2 "说下去"的句法特点

"说下去"经常出现在一般主谓句的句末位置,做谓语,意义实在,不能删除和移位。如:

(10) 没有一个人敢回答一句话,大家都屏息听着,等着他说下去。(库柏《最后的莫希干人》)

(11) "你还是答应了好",尤金说下去。(德莱塞《天才》)

例(10)的主语是"他","说下去"在句中作"他"的谓语。例(11)的主语是"尤金","说下去"出现在主语后,也出现在句子末尾。

除出现在一般主谓句外,"说下去"也可以出现在兼语句中,作谓语成分,意义实在,不可移位和删除,且仍经常出现在句末位置。如:

(12) 她没有让他说下去。"但是我的儿子呢?"她叫了一声。(托尔斯泰《安娜·卡列尼娜》)

(13) 缦杰马上意识到某一点,却不马上答复,而等待着林涵英说下去。(凤子《无声的歌女》)

例(12)和例(13)的"说下去"作谓语,放在言说动作发出者之后,也都出现在句末位置。

"说下去"也可以出现在把字句中,作谓语,意义实在,仍经常出现在句末。

(14) 老戏子对他的同伴说,看来他正把他刚才说过的话继续说下去。(乔万尼奥里《斯巴达克斯》)

例(14)主语"他"把"话"继续说下去,言说动作"说下去"是谓语,出现在句末。

"说下去"还可以出现在连动句中,作前谓语或者后谓语,意义实在,作后谓语时经常出现在句末。

(15) 玛丽从运动夹克口袋里掏出右手,注视片刻,又扬起脸接着说下去。(村上春树《天黑以后》)

例(15)先发生"扬起脸"的动作,再出现"说下去"的动作,"说下去"作谓语,出现在句末。

(16) 可是说下去一定会叫您听了伤心。(莎士比亚《理查二世》)

例(16)是一个紧缩复句,"说下去"作谓语,是连动结构中首先出现的谓语动词,意义实在,不可移位和删除。

除以上四种陈述句外,"说下去"还可以出现在疑问句中,作谓语,意义实在,且仍偏向于在句末的句法位置。如:

(17)"米奇·霍金生,三十二岁,美国籍,棕发棕眸,一百六十八公分,七十公斤,代号'蜘蛛',世界排名第七的杀手,目前定居于里斯本,还要我继续说下去吗?"(慕枫《恶女火焰》)

例(17)中,"说下去"出现在疑问句中,作谓语,意义实在。

除在陈述句、疑问句句中出现外,"说下去"还可单独出现构成祈使句,意义实在,表达听话人对所讨论对象的关切,热情地想知道接下来的事情进展情况。

(18)"说下去说下去,不能打绊儿,说下去……"我紧紧咬住了牙关。(张炜《荒原纪事》)

(19)乔回答说,"你一会儿就会知道我当时没有时间去打听这件事。""说下去。""那天晚上……"贝尔图乔继续说道。(大仲马《基督山伯爵》)

例(18)中的"说下去"一共出现三次,将发出动作的主体"我"的急切心情描写了出来。例(19)中的"说下去"也是单独出现,单独成句。

综上,"说下去"的句法分布非常广泛,句法位置灵活多样,可以出现在主谓句、兼语句、把字句、连动句、疑问句、祈使句等各种句式中,而且经常出现在句末,在BCC语料库多领域词条下搜索"说下去",共搜到6 878条结果,而搜索"说下去。"共搜索到2 214条结果,占比32.19%,已超过三分之一,可见,"说下去"用在句末的频率之高。动补结构"说下去"的句法功能比实义性"说起来"要丰富一些,虽多数情况下是作谓语(前谓语、后谓语均可),但还可以单独构成句子,独立充当构句成分。

三、实义性"说起来"和"说下去"的语义性质比较

3.1 实义性"说起来"的语义类型与语法意义

3.1.1 语义类型

"说起来"作为言说类动补结构,会因句法分布、句法功能的不同而拥有不同的语义类型,笔者统计BCC语料库,在多领域选项下搜索"说起来",共搜索到7 173条结果,经概括总结后,将这些结果分为三类。

3.1.1.1 持续无终型

实义性"说起来"最常出现在说话动作从某时间点开始,一直持续于未来,并

将无终点的语境里。这是实义性"说起来"最常见的语义类型。

（20）从沙发上往下一溜，跪在了地上，一只手轻轻地放在胸口上，滔滔不绝地说起来："对不起，因为我感情奔放，使您受惊了，亲爱的思嘉。"（玛格丽特·米切尔《飘》）

（21）也有人联系到年初王全坚决不愿喂马，这就不对！关于王升，可就说起来没完了。他撇下一块秧来就走这一类的事原来多着哩。（汪曾祺《王全》）

（22）这中间有许许多多感触的故事，要是让我仔细说起来真是说也说不完。（史靖《编读往来》）

例（20）至例（22）的言说动作都具有从新起点开始并无终点持续进行的语义特征，"滔滔不绝、没完了、说不完"等无终点义词语都标志着言说动作将持续进行没有终点。

3.1.1.2 情感抒发型

当"说起来"意义实在时，即当其出现在一般主谓句、兼语句、把字句及连谓句时，"说起来"可以与句中前后成分存在情感抒发的语义关系，表达说话人或者听话人的情感态度。

（23）森特船长微微弯下腰（因为他太高，有一米九吧），用悦耳的男中音稍快地说起来，果真是德语。（辛波斯卡《不要问我从哪里来》）

例（23）中，"说起来"作谓语，语义指向施事，言说动作带有愉快性，整句话表达施事"森特船长"的话给人的感受，抒发听话人的欢喜之情。

（24）万金山虽然得到鼓励，但说起来还有些顾虑："具体些……比如说，我们连长吧……"（侯靖《沙均春点兵》）

例（24）中，"说起来"作前谓语，语义指向施事，意义实在，施事"万金山"发出了充满顾虑的言说动作，致使听话人带有充满顾虑的感受。

3.1.1.3 解释评价型

实义性"说起来"经常出现在解释评价的语句中，表达动作发出者对言说事件的看法。这是实义性"说起来"最常见的用法。

（25）二奶奶叫住她，低下头，很温和地说起来："我不是不疼你，孩子。你别以为——别以为我想把你撵出去。"（老舍《鼓书艺人》）

（26）这种奉承话让先寇布中将或者波布兰中校来说，还让人觉得相秒，让你说起来真是不伦不类哟！（田中芳树《银河英雄传说》）

（27）有这么一个漂亮的妹妹，说起来都提精神。（柳建伟《突出重围》）

（28）你只是嘴上说说你脑子里记住的那些词儿罢了，因为你认为它们说起

来好听!(考琳·麦卡洛《荆棘鸟》)

例(25)中"二奶奶"用言说动作向"秀莲"进行解释,"说起来"具有解释性的语义特征。例(26)中说话人对听话人的"奉承话"进行评判,例(27)中说话人对话语内容进行积极评价,例(28)中,说话人将自己的意志主观强加到听话人身上,去评价听话人的言说动作。

3.1.2 语法意义

3.1.2.1 时

实义性"说起来"可以出现在没有任何时间标志的句子中,可以出现在表示现在时、过去时及将来时的语境下,但无论是什么时态的语境,"说起来"本身并无"时"的形态变化。

(29)地道的北京上话说起来啰嗦,什么名词、副词、代名词、感叹词用得太多!(刘英男《中国传统相声大全》)

(30)连他自己也不知要说什么,就开始热烈地说起来,时而夹杂一些法语时而用书面俄语表达。(托尔斯泰《战争与和平》)

(31)《老人与海》这个作品,它的内容如果按照我们说起来,是太简单了,就用一个粗线条的概括的话,太简单了,我如果用非常粗糙的语言,来概括一下,我想大家可能还有一些印象。(余秋雨《余秋雨解剖文学(上)》)

(32)顾维舜对报纸研究得透彻,所以说起来一套一套的,而且结构严密,滴水不漏。(戴厚英《流泪的淮河》)

例(29)中的"说起来"出现在没有任何时间标志的客观事实句中,不存在"时"的语法意义。例(30)中"开始"二字标志着现在时时态,"说起来"可以出现在现在时语境,例(31)"说起来"出现在将来时语境。例(32)"说起来"出现在过去时语境。

3.1.2.2 体

"说起来"经常出现在表示已然状态的语境下,较少出现在未然状态,也可以出现在没有体标记的事实陈述句中。

(33)"知道"与"不知道"用敬语说起来,只在尾音上有很少一点差别。(邓友梅《别了,濑户内海!》)

例(33)中的"说起来"出现在没有体标记的事实陈述分句中,无论何时、何地,这句话都是成立的。

(34)有言道是"如数家珍",这些名种茶花原是段誉家中珍品,他说起来自是熟悉不过。王夫人听得津津有味,叹道:"我连副品也没见过,还说什么正品。"

（金庸《天龙八部》）

例(34)中的"说起来"出现在已然语境中,上文"段誉"已经品鉴过"风尘三侠"这种茶花,所以"说"的动作已然发生,已然语境是"说起来"最常出现的语境。

(35) 白茹调皮地学着剑波的声音:"快休息,别说啦! 说起来没个完,快走!快走!"(曲波《林海雪原》)

例(35)中的"说起来"依然出现在已然语境,且句中凸显了动作"说"的持续意义。

(36) 这段儿我老没说了,说起来不熟练,您要打算听没问题,给我一点儿时间到后台熟练熟练,我再上。(刘英男《中国传统相声大全》)

例(36)中"说起来"作谓语,"说"这个动作还未发生,此时的"说起来"出现在未然分句中。

3.1.2.3 态

"态,也称语态,表示动作和主体的关系。它是动词所具有的语法范畴,一般分为主动态和被动态两种。"(叶蜚声、徐通锵,2010:106)一般来说,实义性"说起来"作为一种动补结构,动作主体只能是人,是会言说的高级动物(鹦鹉等模仿说话的动物或拟人修辞的动物除外),"说起来"和发出动作"说"的言说主体只能呈主动态关系。但是,考察 CCL 语料库发现,在 243 条实义性"说起来"中,有15 条语料具有中动语态,它们出现于颇有争议的汉语中动句中。如:

表 1 CCL 语料库中"说起来"的数量统计表

CCL 搜索词	实义性"说起来"	主动态实义"说起来"	中动态实义"说起来"
数量	243	228	15

(37) 谈恋爱也要向党组织汇报。我那个老婆……不说啦,这些说起来没意思,我们这代人个人生活都是悲剧,宝康呢? 他怎么不见了?(王朔《顽主》)

(38) 我们把要说的话说了,彼此间的界限消除了。"早安,朋友。"说起来一点也不困难。有些人随着又说了一遍,也有些人握手为礼。(帕蒂《四个字》)

(39) 他加上"和祖国"三个字,显然只是为了说起来音调更动听罢了。(托尔斯泰《复活》)

(40) 他不说"逃"而说"准备",因为"准备"这个字比"逃"这字说起来似乎顺耳一些。(萧红《马伯乐》)

例(37)至例(40)中"说起来"出现于"NP＋说起来＋AP"的中动句典型句型中,"没意思、一点也不困难、动听、顺耳"的语义指向既可以是言说动作,也可以是说话人,所以当指向言说动作时,就是没有语态关系的中动句,当"没意思"语义指向说话人时,则具有主动态关系。所以"说起来"的语态具体如何判定,学界仍在讨论中,尚未有定论,但笔者认为,即使语义指向为动作"说","说"的动作发出者仍然只能是人,所以还应判定为主动态关系。

综上,实义性"说起来"本身并不带有"时"的语法范畴,但它可以出现在过去、现在及将来任意时范畴下。实义性"说起来"具有"体"的语法范畴,其经常出现在已然状态下,较少出现在未然状态中。实义性"说起来"本身和动作发出者之间呈现主动态或中动态关系。

3.2 "说下去"的语义类型与语法意义

3.2.1 语义类型

"说下去"的句法分布比"说起来"少得多,意义也更加实在和统一,所以语义类型也没有"说起来"多样。笔者统计 BCC 语料库,在多领域选项下搜索"说下去",共搜索到 6 878 条结果,经概括总结后,将这些结果分为两类。

3.2.1.1 接续重复型

"说下去"前经常可见"继续、又、再"等表示承接上一话题,接续说话的标志,统计 BCC 语料库中"继续说下去"词条,共搜索到 1 548 条结果,占总搜索量22.5%,统计 CCL 语料库中"再说下去"词条,共搜索到 290 条结果,占总搜索量14.48%。可见,"说下去"经常和接续重复类标志共现,侧面说明其自身也具有接续重复性质。

(41) 公孙大娘已又接着说下去:"我要她们和兰儿立刻分头去找江重威、华一帆和常漫天!"(古龙《绣花大盗》)

例(41)的上文是公孙大娘在向她的姐妹们解释原因,此句公孙大娘仍然在继续解释着自己的做法,重复着上一话题的主要内容。

(42) 这桩公案,不说也罢。说下去,必定涉及的头一个问题,就是那以后一蹶不振的索隐派,没有"魂兮归来"么?(千年龙王《篡秦》)

例(42)显示,单独作句法成分的"说下去"也表示继续和重复的语义。

3.2.1.2 时状描写型

"说下去"也可以和"说起来"一样,将动作"说"带上充满情感色彩的词汇,而且"说下去"也可以出现在疑问和祈使的语句中,描写"说"的状态。此外,其前也可以带上时间词"正待、正要、一直",表示动作"说下去"的现在状态和持续状态。

(43) 褚英正想听他的下面有什么话说,只得催促道:"快说下去呀!为什么不说呀?"(孟梵《一生缘,两世情》)

例(43)中的形容词"快"将施事"褚英"的急切心情表现了出来,使动作"说"带上了情感色彩。

(44) "只要我还说得动相声,我就要一直说下去,一直说到死!"(《鲁豫有约》2016年5月18日)

例(44)中的"一直"表示施事"郭德纲"将动作"说"延续到长时间的状态。

3.2.2 语法意义

3.2.2.1 时

"说下去"表示动作"说"从过去开始一直持续到现在,并将继续进行于未来,所以"说下去"可以出现在表示现在时、过去时及将来时的语境下,但无论是什么时态的语境,"说下去"所在的句子都会暗含时的语法范畴,不会像"说起来"一样有存在于事实陈述句中不带有时语法范畴的情况。

(45) 她边说边扫了我一眼,似乎要知道我是否想继续这个话题。我点点头示意她说下去。(詹姆斯·莱德菲尔德《赛莱斯廷预言》)

(46) "说到那座桥,还有件有趣的事呢,"机长絮絮叨叨地说下去。"事情是这样的布雷特继续向下望着,看着下边的地形。"(斯·茨威格《变形的陶醉》)

例(45)"说下去"出现在将来时中,"说"这个动作尚未进行。例(46)中"说"这个动作,从过去开始一直持续到现在,并将继续于未来,需注意的是,"说下去"本身不带有"时"的形态变化。

3.2.2.2 体

"说下去"可以出现在表示已然状态的句子中,但经常出现在表示未然状态的陈述句中。

(47) "是吗?"安娜坚持说下去:"我记得那天下午,我知道自己再也不会回到那里去了。"(托尔斯泰《安娜·卡列尼娜》)

(48) 詹石磴没有说下去,一双眼也扭向了墙角。(周大新《湖光山色》)

(49) "我忘记告诉您,今天我经过那里的时候,曾经进去探望过;可是说下去一定会叫您听了伤心。"(莎士比亚《理查二世》)

例(47)"说下去"出现在已然状态中,"说"这个动作从过去发生,一直持续到现在,并将继续进行于未来。例(48)"说下去"出现在未然状态的陈述句中,"说"这个动作还没有进行。例(49)"说下去"出现于未然状况,"说"这个动作已经从过去开始持续到现在,但没有继续进行于未来。

3.2.2.3 态

"说下去"和"说起来"一样,动作主体只能是人,是会言说的高级动物,(拟人修辞的动物除外),"说下去"中"说"作为一个言说动作,和动作发出者只能呈主动态关系。但当"说下去"作谓语时,"说下去"的言说动作经常是听话人强制迫切要求说话人去进行,即"说下去"前的主语经常是第三人称,较少是第一人称。在 BCC语料库多领域下搜索"他说下去"共搜索到 618 条结果,搜索"我说下去"共搜索到193 条结果,单是一个第三人称"他"的使用量就是"我"的 3.2 倍,所以可以说"说下去"的动作发出者虽然和动作主体之间是主动关系,但往往带有一种强迫意味。

(50) 朱元峰似有所思,摇摇头道:"不,且慢论断,让他继续说下去。"(慕容美《一品红》)

(51) "你说下去……说下去呀!"我高声叫道。(凡尔纳《冰岛怪兽》)

例(50)中"说下去"的动作,就是听话人"朱元峰"迫切要求说话人"伙计"继续进行的,带有迫切希望意味。例(51)中"说下去"将由动作发出者"你"去完成,但说话人"你"明显是受听话人"我"的迫切驱动才去说话的。

综上,"说下去"所在语境一定会出现"时"的语法范畴,"说下去"经常出现在未然体范畴下,"说下去"和动作发出者虽然呈主动态关系,但说话人往往带有强迫性质。

从语义性质上看,实义性"说起来"和"说下去"都具有[＋情感]、[＋持续]的语义特征,但"说起来"还具有[＋评价]的语义特征,"说下去"则没有。"说下去"的重复类语义特征较"说起来"更突出。实义性"说起来"和"说下去"都可以使用在过去、现在和将来的时范畴下,都可以使用在已然和未然的体范畴下,动作发出者和动作"说"都具有主动态关系。不同点是"说起来"可以出现在不带有时的事实陈述句中,"说下去"则不可以。"说起来"经常出现在已然体范畴中,"说下去"则常出现在未然体范畴中。"说起来"除主动态外,还具有中动态。与"说起来"相比,"说下去"的主动态范畴常带有强迫意味。

四、实义性"说起来"和"说下去"的语用特征比较

4.1 实义性"说起来"的语用特征

4.1.1 不隐含叙事人称

实义性"说起来"所在语句一般会明确指出说话人,即言说主体明确出现在

言说动作之前。所以实义性"说起来"不隐含叙事人称。

（52）老孔谈了今天总结评比的意义以后,孟保田便毫不客气地<u>说起来</u>。（刘醒龙《菩提醉了》）

例(52)的言说人就是"孟保田",言说动作的发出者就是前文明确出现的说话人。所以此句不隐含叙事者。

（53）麦克立刻和着尹小跳,两人一块儿<u>说起来</u>:"汽车来了我不怕,我给汽车打电话。"（铁凝《大浴女》）

例(53)的言说主体是两个人,交谈双方都在发出言说动作,由此更确定了"说起来"所在话语是不隐含叙事人称的。

4.1.2　具有转折性、承接性、假设性、递进性、因果性关联特征

笔者借助CCL和BCC语料库,统计实义性"说起来"前经常出现的复句关联词,将实义性"说起来"所在句的前后话语关系判定为五种关联类型:转折性、承接性、假设性、递进性和因果性。

（54）亲爱的,我不想一一细说了;这一切对我来说是多么迷人,但<u>说起来</u>恐怕是非常单调的。我决定在集市上投宿,就挨着我们的旧居。（歌德《少年维特的烦恼》）

（55）叫他们是全县倒数第一的公社呢！偏偏又取了个好名字,县委领导一<u>说起来</u>就是:红旗给你们糟蹋完了！（陈世旭《将军镇》）

（56）这不,申纪兰不等记者发问,又<u>说起来</u>了:"当头头的,谁好谁不好,老百姓看得最清楚,就说孙省长吧,那可是个实实在在的领导。"（1994年报刊精选《新华日报》）

（57）但是我们说贤夫良父的时候是个什么样的呢？我还得想一想所以<u>说起来</u>不那么顺嘴听起来也不那么顺耳。（张李玺《妇女与婚姻家庭》）

例(54)中"说起来"前面有转折词"但",前后分句存在转折关系,具有转折性关联特征。例(55)"说起来"所在句有"一……就"顺承性关联词,使施事"县委领导"继续上一话题,前后分句具有承接关系。前文提到的例(31)中,"说起来"出现在假设性语境中。例(56)出现递进关联词"又",表示施事"申纪兰"想进一步解释的说话愿望,前后分句具有递进关系。例(57)"所以"二字,表示前后分句具有因果关系,"说起来"可以具有因果性关联特征。

4.1.3　延续话题

实义性"说起来"经常由说话人发出,表达说话人想继续所谈话题的强烈愿望。

(58) 周围的人说,刚出道时的张艺谋沉默寡言,现在他真要<u>说起来</u>可以滔滔不绝,动作又大,极富感染力。(《新华社》2002年12月)

(59) 知臧老者莫过他的夫人郑曼:"别看他来人时精神大,<u>说起来</u>没完,可人家一走,他就躺在床上起不来,连晚饭也不吃了。"(《人民日报》1993年3月)

例(58)"说起来"的动作发出者是"张艺谋","滔滔不绝"标志其言说动作具有延续性,表明"张艺谋"想延续话题的强烈冲动。此句话中的"说起来"出现在未然语境中,言说动作的持续是写作者根据以往经验的一种假设。例(59)"说起来"的动作发出者是"臧老",由"没完"二字可知,说话人"臧老"非常想与听话人沟通,非常想将自己的说话内容无限制地延续下去。

4.1.4 表达喜恶态度

实义性"说起来"可以表达说话人的一种态度。

(60) 有的称号<u>说起来</u>绕嘴绕舌,很长的一串字眼,让老几觉得新鲜,比如"死不改悔的走资派"。(严歌苓《陆犯焉识》)

例(60)中的"绕嘴绕舌"是言说动作对"称号"的评价,体现了说话人的厌恶态度。

(61) "你先坐下。"我父亲像一个城里干部一样,慷慨激昂地<u>说起来</u>:"我儿子死了,没办法再活。你给我多少钱都抵不上我儿子一条命。"(余华《在细雨中呼喊》)

例(61)中的"慷慨激昂"二字标志着说话人发出言说动作时的态度,动作"说"带上了说话人的情感态度。

4.1.5 促进听说双方对话题的深究细探

实义性"说起来"可以表明说话人及听话人对前文所述话题的理解与概括,听说双方通常会于后文发出言说动作,继续对上文话题进行深究细探。

(62) 他们虽是吃过了晚饭,却已开始向往第二天的早餐了,<u>说起来</u>津津乐道的,在细节上做着反复。说着话,天就晚了。猫在后弄里叫着。(王安忆《长恨歌》)

例(62)"在细节上做着反复",表明了说话者发出言说动作的频率之高,也表明说话者对所述话题的深入探索。

(63) 不过这好像一概抹煞,会惹胡雪岩起反感,而况事实上也有困难,如果他这样说一句:照你<u>说起来</u>,我用的人通通要换过;请问,一时之刻哪里去找这么多人?(高阳《红顶商人胡雪岩》)

例(63)是听话者对说话者"胡雪岩"所说话语的预测,表明了听话者的深入思考。

(64) 这个问题老是在副乡长头脑里打圈子。其实,<u>说起来</u>也很简单:陈伦田自担任各种职务以后,经常要参加各种会议,除了社长……(王朔《王朔小说集》)

例(64)说话人对上文进行了概括描写,更进一步详细解释了受事"这个问题",驱使听话人信服。

4.2 "说下去"的语用特征

4.2.1 常隐含第二人称叙事

"说下去"无论是作为话语构成,还是作为旁白,抑或是出现在祈使句,都经常可以补出第二人称"你"。所以"说下去"具有隐含第二人称叙事的语用特征。但需注意,并不是所有的"说下去"都隐含第二人称。

(65) "<u>说下去</u>,说下去,"列宁向他挥着手,"<u>说下去</u>,你说:'我们对人民委员会有一个请求。'那么,是什么请求?"(李光辉《列宁的故事》)

(66) 他示意外甥<u>说下去</u>:"阿诚,你说你说嘛!我在这里听着。"(温瑞安《刀丛里的诗》)

例(65)中有三个"说下去",都出现在对话内,虽然"说下去"三字是由"列宁"说出来的,但说话人"列宁"希望听话人"你"做出言说动作,所以此时的"说下去"隐含第二人称"你"。例(66)中"说下去"作为文章旁白是施事"他"希望听话者"外甥"做出的行为,此时的"说下去"隐含第二人称"你"。

4.2.2 具有转折性、承接性和假设性关联特征

笔者借助 BCC 和 CCL 语料库仔细分析"说下去"前的复句关联词,将其概括为三种关联类型:转折性、承接性和假设性。"说下去"的承接性关联特征非常突出。

(67) 他觉得自己的声音听上去既不真实而且可怕。但他还是支支吾吾地<u>说下去</u>,顽固地抑制着涌上心头的那种悔恨、慌乱和疑惧交集之感。(托马斯·沃尔夫《远与近》)

(68) "接着<u>说下去</u>。"我意识到确有事情发生,便简单催促她道。(米切尔《失去的莱松岛》)

(69) 如果你准备听我<u>说下去</u>,那我相信你确实在这样想。(东方玉《玉辟邪》)

例(67)中"说下去"前有转折性标志词"但",前后分句呈转折性关联特征。例(68)中"说下去"和前后分句呈现承接性关联特征,表现说话人的期待。"说下去"前经常会有表示承接的副词"继续、接着、再"出现,尤其是"继续",笔者统计BCC语料库中"继续说下去",共搜到 1 548 条结果,占比 22.5%,可见,"说下去"的承接性质非常突出。例(69)中假设复句关联词"如果"出现,"说下去"和前后分句呈现假设性关联特征。

4.2.3 再现补充,使前后句子完整流畅

"说下去"既可以在句中作谓语、前谓语、后谓语,也可以单独出现在祈使句中自成一句话,表现动作"说"和趋向动词"下去"的持续功能。

(70) 一大串性学家,没完没了说下去,对我们的现实,对我们的新的人民共和国,起着什么作用呢?(《读书》,1988 年第 6 期)

(71) "说下去,同志,说下去。你说:'我们在工作中遇到许多困难。我省还存在着许多各种各样的问题'。"(刘知侠《铁道游击队》)

例(70)"说下去"前有持续性描写词"没完没了",语义指向"性学家",说明"性学家"说话动作的持续,"说下去"与"没完没了"互相呼应,使句子自然流畅。例(71)"说下去"单独在分句中出现两次,其后还出现了话语来提示下一个施事"同志"接下去的话语内容,前后句子完整流畅。

4.2.4 表明说话者语气,促进交际双方的沟通交流

"说下去"具有时状描写的语义类型,说明"说下去"和时间、状态、情感密切相关,无论是短时间"正待"还是长时间"一直"都可以和"说下去"同时出现。无论是积极情感还是负面消极情感都可以和"说下去"同时并现。

(72) 李子霄逼着问道:"你怎么说话只说半句? 说下去。"张书玉又嫣然一笑,接下去道:"也客气勿尽婉。"(欧阳云飞《魔中侠》)

(73) 我抓住她这些见解,以挤柠檬的劲头要求她再说下去,但她所作的解释却又很简单了。(礼平《晚霞消失的时候》)

例(72)"说下去"出现在急切的语气中,表现说话人想和听话人急切交流的心情。例(73)"说下去"出现在副词之后,同时出现在施事者的期待语气中,表现施事想让受事"她"将一切精华都说出来的愿望和交互心理。

综上,实义性"说起来"和"说下去"语用方面的相同点是都具有转折性和承接性的关联特征,都具有延续话题,使前后话语自然流畅和表现说话人情感态度的语用功能。两者的不同点是实义性"说起来"前不隐含叙事人称,"说下去"前经常隐含着第二人称"你","说下去"没有因果性、递进性关联特征,但其承接性

关联特征非常突出。"说起来"还具有评价上一话题的语用功能,"说下去"则没有。

五、结　语

综上所述,实义性"说起来"和"说下去"在句法层面上具有很多相同点,两者的句法位置都很多样,但"说起来"的句法功能比较单一,只能作谓语,"说下去"则既可以作谓语,也可以单独构成祈使句。从语义层面看,"说起来"和"说下去"的语义特征具有明显不同,"说起来"具有评价类语义特征,"说下去"的重复类语义特征较"说起来"更突出。两者的语法意义都很复杂。实义性"说起来"具有主动态及中动态两种语态,与"说起来"相比,"说下去"的主动态范畴常带有强迫意味。从语用层面看,两者也具有明显不同,"说起来"前不隐含叙事人称,"说下去"前则常隐含第二人称。两者都具有转折性、承接性及假设性的关联特征,但"说下去"没有因果性关联特征和递进性关联特征,承接性关联作用却非常突出。两者都具有延续上一话题,表达言说者情感状态的语用功能,但"说起来"还具有评价上一话题的语用功能,"说下去"则没有。

参考文献

陈洁洁(2013)《现代汉语中表继续态的"继续＋V"与"V＋下去"的比较研究》,湖南师范大学硕士学位论文。

贺　阳(2004)动趋式"V起来"的语义分化及其句法表现,《语言研究》第3期。

黄　舟(2016)《表示动作状态的"下去"》,湖南大学硕士学位论文。

李晓津(2017)《"说＋趋向动词"的固化研究》,上海师范大学硕士学位论文。

刘　甜(2019)隐喻视角下趋向动词"起来"的引申义教学研究,《华侨大学学报》(哲学社会科学版)第3期。

刘月华主编(1998)《趋向补语通释》,北京语言文化大学出版社。

吕叔湘(1980)《现代汉语八百词》,商务印书馆。

宋玉柱(1980)说"起来"及与之有关的一种句式,《语言教学与研究》第1期。

苏琳琳(2013)"NP＋说起来＋VP/AP"句式研究,《现代语文》(语言研究版)第12期。

王道宇(2015)现代汉语句子中"下去"的语法化分析,《绥化学院学报》第2期。

叶蜚声、徐通锵(2010)《语言学纲要》(修订版),北京大学出版社。

朱京津(2019)"V起来"误代偏误的认知语义分析及教学应用,《语言文字应用》第2期。

附表:

BCC 语料库多领域词条下的"说起来"和"说下去"的统计分析

BCC 搜索词	多领域下的结果	占"说起来"的比重	BCC 搜索词	多领域下的结果	占"说下去"的比重
说起来	7 173	100%	说下去	6 878	100%
说起来。	129	1.80%	说下去。	2 214	32.19%
说起来,	2 162	30.14%	说下去,	2 210	32.13%
说起来不	71	0.99%	说下去不	2(非有效数据)	0
说起来也不	26	0.36%	说下去也不	4(非有效数据)	0
说起来也	410	5.72%	说下去也	10	0.15%
说起来了	44	0.61%	说下去了	285	4.14%
继续说起来	0	0	继续说下去	1 548	22.51%
接着说起来	2	0.03%	接着说下去	284	4.13%
不再说起来	0	0	不再说下去	147	2.14%
不说起来	3	0.04%	不说下去	138	2.01%
说不起来	10	0.14%	说不下去	1 345	19.56%

(华东师范大学国际汉语文化学院,200062,18704613417@163.com)

"V下去"多义范畴的隐喻映射[*]

常金亿[1]　　石慧敏[2]

0、引　　言

在普通话中存在着如示例画线部分这样的表达式：

(1) 听见窗外的院墙头有什么东西<u>掉下去</u>。（贾平凹《废都》）

(2) 我们会像以前那样继续<u>生存下去</u>。（林语堂《吾国吾民》）

(3) 这话一层楼一层楼<u>传下去</u>，又从富寨里面传到了外面。（阿来《尘埃落定》）

(4) 满肚子的馋被一种高尚的精神<u>压制下去</u>。（莫言《四十一炮》）

例句中的"掉下去、生存下去、传下去、压制下去"都是由动词和"下去"组成的短语，因此，本文将其码化为"V下去"结构。关于这一结构，前人已经进行了较为详细的分析与研究，大致分为以下两个方面：

一方面是对"下去"的研究以及"下去"与其他趋向动词的对比研究。如：高顺全(2001)认为动词后的"下来""下去"尚未也不可能完全虚化成表示时间意义的体标记，动作的方向、终点都可能不同程度地激活其空间意义，所以它更像一个趋向补语。因此，"下来""下去"跟在动词后时是很不典型的体标记，而形容词后的"下来"和"下去"，比动词后的"下来""下去"更像是体标记。蔡瑱(2004)运用标记理论将"下去"和横向的"下来"、纵向的"上去"进行了分析、比较。郑娟曼(2005)以《红楼梦》中的"下去"句为研究对象，进行了句法、语义、语用三个方面的考察。李宏德(2015)对时体标记"起来"和"下去"进行了认知解读，认为"起来"是哪种体标记以及"下去"应该判定为时体标记还是趋向动词都是受其前面

　＊ 本文曾在第九届现代汉语虚词研究与对外汉语教学学术研讨会(2020 年 10 月 31 日至 11 月 1 日，宁波)上宣读，已发表于日本《现代中国语研究》2020 年第 22 期。

动词的压制的。另一方面,主要是对"V下去"语义以及"V"与"下去"组配问题的研究。如杨逸舒(2012)将"V+下+去"的动词分为了移动义动词和非移动义动词,然后再根据动词的语义特征分别划出了十个小类。在此基础上,调查了"V+下+去"带宾语中动词的使用情况。许素辉(2015)对"V下去"进行了语义方面的分析,将"V下去"归纳为五种语义类别,分别是:下移义、去离义、消减义、延续义以及累增义,并对不同语义类别之间的衍生关系进行了研究。除此之外还有许多前人的相关研究成果,本文不再一一赘述。

通过考察前人研究成果发现,对于"V下去"这一结构不同引申义的分类以及造成这一现象的原因的分析还少有涉及。因此本文尝试从认知语言学的角度,着重对"V下去"的多义范畴及其隐喻映射进行一定的分析。

一、"V下去"的原型解析及其多义范畴

1.1 "V下去"的原型解析

在"V下去"结构中,V为各类动词(见示例),"下去"是复合趋向词。

关于"下"和"去"的解释,杉村博文(1983)将"下"分为"下$_1$"和"下$_2$",其中"下"具有引申义"脱离"时为"下$_1$",它和"上(添加)"构成反义关系。而"下"具有引申义"遗留"时则是"下$_2$",它和"起"构成反义关系。卢英顺(2000)认为虽然大家普遍将"来""去"的参照点理解为"说话人的现实空间位置",但是这种理解会导致一些例外现象无法得到合理解释,因此将其参照点理解为"说话人的心理空间所在位置"更符合汉语的实际。高顺全(2001)认为在多数情况下,"下"是一个相对概念,物体X处于Y上还是Z下取决于说话人选择的空间参照点。而"来""去"是一对反义词,一般认为,"来""去"的使用是以说话人的现实空间位置为参照点的,但实际上,"来""去"的使用受说话人主观因素的影响很大。

关于复合趋向词"下去"的解释,郑娟曼(2005)认为现代汉语中,"下去"已经分化为三个形类:"下去$_1$、下去$_2$、下去$_3$","下去$_1$"是普通的实义动词,"下去$_2$"表示动作的离开或趋向,即复合趋向动词,"下去$_3$"表示动词的"继续貌"。刘佳(2008)指出"下去"是从说话人的位置出发作趋下运动,起点是说话人所处的位置。李宏德(2015)认为"下去"与"下来"一样,也用于表示运动的物体或"图形"运动的方向,指的是朝说话人相反或者远离说话人的方向运动。

本文主要采用高顺全和李宏德的观点,认为"下"表示某人或某物的空间位

移(相对于"上"),"去"表示以说话人为基点的逆向位移(相对于"来"),"下去"整合后其原型义为某人或某物离开说话人的逆向空间位移。

1.2 "V下去"的多义范畴

随着语言的发展,不同动词和"下去"结合构成"V下去"结构后,在原型义基础上产生了不同的引申义,呈现出多义范畴的现象。吴为善(2011)指出,多义范畴常常难以用某个共同的语义特征或特征集束来概括,其数个子范畴中虽存在着一个核心子范畴,但其他子范畴往往不是通过上下位关系与它相联系,而是通过家族相似关系与之相连,形成一个意义链,链上相邻的节点之间因语义扩展的关系(往往通过隐喻映射或转喻映射)而共有某些属性。"V下去"这个多义范畴也不例外,下面我们将对其意义链分别进行具体的分析。

1.2.1 空间义

这里的"V下去"结构表示在一定空间范围内人或事物从高处往下移动,发生了由上至下的位置变化。本文以"下去"为关键词在CCL古代汉语语料库中进行了检索,共检索到5 534条结果,并从中筛选出了包含"V下去"结构的所有语料。需要指出的是,我们检索到这些语料中,有的一条语料里包含了好几个"V下去"结构,而且这几个"V下去"结构不属于同一个语义,为了便于数据统计和分类,本文将每一个"V下去"结构所在的句子归为一条,在此基础上共整理了2 683条语料。

空间义是"V下去"的原型义,从语料来看,空间义也是最早出现的。通过对语料的考察,我们发现"V下去"结构最早出现在唐代李贺的《后园凿井歌》当中:"一日作千年,不须流下去"。这里的"流"犹言"沉、落",整句的意思是"一天当作一千年,太阳不沉落,永远无昏暮"。因此,"流下去"就是太阳落下去的意思,表示太阳发生了由高处向下的位移,是空间义。由此可见,该结构最早表示的意思即为空间义。

在这2 683条语料当中,表示空间义的语料共有1 978条,占比约为74%。不过在时间义产生之前,"V下去"结构的用例并不多,在我们收集的语料中,只有唐代李贺的《后园凿井歌》中的1例和北宋《朱子语类》当中的6例,分别是"流下去、移下去、吞下去、注下去、坠下去、撅下去、落下去",均为空间义。从元明清开始,用例增多。能够进入该结构的主要动词有:跪(112①)、带(107)、吃(92)、

---

① 这里的数字表示在语料中出现的频次为112次,后文的动词出现频次均用数字表示。

拉(87)、拿(83)、跳(71)、退(63)、拜(49)、灌(48)、掉(43)、落(39)、放(35)、喝(33)、跌(28)、咽(27)、滚(26)、打(26)、吞(23)、丢(19)、扔(13)等等,都是具体实在的动作动词。例如:

(5) 艾取毡自裹其身,先滚下去。(罗贯中《三国演义》)

(6) 左右将吴良带下去。(石玉昆《七侠五义》)

(7) 方把那符扔下去,只听上边半天空中说:"吾神来也!"(贪梦道人《康熙侠义传》)

"下去"具有[+趋下]义,这里的"滚下去""带下去""扔下去"都表示在某个空间范围内,人或事物相较于其原来所处的位置发生了由上至下的位移。但是它们的语义指向有所不同,例(5)"滚下去"指向的是"艾"这个人即施事,"带下去"指向的是"吴良"即受事,而"扔下去"则指向的是"符"也就是涉事。

这里承担人或事物从高处往下移动这一语义的是"下去",其前面的动词主要表示移动的方式。例(5)中"艾"发生了由上至下的移动,移动的方式是"滚";例(6)中"吴良"是通过被别人"带"的方式发生位移;例(7)中"符"的移动方式则是"扔"。

1.2.2 时间义

"V下去"在空间义的基础上又引申出了时间义。在上文提及的2 683条语料中,表示时间义的语料共有611条,占比约为23%。根据我们对语料的考察,表时间义的最早用例出现在北宋《朱子语类》中,如"乘字大概只是譬谕御字,龟山说做御车之御却恐伤于太巧,这段是古人长连地说下去,却不分晓。"句中的"说下去"即是表示时间义的"V下去"。此时的"V下去"结构表示从起点往后持续,能进入这一结构的动词主要有:说(106)、追(47)、接(34)、看(30)、住(16)、做(15)、听(12)、跟(12)、活(9)、过(9)、讲(8)、耽搁(8)、问(6)、闹(6)、唱(5)等等,动词的动作性逐渐减弱。再如下面的例子:

(8) 若只理会利,却是从中间半截做下去,遗了上面一截义底。小人只理会后面半截,君子从头来。(黎靖德《朱子语类》)

(9) 子安道:"你且莫问,听我说下去,自然有交代啊……"(吴趼人《二十年目睹之怪现状》)

(10) 又念到短命之苦,索性连三年五载的寿算也不想活下去了。(无垢道人《八仙得道》)

例(8)和例(9)的"做"和"说"都是及物动词,例(8)中"做下去"以中间的谋利为起点,随后随时间的发展而向后持续。例(9)中"说下去"以开始说的时间为起点向后持续。这里的"做下去"和"说下去"都表示的是行为的持续。例(10)"活"

是一个不及物动词,一般是与"死"相对而言的,表示人类生存的两种形态。当这个动作被打断的话,也就意味着动作发出者存在的形态发生了质的变化。所以"活下去"就是要保持这一存在形态从起点往后持续。这里的"活下去"表示的是形态的持续。

这里承担从起点向后持续这一语义的是"下去",动词则表示持续的方式。例(8)表示通过"做"的方式使动作从起点向后持续,例(9)行为向后持续的方式是"说",而例(10)则是以"活"来表示形态持续的方式。

1.2.3 社会义

"V下去"结构由空间义引申出社会义后,表示人或事物在社会中从上位往下传递。在我们统计的2 683条语料中,表示社会义的语料共有67条。根据我们的考察,表示社会义的"V下去"结构最早出现在明朝施耐庵的《水浒全传》①中,即"宋江随即分付下去,都教马摘鸾铃,军卒衔枚疾走,当晚便行"。此时的"V下去"结构表示人或事物在社会中从上位往下传递。能进入该结构的动词主要有:吩咐(16)、传令(7)、传(7)、传旨(6)、传谕(5)、发(5)、传话(3)、交代(2)、颁发(2)等等,动词由具体转为抽象。例如:

(11) 兰仙已经替他交代下去了,还说:"明天上了岸,大人们一齐要高升了,一杯送行酒是万不可少的。"(李伯元《官场现形记》)

(12) 左右一声:"得令。"就把军令传下去。(清代《说唐全传》)

(13) 连夜还要誊了出来,明儿早上用了印,标过朱,才好发下去,等人家也好早点到差。(李伯元《官场现形记》)

例(11)中的"交代下去"是指兰仙将话由自己传递给了处于下位的下人。例(12)中军令也是由上位人员发布,然后再由下位人员通传的,所以"传下去"也是从上位往下的传递。例(11)交代下去的话和例(12)传下去的命令都指的是信息。例(13)中"发下去"是指上位将自己为下位人员派遣差事的书稿派发下去。这里的"书稿"则是指实体。

这里承担从上位向下位传递这一语义的同样是"下去",动词则表示传递的方式。

1.2.4 程度义

"V下去"的程度义也是由其原型空间义引申出来的。在我们收集的历时

---

① 明清以来,《水浒传》流传的版本较多,较流行的是70回、100回、120回三种。一般认为《水浒全传》是指章回数为120回的《水浒传》。

语料中,表示程度义的语料共有 27 条。其中最早的用例出自清朝《野叟曝言》:"依了王抚台主意,就把事情缓下去,等京中信息"。这里的"V下去"结构表示事物程度从高往下消退,是强度逐渐减弱的过程。能进入这一结构的动词主要有:平(7)、压(4)、按捺(3)、消(2)、打(2)、缓(2)、平息(1)、按耐(1)等。例如:

(14) 他姨太太听了,把气才平下去。(李伯元《文明小史》)

(15) 怕把虚火打下去,更饿得难受。(郭小亭《济公全传》)

(16) 被他这么一驳,众议才平息下去了。(李逸侯《宋代十八朝宫廷艳史》)

例(14)"平下去"的是"姨太太心中的火气",表示生气程度从高向下消退。例(15)"打下去"的是"虚火",表示体内火气从高向下的减弱。例(16)"平息下去"的是"众议",表示反对程度的由高到低。

这里承担程度从高向下消退这一语义的是"V下去"整个结构,例如"打下去"中并不是"下去"表示强度消退,"打"也不再表示消退的方式,语义已经高度虚化。他的"虚火"不是通过具体实在的动作"打"而减弱的,而可能是通过吃药、锻炼等方式。所以这里的"打下去"只是表示虚火被压下去,因此是整体表示程度的降低。

另外值得一提的是,在研究中我们发现,不同语义的"V下去"结构和其所指向的人或事物之间的关系也有所不同。在表示空间义和时间义时,不同的"V下去"结构可以表示同一个人或事物由高向下的移动或由前向后的延续。例如,同样是"家用东西",我们却可以用"搬下去、抬下去、扔下去、丢下去"等来修饰,事物并没有更换,只是移动的方式发生了改变。"V下去"在表示时间义时也是如此,比如同样是"战争问题",我们可以用"谈下去、说下去、写下去"等不同的"V下去"结构来修饰,前面的对象不发生变化,只是时间持续的方式有所不同。

但是"V下去"在表示社会义和程度义的时候,该结构所指向的对象更多的决定了后面使用哪个"V下去"结构来修饰。例如"会议精神"一般是用"传达下去"来修饰而不会用"派下去、派发下去"这样的"V下去"结构来修饰,这就是受到了其指向对象的制约。同样"V下去"在表示程度义时亦是如此,例如"血压"如果是要指向的对象的话,那么后面一般会用"降下去"来修饰,而不会选择"平息下去、镇压下去"等。陆俭明(2010)认为"词语之间存在着语义制约关系,这从本质上来说就是要求句子中的各个词语之间在语义关系上要和谐,语言中存在着'语义和谐律'这一普遍原则"。NP+"V下去"之间也是如此。

二、"V 下去"多义范畴的隐喻映射

概念隐喻理论最早来源于 Lakoff 和 Johnson 合著的《我们赖以生存的隐喻》(1980)一书,书中指出:隐喻无所不在,在我们的语言中、思想中。其实,我们人类的概念系统就是建立在隐喻之上的。这突破了传统的隐喻理论将其看作是一种修辞现象的观点,随后许多学者运用这一理论对语言现象进行了分析与解释。从认知机制来看,隐喻是跨概念域的系统映射。如果 A:B::X:Y,即 A 和 B 之间的关系类似于 X 和 Y 之间的关系,那么 A 与 B 整体的关系类似于 X 与 Y 整体的关系。而"V 下去"结构的多义范畴则正是体现了各认知域之间的隐喻映射,呈现以空间认知域为核心的辐射型图示,如图 1:

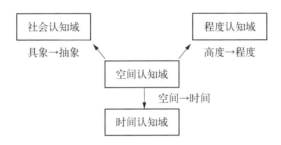

图 1 "V 下去"结构多义范畴的认知域图示

2.1 空间认知域向时间认知域的映射

邹鑫(2017)指出空间隐喻是以空间关系为始发域(Source domain),向其他认知域或者目标域(Target domain)进行映射(Map),进而获得引申和抽象意义的过程。从原型解析中我们得出"V 下去"结构最核心的含义是其空间义,表示在一定空间范围内人或事物相较于原来位置发生从高处往下的移动,而"V 下去"的时间义则表示从起点往后持续。我们可以用图 2 来表示:

正如李福印(2008)所指出的,每一种映射都是源域与目标域之间一系列固定的本体对应。一旦那些固定的对应被激活,映射可以把源域的推理模式投射到目标域中的推理模式上去。"V 下去"结构之所以能从空间义映射到时间义,正是由于二者之间具有一定的对应之处:

第一,两者移动方向相同。"V 下去"的时间义表示时间从起点向后持续,如图 2 所示,但是我们也可以将其理解为时间的纵深延续,是历时关系,此时空间

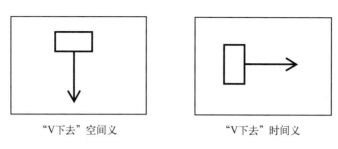

"V下去"空间义   "V下去"时间义

图 2 "V下去"的空间义和时间义

义和时间义的移动方向相同,均为纵深向下。

第二,两者都有一定的范围限制。"V下去"在表示从高向下的空间位移时,是在一定的空间范围内进行的,例如在"把桌子搬下去"中,桌子是在一个空间范围内发生的逐渐从高向下的位移,而不是从一个点到另一个点的跳跃,那么在搬桌子的过程中,所涉及的空间就是"V下去"的空间范围,而且这一空间范围是有限的不是无限的;同样在表示从起点向后延续的时间义时,也是有一定的时间范围的。比如"他们继续就这一问题谈下去"中,从他们开始谈到谈话结束之间的时间段就是其时间范围。

第三,两者都有起点和终点。从 1.2 的例句中我们不难看出来,两者都存在着起点。再比如"石头滚下去"中"滚下去"是以物体为参照点发生的下移,所以石头原来所处的位置即为动作的起点;"你一定要好好地活下去"中"活下去"是以说话设定的时间点为参照点向后持续,所以说话双方继续该动作的时刻即为起点。但是从句子本身我们似乎无法看到其终点所在,似乎是无限延续的。其实不然,"跳下去"这一行为总归是要有终界点的,最终会归于某一位置上。而"谈下去"同样如此,谈话双方不可能一直谈下去,总会归于某一时间点。从这个角度看,两者都是有终点的,存在着共通性。

第四,表示空间义的"跳下去、搬下去、扔下去"等,都是在一定空间范围内的运动,而运动是需要时间的,空间维度大则时间长,空间维度小则时间短。

正是由于"V下去"在空间义和时间义中存在着一系列的对应之处,这才有了其从空间认知域向时间认知域映射的可能。

2.2 空间认知域向社会认知域的映射

人类对空间方位的感知能力是一种最基本的能力,空间经验也是个体成长过程中较早就能获得的基本经验。因此,人们可以借助从这类基本经验中得出的基本概念去理解较为抽象的状况,这也是十分自然的。"V下去"在社会义中表示人或事物在社会中从上位往下传递,传递可能是高一级单位向同等级的低级单位的传递,也可能是高一级向不同等级的低级单位传递。我们可以用图3来表示:

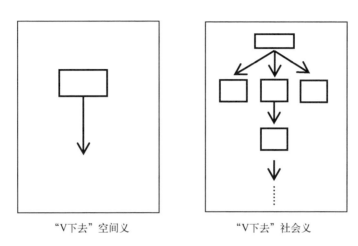

"V下去"空间义　　　　　　"V下去"社会义

图3　"V下去"的空间义和社会义

它们之间的对应之处在于:

第一,移动方向相同。表空间义的"V下去"例如("跳下去、搬下去、扔下去、滚下去、掉下去")等是从高处向下的移动,表社会义的("V下去"比如"传下去、派发下去、发下去")等是从上位向下位的传递,是抽象的向下运动。

第二,都有一定的范围。由2.1可知"V下去"表空间义时有一定的空间范围,而它表社会义时,无论是高一级单位向同等级的低级单位的传递,还是高一级单位向不同等级的低级单位传递,我们都可以看出它是有一定的社会范围的。因此两者存在着对应之处。

第三,同样有起点和终点。起点是人或物体运动之初所处的空间位置或社会级别,终点是最后到达的位置或者社会级别。

因此,"V下去"可以进行从空间认知域向社会认知域的投射,这是由具象到抽象的映射。

2.3　空间认知域向程度认知域的映射

蓝纯(1999)指出上、下均表示一种空间意象图式,它在数量程度领域中的隐喻投射产生了这样的意义：数量较大，强度高为"上"，反之则为"下"。因此，"V下去"的程度义是指程度由高向下消退而不可能是从下向上的增长。"V下去"的空间义和程度义也可以用图4来表示：

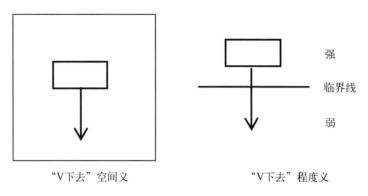

"V下去"空间义   "V下去"程度义

图4　"V下去"的空间义和程度义

程度的强弱是有临界线的，而临界线往上表示越来越强，临界线往下则表示逐渐减弱。"V下去"结构就是一个逐渐往下的过程，它能够和空间义发生由高度向程度的隐喻映射主要在于：方向相同，都是［＋趋下］。表空间义的"V下去"是高度上从高向下的移动，表程度义的"V下去"是程度上从高向下的减退。

三、结　　语

本文首先描写和分析了"V下去"从原型"空间义"开始，逐渐扩展引申出"时间义""社会义"和"程度义"，然后考察了它们之间的引申关系，发现正是由于各认知域之间存在着一定的本体对应才导致"V下去"结构可以从"空间义"向"时间义""社会义"和"程度义"进行引申。进而从认知语言学角度，解析了"V下去"这个多义范畴及其从空间认知域分别向时间认知域、社会认知域以及程度认知域的隐喻映射关系，并尝试对"V下去"结构在空间认知域与其他认知域之间的对应关系方面进行了一些解释。另外，"V下来、V上来、V上去"等也存在着空间义、时间义、社会义和程度义的分类，但本文仅以"V下去"为研究对象进行分析，对于"V下来、V上来、V上去"等结构的语义分类以及相互关系不再做进一步的探讨。

参考文献

蔡　瑱(2004)《与"下去"相关的不对称问题研究》,上海师范大学硕士学位论文。

高顺全(2001)体标记"下来"、"下去"补议,《汉语学习》第 3 期。

蓝　纯(1999)从认知角度看汉语的空间隐喻,《外语教学与研究》第 4 期。

李福印(2008)《认知语言学概论》,北京大学出版社。

李宏德(2015)时体标记"起来""下去"的认知理据和认知识解,《复旦外国语言文学论丛》第 2 期。

刘　佳(2008)"上去""上来""下来""下去"的句法语义特点,《语文学刊》第 2 期。

卢英顺(2000)现代汉语中的"延续体",《安徽师范大学学报》(人文社会科学版)第 3 期。

陆俭明(2010)《汉语语法语义研究新探索(2000—2010 演讲集)》,商务印书馆。

杉村博文(1983)试论趋向补语". 下"、". 下来"、". 下去"的引申用法,《语言教学与研究》第 4 期。

吴为善(2011)《认知语言学与汉语研究》,复旦大学出版社。

许素辉(2015)《复合趋向结构"V 下去"的语义分析及其衍伸关系》,暨南大学硕士学位论文。

杨逸舒(2012)《"V＋下＋去"带宾语研究》,南京师范大学硕士学位论文。

郑娟曼(2005)《红楼梦》中的"下去"句探析,《荆门职业技术学院学报》第 2 期。

邹　鑫(2017)方位词"上下"的隐喻映射与文化认知——以空间隐喻为例,《佳木斯职业学院学报》第 8 期。

Lakoff, George & Johnson, Mark (1980) *Metaphors We Live By*. Chicago：The University of Chicago Press.

(1. 上海师范大学对外汉语学院,200234,1026604413@qq.com;

2. 上海师范大学对外汉语学院,200234,hmshi@shnu.edu.cn)

"X＋也/都/还＋来不及"结构的分类及特点研究*

〇、引　　言

"X＋副词＋来不及"结构常出现于汉语口语中,该结构中的"来不及"已经发生了虚化,表示特定的含义;"X"为动词、形容词、短语或小句;"副词"一般仅限于"也、都、还"。根据"X"的特点,"X＋副词＋来不及"结构出现的语境及话语功能,笔者将其分为两类:一是警示类,二是申辩类。例如:

(1) a. 如果不及时调整策略,我们就可能在走下坡路,等积重难返时,<u>后悔</u>都来不及。(警示类)

　　b. 饲料里使用违禁药品,你生产出来的东西没人要,到时候 <u>后悔</u>也来不及。(警示类)

(2) a. ——那当时如果你岳父知道了还得了?

　　　　——他 <u>高兴</u>都来不及呢!(申辩类)

　　b. 你有三喜,我<u>高兴</u>还来不及呢。(申辩类)

我们发现"警示类"中的"X"出现最多的为心理动词,绝大多数为消极的词语,如"后悔、伤心"等,其中出现频率最高的为"后悔",该结构表示如果不遵从指令的不良后果是"X",例(1)a 句表达"如果不及时调整策略,会导致后悔这一不良后果"。例(1)b 句表达"如果饲料里使用违禁药品,那么动作主体一定会后悔"。孙鹏飞(2017)总结出"申辩类"中的"X"出现频率最高的为心理形容词,心

---

* 本文曾在第九届现代汉语虚词研究与对外汉语教学学术研讨会(2020 年 10 月 31 日至 11 月 1 日,宁波)上宣读,得到与会专家的指正,谨致谢意!

理动词次之,并且积极义的词汇明显多于消极义的词汇,而在心理形容词中"高兴"出现的频率最高,并且有固化趋势。该构式中,"X"隐含"大量"的意义,整体意义为"太 X＋以至于都顾不上做其他事了",例(2)a 句是对上述"如果岳父知道了会不得了"的反驳,因为岳父知道之后只会太"高兴",以至于顾不上"生气、惊讶"。例(2)b 句因为你有"三喜",这对我来说是一件非常高兴的事情,以至于顾不上有其他的情绪。为便于对比研究,下文将"高兴"和"后悔"分别作为"申辩类"结构和"警示类"结构中"X"的代表成分。通过查找 BCC 语料库,具体数据和可接受程度如下:

表 1 "后悔＋也/都/还＋来不及"与"高兴＋也/都/还＋来不及"情况统计表

X＋也/都/还＋来不及	也	都	还
后悔	433	204	0
高兴	0	314	167

在"X＋也/都/还＋来不及"结构中,副词"也、都、还"在大多数情况下可以互换,但是"也"不能出现在"申辩类"中,"还"不能出现在"警示类"中。例如:

(3) a. *我们怎么会难过? 妈妈,我们高兴 也来不及呢!

　　 b. *大家如果肯留下来,我们高兴 也来不及,哪里会给人家小鞋穿呢?

(4) a. *为了追求完美身材盲目减肥,最后去医院时后悔 还来不及了。

　　 b. *我就是小时候贪玩,书也没念成,现在后悔还来不及了。

本文先从"X＋副词＋来不及"结构出现的语境及话语功能将其分为两类:警示类结构和申辩类结构。再结合语料,分别对两类结构中"X"的语义量级、有标记无标记组配、结构主观性、副词主观性等特点进行较为全面的探索。

一、在"连"字句中看"高兴"和"后悔"的语义量级

在"X＋副词＋来不及"构式中,副词通常是"也""都""还",并且可以和关联副词"连"合用,构成"连＋X＋也/都/还＋来不及"。刘丹青(2005)提及"连……也/都"中"连"具有强调作用。沈家煊(2001)指出副词"还"也可以和"连"合用,建立语义量级。通过查找语料可发现,并非所有的"X＋也/都/还＋来不及"构式都有相应的连字结构。

表2 "连＋X＋也/都/还＋来不及"构式的可接受情况

"X＋也/都/还＋来不及"结构			是否有相应的 "连＋X＋也/都/还＋来不及"结构	
申辩类	高兴也来不及	－	连高兴也来不及	－
	高兴都来不及	＋	连高兴都来不及	－
	高兴还来不及	（＋）	连高兴还来不及	（＋）
警示类	后悔也来不及	＋	连后悔也来不及	＋
	后悔都来不及	（＋）	连后悔都来不及	（＋）
	后悔还来不及	－	连后悔还来不及	－

观察上述表格可知,在申辩类的"X＋副词＋来不及"构式中,若副词为"也"或者"都",该构式没有相应的连字结构("＊连＋高兴＋也/都＋来不及")。若副词为"还",只有少量的"X＋还＋来不及"可以有条件地变换为连字结构,构成"高兴还来不及"。但是在警示类的"X＋副词＋来不及"结构中,情况正好相反,若副词为"也"或者"都",该构式有相应的连字结构"连＋后悔＋也/都＋来不及",其中"也"的可接受程度更高。然而,当副词是"还"时,没有相应的连字结构,即"＊连＋后悔＋还＋来不及"不成立。之所以会产生这种差异,和"连"字结构中对"X"的量级要求有关。"高兴"和"后悔"虽然都是表示心理的词,强调情感倾向和主观态度,但是两者在语义量级的程度上有着天壤之别,所以才会出现这种截然相反的结果。

1.1 从"连＋X＋也/都＋来不及"看"X"的量级序列

邓志锋(2008)指出,"连"字句的主要功能是表"强调",由强调"极端事例"进而达到对进入"连"字格式事件的"周遍性"的强调,这种强调是建立在"连"字结构能够"标举极端事例"功能的基础之上的。"都"是表示范围的副词,"也"是表示类同义的副词,但是在"连"字句中,"都"的范围义部分消失,"也"已经不是单纯的表示类同义,两者分别和"连"组合,表示强调。所以"连＋X＋副词＋来不及"结构中,"也"和"都"可以互换。

(5) a. 像你这样的工厂老板可以一下子吃掉两三百个工人,人家连逃跑 都来不及。

    b. 像你这样的工厂老板可以一下子吃掉两三百个工人,人家连逃跑<u>也</u>
      来不及。

在"连＋X＋也/都＋来不及"结构中,X通常与数量有关,并且整个句子是通过否定极小量从而否定全量,所以"X"必须是一个量级序列里面的最小值。在"逃跑-举报-反击"的量级序列中,"逃跑"是整个序列中的最小量。例(5)a"连逃跑都来不及"中,此时"都"一方面是强调范围,来不及的对象在"都"的前面,另一方面是强调作用,警示听者最不足道的结果是"逃跑",通过否定最小量否定全量,严重的话可能会引起工人的"举报""反击"等行为。例(5)b"连逃跑也来不及"中,"也"一方面表示类同,警示听者除了"逃跑"以外,还会引起其他不良结果,另一方面通过列举极端事例,即强调最弱的结果是"逃跑",强调很可能会造成其他更严重的结果,如"举报""反击"等。

当X是消极意义的词时,"连＋X＋也/都＋来不及"结构是警示类,警示类中的"X"是一个量级序列的最小值,通过警示最小的极端事例,来突出事情的周遍性。因此,"后悔"作为一个量级序列中的最小值,可以进入"连＋X＋也/都来不及"结构中。例如:

(6) a. A:你愿不愿意嫁给我?

       B:好。

       A:你答应得那么干脆,那么爽快,使我连后悔 <u>都</u>来不及。

  b. A:你愿不愿意嫁给我?

       B:好。

       A:你答应得那么干脆,那么爽快,使我连后悔<u>也</u>来不及。

例(6)a中"连"字句中用"都"是表示说话者预设了一个范围,这个范围里有很多种"你"答应嫁给"我"之后的可能性,例如"后悔→放弃结婚→分手"等,说话人选取了听者在上述行为范围内处于等级序列最底层的"后悔",达到了通过否定最小量来达到否定全量的效果。如果"后悔"为真,那么其他可能性也都为真,用"都"是为了凸显范围中的特例。例(6)b中用"也"是强调异中有同,"你"答应嫁给"我"之后会造成很多的不良后果,这些后果的共同点是都是消极的。此时,"连后悔也/都来不及"中的"也"和"都"可以互换,并且不影响句义。

在"连＋X＋也/都＋来不及"结构中,X通常与数量有关,并且是处于一个量级序列里的最小量。"连＋X＋也/都＋来不及"的构式意义为通过否定最小量来否定全量。"后悔"作为最小量,可以进入此构式,构成"连后悔也/都来不及",表示警示义。但是"高兴"无法进入此结构中("＊连高兴也/都来不及")。可见表示积极意义的"高兴"类心理词语通常不是一个量级序列中的最小值。积极类心理词语基本都表示"大量"的意义,如"开心、兴奋、喜欢、欣赏、感激、欢喜、疼爱"等,可出现在申辩类的"X＋副词＋来不及"构式中。由此,申辩类的"X＋副词＋来不及"一般都没有对应的连字结构。如观察表2"连＋X＋副词＋来不及"结构的可接受情况中,"＊连＋高兴＋也/都＋来不及"不能成立。

根据上述分析,能进入"连＋X＋也/都＋来不及"结构的"X"必须是一个量级序列的最小量。"后悔"可以进入该构式,由此可见"后悔"是一个量级序列的最小值。而"高兴"无法进入该构式,因此"高兴"不是量级序列的最小值。

1.2 "连＋X＋还＋来不及"中"X"的语义量级维度

副词"还"有表示"抑"的语气,此时"还"可以理解为"尚且",当"还"和"连"组合时,一起表示强调。"连＋X＋还＋来不及"所处的深层语境和"连＋X＋都/也＋来不及"不同,"连＋X＋还＋来不及"更多的是表现出一种"尚且"的意思。

沈家煊(2001)指出,"还"在连字句中表示增量和情状的延续,这与申辩类表示大量意义相吻合,所以申辩类的"X＋还＋来不及"有对应的和"连"字结构。"还"如果和"连"合用,紧接"连"后面的成分就代表语义量级的维度。例如:

(7) 别人家要是出个神童,<u>连高兴还来不及</u>,哪会责备孩子?

(8) 他偷抢油料的行为与他的胜利相比,显然成了不值一提的"小节",上司<u>连高兴都来不及</u>,哪还会计较这些小事呢?

例句中的语义量级是"高兴"的可能性比其他情绪都大,强调延续的情状是"高兴",并且高兴是极大量的。例(7)因为家里出了个"神童",所以心里的"高兴"是无穷放大的,没有时间拥有别的情绪。例(8)由于他"胜利"了,所以尽管他被发现"偷抢油料"的行为,上司内心的情感依旧是"高兴"的,并且这种情感是一直持续的。此时"连＋X＋还＋来不及"结构中的"还"除了表示增量以外,还表示状态持续不变。因此"还"前的X只能是表示极大量的"高兴",如果是表示极小量的"后悔",则与连字句中"还"表示增量和状态的持续矛盾。

上文已述,"高兴"不是一个量级序列中的最小值。并且在"连＋X＋还＋来不及"结构中,"还"在句中表示增量和情状的延续,只有表示极大量的"X"才可以进入这一结构,"连高兴还来不及"成立,这进一步说明"高兴"是一个极大量的词。

综上,根据"连＋X＋也/都＋来不及"和"连＋X＋还＋来不及"不同的深层语境,以及能够进入这两种语境的"X"的数量要求,我们认为,在量级序列中"后悔"是一个极小量,"高兴"是一个极大量。由于"连＋X＋也/都＋来不及"和省略"连"字后的警示类结构量级特征一致,"连＋X＋还＋来不及"和省略"连"字后的申辩类结构量级特征相同,因而能进入警示类结构中的"X"必须是一个量级序列的最小值,能进入申辩类结构中的"X"必须是一个量级序列的最大值。

二、从有无标记组配看"X＋也/都/还＋来不及"的主观性

"警示类"结构"X＋也/都＋来不及"和"申辩类"结构"X＋都/还＋来不及"都具有主观性,但是主观性强弱不同。同时,进入该构式的副词"也""都""还"主观性也有强弱之分。本部分将分析结合"警示类"结构和"申辩类"结构的有无标记组配,进一步分析"警示类"结构和"申辩类"结构的主观性强弱,以及副词的主观性序列。

2.1 "警示类"结构和"申辩类"结构的有无标记组配分析

2.1.1 "警示类"结构中的有无标记组配

沈家煊(1999)用标记理论来表述全量肯定否定的规律:用否定极小量来否定全量是无标记的表达方式,用肯定极大量来肯定全量也是无标记的表达方式;相反,用肯定极小量来肯定全量,用否定极大量来否定全量都是有标记的表达方式。

沈家煊(1999)指出,无标记的句式里,否定的范围和词序是一致的,也就是被否定的词位于否定词的后面;在有标记的句式里,否定的范围跟词序不一样,也就是被否定的词位于否定词的前面。例如:

(9) a. 一些农村中小学甚至<u>都</u>没有一个专门的实验室。

　　b. 一些农村中小学甚至一个专门的实验室<u>都</u>没有。

例(9)a 中"没有一个专门的实验室"是一个无标记结构,否定的对象"一个专门的实验室"置于动词"没有"之后,构成"谓宾"结构,通过否定最小量达到否定全量,即表述"完全没有专门的实验室"。例(9)b 将最小量"一个"和否定的对象"专门的实验室"都提到否定词前,则变成一种有标记结构。

在"副词＋来不及＋X"构式中,当 X 是消极意义的词时表示极小量(我们在上一节证明了这一点),作为被否定的成分,位于否定词"来不及"之后是一个无

标记的结构。当被否定成分 X 移至否定词"来不及"之前,即构成"X＋副词＋来不及"结构时,这是一个有标记结构,此时进入该结构的副词只能是"也"和"都",此结构表示警示义。例如:

(10) a. 他早就应该反对她的逃跑,要么就跟在她的后面一起走,而今 <u>也来不及后悔</u> 了。

b. 他早就应该反对她的逃跑,要么就跟在她的后面一起走,而今 <u>后悔也来不及</u> 了。

(11) a. 趁我还没生气,赶快住口,否则你 <u>都来不及后悔</u>。

b. 趁我还没生气,赶快住口,否则你 <u>后悔都来不及</u>。

从全量否定的角度看,以上四个例句都是通过否定最小量"后悔"来否定全量,连最小量"后悔"都没有时间,更不用提其他的行为改变,是无标记的否定。从否定范围和词序的角度而言,例(10)a 和例(11)a 中的"后悔"作为被否定的成分,都置于否定词"来不及"之后,也是无标记的。但是例(10)b 和例(11)b 中的"后悔"作为被否定的成分置于否定词"来不及"之前,属于有标记结构。

因此,从"全量否定的规律",以及"否定的范围和词序"的角度而言,无标记否定和无标记语序组合形成的"也/都＋来不及＋后悔"是一个无标记组配;无标记否定和有标记语序组合形成的"后悔＋也/都＋来不及"是一个有标记组配。

2.1.2 "申辩类"结构中的有无标记组配

当"X"是积极意义的词时,"副词＋来不及＋X"结构中的"来不及"为本义,该构式表示时间太短,来不及进行"X"。例如:

(12) 刚见完朋友,我 <u>都来不及高兴</u>,就要去加班了。

(13) 他刚拿到高分的成绩单,<u>还来不及高兴</u>,就发现这次考试所有人都是高分。

例(12)和例(13)中"来不及"均表示时间太短,没有时间"高兴"。被否定成分"高兴"置于否定词"来不及"之后,从否定范围和词序角度而言,"都/还＋来不及＋高兴"是无标记的。由上文可知,"高兴"是一个表大量的词,从全量否定的角度而言,"都/还＋来不及＋高兴"是通过否定最大量来否定全量,是有标记的否定。根据"关联标记模式",有标记否定和无标记语序共同构成的"都/还＋来不及＋高兴"是一个有标记组配,并且该结构只表示客观义,即"时间上来不及＋高兴",既没有申辩意义,也没有警示意义。

当"X"是具有积极意义的词时,"X＋副词＋来不及"表示申辩义。根据 BCC 语料库的数据分析可得,能进入该构式的副词只能是"都"和"还"。例如:

（14）他老伴说："你年年念叨老林，这回可见了老林，<u>高兴还来不及</u>呢，倒是哭啥哩？"

（15）"为什么要生气？难得有人发现我奇货可居，我<u>高兴还来不及</u>。"沈醉的眼神明亮，梨涡深陷，真的没有半点生气，全都是开心。

从全量否定的角度而言，例（14）和例（15）都是通过否定极大量"高兴"，来否定全量，是有标记的否定。从否定范围和词序的角度而言，例（14）和例（15）否定的范围"高兴"都在否定词"来不及"之前，也是有标记的。根据"关联标记模式"，有标记否定和有标记语序共同构成的"高兴＋都/还＋来不及"是一个无标记组配。实际上，有标记的否定必须要通过有标记的语序才能够得以实现。并且该结构具有申辩义，"来不及"已经虚化，脱离其本义，表示"太X＋以至于都顾不上其他行为了"，强调"X（高兴）"程度很深。

综上，警示类结构"后悔也来不及"是一个有标记组配，"也来不及后悔"是一个无标记组配；申辩类结构恰恰相反，无标记组配是"高兴＋副词＋来不及"，有标记组配是"副词＋来不及＋高兴"。

表3 "警示类"结构和"申辩类"结构的有无标记组配

	警 示 类	申 辩 类
有标记组配	后悔＋副词＋来不及	副词＋来不及＋高兴
无标记组配	副词＋来不及＋后悔	高兴＋副词＋来不及

2.2 "警示类"结构和"申辩类"结构的主观性比较

吕叔湘（1980/1999：347）在《现代汉语八百词》中定义"来不及"："因时间短促，无法顾到或赶上，后面只能跟动词。"有标记语序"X＋副词＋来不及"是由无标记语序"副词＋来不及＋X"结构演变而来，并且其中的"来不及"已经虚化，该构式具有很强的主观性。但是该构式作为"警示类"和"申辩类"时，主观性程度还是有所差异的，接下来将予以证明。

"现实"和"非现实"是一对情态范畴。"现实"指说话人认为相关命题所表达的是现实世界中已经/正在发生或存在的事情，"非现实"指说话人认为相关命题所表达的是可能世界中可能发生/存在或假设的事情。与此相应，表达现实情态的句子就是现实句，表达非现实情态的句子就是非现实句（张雪平，2009）。我们

发现,"警示类"结构可以出现在现实句中,也可以出现在非现实句中。例如:

(16) a. 唐玄宗垂头丧气地说:"这是我太糊涂,现在 <u>后悔也来不及</u> 了。"

b. 自己刚才太激动了,竟忘了拍卖规矩,没看他的身份证,可现在 <u>后悔也来不及</u> 了。

c. 老早把自己缚在一个人身上,再碰到理想的人时,<u>后悔也来不及</u>!

d. 各级领导干部都应把教育当成建国大计。现在不抓紧,下个世纪 <u>后悔都来不及</u>。

例(16)a 为现实句,兼具主客观性,一方面陈述事实,由于我"太糊涂",导致现在的不良后果是"后悔";另一方面表达言者现在的主观情感倾向是"后悔"。同样,例(16)b 也是现实句,兼具主客观性。例(16)c、例(16)d 都是非现实句,语境中"再碰到理想的人""下个世纪"都是言者假设的情况,警示听者到时候可能会产生的后果是"后悔",这是言者的自我猜测,只有主观性,没有客观性。但是,有的"警示类"结构的非现实句似乎并没有警示的功能。例如"像我们这种情况的女孩子,假如对象找得不好,那是后悔也来不及的。"这句话从表面上看是对自己未来情况的假设和猜测,但是言者是拿自己的经历做例子,目的是劝诫别人不要和我一样对象找得不好,否则一定会后悔,这句话同样也有警示的功能。

而"申辩类"结构一般情况下都出现在现实句中,只有极少数可以出现在非现实句中。例如:

(17) a. 你们是古泉学弟的朋友,而且还准备了娱兴节目,我 <u>高兴都来不及</u> 了。

b. 哪儿的话,奶奶,您肯来松院看看我,是我的福分呢! 我 <u>高兴还来不及</u>。

c. 只要你肯帮忙,我父亲 <u>高兴都来不及</u>。

d. 慕蓉若真的有好对象,我替她<u>高兴都来不及</u>了,怎么会不告诉你?

例(17)a 是现实句,一方面陈述客观事实,我知道"你们是古泉学弟的朋友,而且准备了娱兴节目"后的情感态度是"高兴";另一方面"高兴"作为心理动词,是我的主观情感态度,因此该例句兼具主客观性。例(17)b 也是如此。例(17)c、例(17)d 的语境"你肯帮忙""慕蓉有好对象"都是言者的假设,而"高兴还来不及"也是言者的主观猜测,并不是现实世界正在发生的事情,因此只有主观性,没有客观性。

综上,"警示类"结构和"申辩类"结构都可以是现实句和非现实句。其中现实句兼具主客观性,非现实句只有主观性。在 CCL 语料库中,"警示类"结构现实句和非现实句的比例大概是 4∶3,"申辩类"结构现实句和非现实句的比例大概是 6：1。从语料的比例来看,"警示类"结构中非现实句的占比高于"申辩类"结构,因此主观性也强于"申辩类"结构。

2.3 "警示类"结构和"申辩类"结构中副词的主观性序列

2.3.1 "警示类"结构中副词的主观性

当"X"为消极意义的词,且是一个量级序列中的最小值时,"副词＋来不及＋X"是无标记组配,表示"时间太短,没有时间进行 X",陈述客观事实,客观性极强;"X＋副词＋来不及"是有标记组配,表示"如果不这么做的不良后果是 X",是言者对听者的警示,具有很强的主观性。根据 BCC 语料库的数据统计,"警示类"结构中,当副词是"也"和"都"时,有标记组配的数量远大于无标记组配;当副词是"还"时,只有无标记组配,没有有标记组配。

表 4　副词"也/都/还"在警示类的无标记和有标记组配中出现的频率

	X＋副词＋来不及	副词＋来不及＋X	有标记组配：无标记组配
也	462	4	231：2
都	210	4	105：2
还	0	17	0：17

由表 4 可知,在"X"表示消极意义的词的情况下,当副词为"也"时,有标记组配"X＋也＋来不及"占绝大多数,而无标记组配"也＋来不及＋X"占极少数。例如:

(18) a. 还剩半小时,<u>也来不及伤感</u>了,婚礼就要开始了。

b. 还剩半小时,<u>伤感也来不及</u>了,婚礼就要开始了。

"伤感"作为一个具有消极意义的心理形容词,可以进入无标记结构中,构成"也来不及伤感",如例(18)a,陈述事实,没有时间伤感,因为婚礼即将开始,具有客观性;也可以进入有标记结构,即"伤感也来不及",如例(18)b,此时"来不及"已经虚化,言者警示听者无论如何结婚已成定局,就算伤感也无济于事。当副词是"也"时,和无标记结构相比,有标记结构可以凸显作者的主观情感态度,主观性极强。因此,从语料数量和情感的角度分析,警示类结构中副词"也"的主观性极强,客观性极弱。

《现代汉语八百词》(1980/1999：177)中如此定义"都₁"："表示总括全部。除问话以外,所总括的对象必须放在'都'前"。张谊生(2005)、蒋静忠和潘海华(2013)都提出副词"都"既有客观用法,又有主观用法。当副词为"都"时,该构式既有有标记组配,也有无标记组配。例如：

(19) a. 这两天发生的意外有点多,我 都来不及悲伤。

　　 b. 这两天发生的意外有点多,我悲伤都来不及。

例(19)a作为无标记结构,陈述客观事实,因为事情多,比较忙,没有时间悲伤。例(19)b有标记结构"悲伤都来不及"兼具主客观性：一方面陈述事实,由于发生的意外太多,没有时间和精力来悲伤,另一方面表现出言者现在情绪低沉,带有不知所措的主观情感。通过统计语料库数据可发现,有标记结构和无标记结构的比例为105：2。和"也"相比,有标记组配和无标记组配的数量比例相对较小,可见副词"都"处于中间状态,兼具主观性和客观性,但是主观性相对客观性还是占据较大的优势。

当"X"是"后悔""悲伤""忏悔""难过"等消极意义的词时,副词"还"不能进入主观性强的有标记结构中,但是能进入相应的无标记结构中,并且此时只表示客观义,没有警示意义。例如：

(20) a. 人生的大起大落来得太快,我还来不及悲伤。

　　 * b. 人生的大起大落来得太快,我 悲伤还来不及。

例(20)a陈述客观事实,因为人生大起大落的时间太快,所以没有时间悲伤,只有客观性,没有主观性。同时,"还来不及悲伤"作为无标记结构,并没有相应的有标记结构。可见,"还"只有客观性,完全不具有主观性,因此和主观性强的警示类有标记结构冲突。

综上所述,当"X"是具有消极意义的词语时,"副词＋来不及＋X"是无标记结构,只有客观性,没有主观性；相应的"X＋副词＋来不及"结构是一个有标记结构,主观性强。从数量上来说,有标记结构中"也"出现的例子最多,"都"其次,"还"最少；无标记结构中,"还"出现的例子最多,"也"和"都"出现的数量几乎一样。从情感态度的角度分析,有标记结构中,副词为"也"时,主观性极强,副词为"都"时,兼具主客观性,并且主观性占较大优势；副词为"还"时,无法进入有标记结构,即基本不具有主观性。因此,我们认为,警示类结构中副词的主观性由弱到强的顺序为：还→都→也。

2.3.2 "申辩类"结构中副词的主观性

当"X"是积极意义的词,且可以表示最大量时,"副词＋来不及＋X"陈述客观事实表示"时间太短,没有时间进行X",客观性极强,既没有申辩义,也没有警示义;"X＋副词＋来不及"是有标记语序,表示"太X＋以至于都顾不上其他行为了",是言者对自己行为的申辩,具有很强的主观性。根据BCC语料库的数据统计,在"申辩类"结构中,当副词是"也"时,无标记组配和有标记组配都不成立;当副词是"都"和"还"时,无标记组配远大于有标记组配。

表5 副词"也/都/还"在申辩类的无标记和有标记组配中出现的频率

	X＋副词＋来不及	副词＋来不及＋X	无标记组配：有标记组配
也	0	0	0：0
都	375	0	375：0
还	221	19	221：19

实际上,有标记否定(通过否定极大量来否定全量)不可能用无标记语序来进行表达,也就是说无标记语序"副词＋来不及＋X"只能表示客观意义"没有时间做某事",不能表达全量否定的意义。有标记否定只能通过有标记语序来表达。但"申辩类"结构中,副词"还"能够勉强进入有标记语序,副词"也"和"都"不能进入。因此,在申辩类中,我们只需要从无标记语序的角度来考虑副词的主客观性。

从无标记语序的语料来看,"也"和"都"始终无法进入到客观性极强的无标记语序中,但是"还"可以勉强进入。我们认为,这和副词的主客观性有关。

由表5可知,当副词为"也"和"都"时,始终无法进入无标记语序中,构成"＊也/都＋来不及＋X"结构。例如:

(21) ＊a. 刚放暑假,我也来不及高兴,就要去练古筝了。

　　＊b. 终于发工资了,我也来不及珍惜,就全拿去还花呗了。

(22) ＊a. 两地相隔的一家人终于团聚,然而她们都来不及高兴,就听到了这个噩耗。

　　＊b. 他最得意的弟子方天艾要结婚了,可是他都来不及高兴,就被惹了一肚子气!

无标记语序"副词＋来不及＋X"的作用是陈述客观事实,时间太短,以至于来不及进行X,整个句子具有很强的客观性。根据BCC语料库统计,副词"也"

和"都"完全无法进入这一结构,我们认为,这是由于副词"也"和"都"本身的主观性极强,所以和客观性强的无标记语序矛盾,如例(21)和例(22),因此上述例句无法成立。但是,副词"都"可以大量进入主观性强的"申辩类"结构中,而副词"也"始终无法进入"申辩类"结构。上文已述,"警示类"结构和"申辩类"结构都具有主观性,但前者的主观性强于后者,即"申辩类"结构带有部分的客观性。我们认为"也"连微弱的客观性都无法进入,这进一步说明了"也"的主观性极强。因此,相比之下,"都"的主观性稍逊于"也"。

当副词为"还"时,可以勉强进入无标记语序中,构成"还+来不及+X"。例如:

(23) a. 他终于找到一份满意的工作了,做母亲的 <u>还来不及高兴</u>,就发现孩子已经被辞退了。

b. 他<u>还来不及高兴</u>,就被脑后一个突袭敲昏了头。

例(23)a、例(23)b一方面凸出言者的主观情况态度是高兴,另一方面陈述客观事实,即没有时间高兴。根据BCC语料库的数据统计发现,在"申辩类"结构中,当副词为"还"时,有标记语序和无标记语序的比例为221∶19。这说明在"申辩类"结构中,副词"还"的主观性相对客观性强很多。

综上所述,"申辩类"结构中"也"的主观性最强,与无标记语序的客观性冲突,也无法进入稍带客观性的无标记组配中;副词"都"的主观性稍逊于"也",因此无法进入无标记语序中,但是可以大量进入无标记组配中;相比之下,"还"的主观性最弱,客观性最强,不仅可以进入客观性强的无标记语序中,也可以进入含有客观性的无标记组配中。由此,我们认为,申辩类结构中副词的主观性由弱到强的顺序为:还→都→也。

综上,无论是"警示类"结构还是"申辩类"结构,副词的主观性由弱到强的顺序都是:还→都→也。

三、结　　语

本文观察到"X+也/都/还+来不及"结构中,"X"的情感色彩不同会导致整个构式意义的差异。主要体现在以下两点:一是"X"为积极意义的词时,副词"都"和"还"可以进入该构式,副词"也"不行,并且"X+都/还+来不及"为申辩义;二是"X"为消极意义的词时,副词"也"和"都"可以进入该构式,副词"还"不行,此时"X+也/都+来不及"为警示义。因此,我们将"X+副词+来不及"结构分为两类:"警示类"结构和"申辩类"结构,并分别探究二类结构的特点。

首先,从"X"本身的量级序列来看,结合"连"字句,发现"警示类"结构中的"X"必须是处于一个量级序列中的最小值,如"后悔";而"申辩类"结构中的"X"必须是一个量级序列中的最大值,如"高兴"。

其次,根据标记理论的概念,发现"警示类"结构是一个有标记组配,"申辩类"结构是一个无标记组配,有标记组配的主观性往往高于无标记组配,即"警示类"结构的主观性更强。从语料的比例来看,"警示类"结构中非现实句的占比更高,这进一步佐证了"警示类"结构的主观性更强。同时,分别从副词"也""都""还"在警示类和申辩类的有无标记结构中出现的频率比较三个副词的主观性强弱,发现无论是"警示类"结构还是"申辩类"结构,副词的主观性由弱到强的顺序都是:还→都→也。

"X"本身的不同,使得"X＋副词＋来不及"有两种不同的类型,这主要体现在"X"量性特征的差异以及两类结构的主观性差异,但无论何种结构,副词的主观性序列始终一致。

参考文献

邓志锋(2008)《现代汉语"连"字句的多维研究》,南京师范大学硕士学位论文。

蒋静忠、潘海华(2013)"都"的语义分合及解释规则,《中国语文》第1期。

刘丹青(2005)作为典型构式句的非典型"连"字句,《语言教学与研究》第4期。

吕叔湘主编(1980/1999)《现代汉语八百词》,商务印书馆。

沈家煊(1999)《不对称和标记论》,江西教育出版社。

沈家煊(2001)跟副词"还"有关的两个句式,《中国语文》第6期。

孙鹏飞(2017)主观倾向构式"X还来不及呢",《汉语学习》第6期。

张雪平(2009)非现实句和现实句的句法差异,《语言教学与研究》第6期。

张谊生(2005)副词"都"的语法化与主观化——兼论"都"的表达功用和内部分类,《徐州师范大学学报》第1期。

(1.上海师范大学对外汉语学院,200234,735940015@qq.com;

2.上海师范大学对外汉语学院,200234,zhangwenjing@shnu.edu.cn)

互动视角下的引述类"好个X"结构考察*

朱嘉祺

〇、引　言

现代汉语中存在着一类"好个X"结构,有若干表现形式,请看例句:

(1)"五明,再喝一杯,陪四伯喝。""我爹不准我喝酒。""好个孝子,可以上传。"(沈从文《阿黑小史》)

(2)老人丙:他们说政府对双弘村的农民挺好的。

老人丁:好个屁!要是把你的房子拆了,又不管你,你不服就抓你,你干不干?这完全就是在光天化日之下公然抢劫。(杨银波《中国的主人》)

(3)"你应该怎样办?你的心事我也晓得。然而我实在没法帮忙。我劝你还是顺从爷爷吧。我们生在这个时代,就只有做牺牲者的资格,"觉新慢吞吞地悲声说,他差不多要掉眼泪了。觉民冷笑地接连说了两句:"好个无抵抗主义!好个作揖主义!"头也不回地走出房去了。(巴金《家》)

(4)我告诉李立群,古代文人为喝几口好茶,常常要到某座山上,"买泉两眼"……李立群来劲了:"好个买泉两眼!潇洒之极!不是我吹嘘,我台湾老家山上确有好泉,想法去买它一眼,你什么时候来,我领你去喝茶!"(余秋雨《华语情结》)

根据X的不同,可以将会话中的"好个X"归为以下四种:"好个＋人/物""好个＋詈词""好个＋总结式语句""好个＋引述类语句"。例(1)中"好个"后加表人

---

* 本文曾在第九届现代汉语虚词研究与对外汉语教学学术研讨会(2020年10月31日至11月1日,宁波)上宣读。

的词语"孝子",例(2)中言者用"好个"后加詈词表示否定,例(3)中的"好个"后加总结式语句概括交际对象的表现表示感叹,例(4)中交际对象"我"在言谈中无意提及的"买泉两眼"引起了言者的注意,于是言者用"好个"引述上一话轮中"我"说过的话语"买泉两眼",表达认同的态度并传递相关的新信息,本文主要讨论例(4)所代表的会话中的引述类"好个 X"结构。

在言语交际中,当交际对象话轮中的某个元素或者背景因素引起了言者的注意,言者会使用"好个 X"引述对方说过的话,回应对方并达到交际目的,体现了交互主观性,提高了交际互动程度。互动交际的双方以引述对方话语的形式回应对方,以此表达对对方话语的态度和认识,如此形成的引述回应格式是专门用于应答语的一种特殊语言现象(王长武,2016)。

对于"好个 X"的研究成果颇丰,学者们分析了"好个"的形式特征、语义语用、演变发展等,以上研究成果为本文进一步研究奠定了基础,不过以往学者大多从静态角度对"好个 X"进行分析研究,互动角度下的"好个 X"考察还有待丰富。而在关于"好个 X"的研究中,引述类的"好个 X"受关注较少,尹海良(2014)主要研究的是书面语体的"好个",将书面语中的引述类"好个 X"称为"前文拷贝结构",X 可以拷贝紧邻构式的前接小句,也可以是跨语句或语段的前完整小句。王收奇(2007)认为引用类"好个 X"的语用功能是回应,可分为面对面和非面对面两种,前者多出现在谈话体中,后者多出现在评论或者杂感类文体中,但均并未展开详细讨论。

本文将对会话中引述类"好个 X"的形式特征、引述内容 X 的选择动因及其话语功能进行探析,希望对完善引述回应结构与"好个 X"的研究有所补益,此外会话中的引述类"好一个 X"在语义功能上与"好个 X"类似,因此也在本文的研究范围内,为了称说方便一并称之为"好个 X"。

本文所用语料来自北京语言大学 BCC 语料库、北京大学 CCL 语料库和笔者转写的影视剧台词。需要说明的是,由于自然会话中引述类"好个 X"出现极少,我们的分析主要基于有计划的对话材料,包括书面语中的对话以及影视剧中的对话台词,这虽不及口语语料自然,但仍然可以反映引述类"好个 X"在会话中的特点与功能。

一、引述类"好个 X"的形式特点

引述类"好个 X"最显著的特点就是它的引述性和互动性,因此本章将从"好个 X"的引用对象、引述方法和引述类"好个 X"的序列环境来把握该特点。

1.1　引述对象

言者用"好个"对交际对象所言内容进行引述,引述内容 X 可以是词、短语或是句子。

(5)"可是你进入社交界的那一年,<u>人们</u>就说你要跟他结婚了。谁也不明白后来发生了什么事情。可是现在……"

"<u>好一个人们</u>!"夏洛蒂·洛弗尔不耐烦地说。(伊迪丝·华顿《老处女》)

(6)秦叔礼:他们三个把金镯子拿走,没分给我! 他们说,我要不服,就把我抓起去,<u>因为我是您的亲弟弟</u>!

秦伯仁:<u>好个亲弟弟</u>! 小田哥,你怎么说?

田铁根:干脆,把他踢出去!(老舍《秦氏三兄弟》)

(7)A:(正在向士兵训话)<u>狭路相逢勇者胜</u>!

B:(远远听到 A 的训话并走近 A)<u>好一个"狭路相逢勇者胜"</u>。

A-B:对视而笑。会话开始。(引自尹海良,2014)

例(5)中引述的"人们"是词,例(6)中引述的"亲弟弟"是短语,例(7)中引述的"狭路相逢勇者胜"是整个句子。

1.2　引述方法

说话人有时直接引述交际对象的话语,有时对交际对象的话语进行重新加工后引述,我们称为间接引述。

(8)"历来与贵朝立盟订好,贵朝君臣都不曾理论此事。今番宣赞蓦地提起这宗老话,莫不是要翻两百年前的旧案,<u>沮坏贵我两朝的交好</u>?""<u>好一个'沮坏贵我两朝交好'</u>!"身为汉儿的张毅为奚、契丹贵族帮腔,特别引起马扩的愤慨。(徐兴业《金瓯缺》)

(9)李慧道:"这是谁的意思,你明白了没有?"文张神色不变地道:"下官不<u>知道,但心里明白</u>。"李福笑道:"<u>好个不知道而又明白</u>,你果然是聪明人!"(温瑞安《骷髅画》)

例(8)中马扩引用张毅所说的"沮坏贵我两朝的交好"是直接引述,例(9)中的"好个不知道而又明白"引述的是上文中的"下官不知道,但心里明白",言者对交际对象所言话语进行了加工后引述。

间接引述还可以是说话人改换人称将引述话语重述。

(10) 哈：我的母亲，你说……

罗：她说了这些：<u>您近来之行为令她惊愕与懊恼</u>。

哈：<u>好个儿子能够令其母亲如此的惊愕</u>。不过，难道除了母亲惊愕之外就无其他事了吗？请道来罢。

罗：她希望您在安睡前能与她在她寝室里谈话。（莎士比亚《哈姆雷特》）

例(10)中哈姆雷特引述的是对方所说的"您近来之行为令她惊愕与懊恼"，将"您"换成"儿子"，"她"换成"其母亲"并进行重述。

说话人有时是引述对方的整句话，我们称之为全引式，有时是从对方话语中截取一部分引述，我们称之为截取式。

(11)"讲明事由后你就可以回答提问喽？"渔夫问。

"或许。"我说。

"此人倒有一种含而不露的幽默感。"文学一边目视墙壁上端一边抱臂说道。

"<u>好一个或许</u>。"渔夫用手指肚碰了碰鼻梁上笔直的横向疤痕。看样子原是刀伤，相当之深，周围肌肉被拽得吃紧。（村上春树《舞！舞！舞！》）

例(11)属于全引式，言者听到的是对方说的"或许。"这一句，就进行全部引述。例(5)中说话人截取对方话语中的"人们"进行引述，属于截取式。

出于语言的经济原则和交际的需要，"好个"引述的内容不可过长，如果引发语所在话轮较短，仅由一个词或者一个短句组成，且该内容引起了言者注意，言者会使用全引式，而如果引发语较长，由多句话或存在多个分句的长句组成，或者言者想引用的句子较长时，通常会使用截取式。

全引式和截取式可以发生在直接引述，也可发生于间接引述。例(7)和例(5)分别为直接引述的全引式和截取式。

(12)"<u>春二月的榆钱籽，五月的油菜籽，八月的石榴籽</u>，这都是要籽的，三种籽儿加羊肝一起煮，可治'虚火'。"

李相义"吞儿"一声笑了，说："<u>好个'二五八'</u>！你听说过'三、六、九'么？我有一个偏方：春天的桃花，伏天的莲花，雪天的腊梅花，用蜜腌了，装在土罐里，埋在地下，过三冬六夏，挖出来制成膏药，贴在心口处，专治心绞痛。"（李佩甫《羊的门》）

例(12)为间接引述中的截取式。引起言者注意的其实是整句话"春二月的榆钱籽，五月的油菜籽，八月的石榴籽，这都是要籽的，三种籽儿加羊肝一起煮，可治'虚火'"。但是引述整个句子过长，便先截取前半段"春二月的榆钱籽，五月的油菜籽，八月的石榴籽"，再提取其中的三个数词进行间接引述。

通常情况下,在会话中,引述内容 X 于上一话轮提取,极少数情况下会隔话轮提取,一般发生在小故事中。

(13) 雪峰问她:"从哪儿来?"玄机答:"从大日山来。"雪峰问:"日出没出呢?"玄机答:"若出来就融化雪峰了。"雪峰问:"你名叫什么?"玄机答:"玄机。"雪峰说:"你这机子一天织多少?"玄机答:"<u>寸丝不挂</u>。"随后玄机礼拜而退。刚走两三步,雪峰说:"你的袈裟角拖地了。"玄机一回头,雪峰说:"<u>好个寸丝不挂</u>。"(《佛教故事》)

引发语"寸<u>丝</u>不挂"与言者引述的"好个寸<u>丝</u>不挂"隔了两个话轮,言者听到"寸<u>丝</u>不挂"后再通过一个话轮"你的袈裟角拖地了",用对方的即时行为来反驳他所说的"寸<u>丝</u>不挂",这凸显了戏剧效果,而日常生活中引述类"好个 X"通常作为对对方话语的应答语,达到交际互动的效果,故一般从上一话轮提取。

1.3 引述类"好个 X"的序列环境

序列是会话行为的组织方式,同一个表达形式在会话序列中处于不同位置分布,往往具有不同的话语功能(方梅,2017),因此分析"好个 X"的序列环境是必要的。这里我们考察两方面:一是引述类"好个 X"在话轮中所处的位置;二是引述类"好个 X"的序列位置。

引述类"好个 X"在话轮中所处位置有四种:出现在话轮首句、话语中部、话轮末尾、独立充当话轮。

通过我们对语料的考察,处于话轮首句的情况居多,其他几种情况较少。上述引述类"好个 X"语料均为出现在话轮首句的情况,出现在话轮中部和末尾的情况我们各举一例:

(14)"我一次也没有想到过<u>爱</u>他,直到……""<u>爱</u>!"我叫着,尽量用讥嘲的语气吐出这个字来,"爱! 有什么人听到过这类事情吗! 那我也可以对一年来买一次我们谷子的那个磨坊主大谈其爱啦。<u>好一个'爱'</u>,真是! 而你这辈子才看见过林顿两次,加起来还不到四个钟头! 喏,这是小孩子的胡说八道。我要把信带到书房里去;我们要看看你父亲对于这种爱说什么。"(艾米丽·勃朗特《呼啸山庄》)

(15)"你这只是凭一时的热情,才好像觉得,你的痛苦没法儿医治。唉,我亲爱的,只有死才没法儿治呢! 你只要对自己这样说:'我,'就说,'决不屈服,去他的吧!'以后自己也会觉得奇怪,它怎么这么快,这么顺当地就过去了。你只要忍耐一下。"

"姑姥姥,"莉莎说,"它已经过去了,一切都<u>过去了</u>。"

"过去了！什么过去了！瞧,连你的小鼻子都瘦得变尖了,你却说过去了。好一个'过去了'！"(伊凡·谢尔盖耶维奇·屠格涅夫《贵族之家》)

例(14)是"好个 X"出现在话轮中部的情况,例(15)是"好个 X"出现在话轮末尾的情况。独立充当话轮的情况如下:

(16)江青无可奈何的道:"义兄远行,羲妹总是难过的,见与不见,送与不送,情谊都是一样,何必一定要拘泥于形式呢?"

夏蕙有心呕呕江青,闻言之下,故意冷哼一声,道:"好个'情'意都是一样!"

江青立时急得手脚无措的道:"唉,唉！我说娘子,你别瞎疑心好吧?就算我说错话,你也开恩则个,千万别断章取意,我对你还要证明什么?披肝沥胆,剜心剖腹,你随便说好了,我决不含糊。"(柳残阳《如来八法》)

从会话序列位置角度看,有些话语成分作为开启言谈行为,有些则偏向于应答行为。引述类"好个 X"倾向于应答行为。但是当出现在多人会话中,"好个 X"虽然做回应行为,但却有开启新一轮会话的作用。

(17)女主人说:"怎么啦,老弟,是把杯子碰裂了吧?"我说:"不碍事,玛莉娅·瓦西里耶夫娜·勃洛欣娜,没碎。"她那个小叔子肚子填饱了西瓜,开腔了:"怎么不碍事,好个不碍事！未亡人请他们来做客,可他们倒砸起未亡人的家什来了。"(左琴科《一只杯子》)

例(17)中会话原本是在"我"与女主人之间进行,小叔子以引述"我"对女主人说的"不碍事"开启新一轮会话。再看例(7)中,会话原本发生在 A 和士兵之间,B 引述 A 话语是回应行为,但是却有开启新一轮会话的作用。

二、引述内容 X 的提取机制

关于引述回应格式中引述内容 X 的提取,前人已有相关讨论。尹海良(2014)认为说话人截取的是哪一部分,与言者关注的信息焦点有关。王长武(2016)认为引述话语是说话人从理解或接受的角度将交际对象话语中最受自己关注的部分遴选出来并引入自己话语中的成分,也就是说当交际对象说出的话语中某一部分引起了言者的注意,言者就会引述其话语中的那一部分作为引述对象。马国彦(2015)指出引述话语的判定和遴选是说话人主观认知识解(construe)的结果。

经过我们对语料的分析,我们发现引述回应格式中的提取的引述内容 X 不一定是言者关注的信息焦点,而是由多种因素综合影响。我们以引述类"好个 X"为例,分析引述内容 X 的提取原因。

为了方便讨论,我们先归纳一下"好个 X"的语篇模式:

T1:S1(含"ZX")

T2:S2(含"好个 X")

S1 为引发句所在话轮,ZX 为含有 X 的短语或者分句,S1 的说话者记为 T1。S2 为"好个 X"所在话轮,说话人为 T2。

王长武(2016)认为当交际对象说出的话语中某一部分引起了言者的注意,言者就会引述其话语中的那一部分作为引述对象,但是情况并非只有这一种。

引述类"好个 X"的引述内容提取有三种情况:

第一,引起言者注意的内容是 X,说话人直接引述 X 作为引述对象,即王长武(2016)和尹海良(2014)提到的那种情况;

第二,引起言者注意的是 X 所在的短语或者分句 ZX,说话人 T2 从 ZX 中提取 X 作为引述内容;

第三,引起言者注意的是 X 所在的整个话轮 S1,言者从 S1 中提取了 X 进行引述。

马国彦(2015)将第二和第三种情况中的 X 称之为引述介体,说话人用始发话语中最为凸显的部分,而将其所在的小句引进了承接话语中,在话语间形成一种互文关系,即言者实际要引述的不是 X,而是引起言者注意的 X 所在的更大的单位 ZX 或者 S1(下图阴影部分)。

引述类"好个 X"引述内容提取的三种情况图示如下(方框是交际对象 T1 的话轮,阴影部分是引起言者注意的内容):

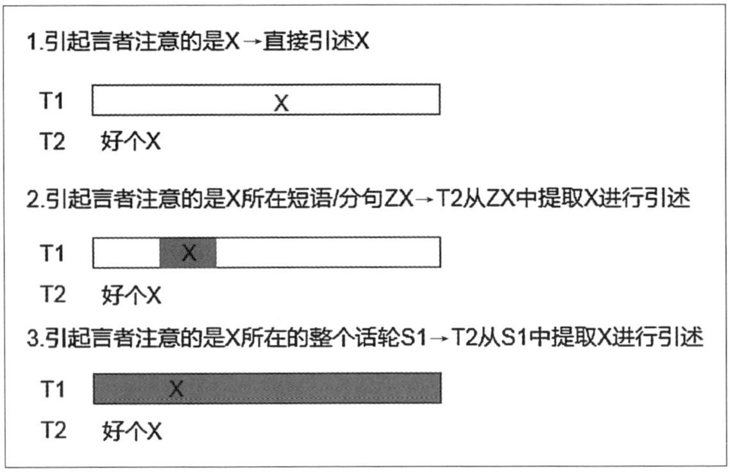

图1 引述内容 X 提取的三种情况

请看以下例句：

(18)"现在,大家都没有家了！'处处无家处处家'吧！"紫薇感慨的说。

"好一个'处处无家处处家'！这和我那个'以天为盖地为庐'是异曲同工的！看样子,大家都是孤儿浪子,以后,就是'四处为家'了！"萧剑说。(琼瑶《还珠格格续集》)

(19)陈真猛地大声说："啊,原来是她。岂但见过,我和仁民还常常谈起她。人还不错,我看她不过是一个小资产阶级的女性。"

"好个'小资产阶级的女性'。这句话如水听了一定不高兴。"吴仁民在旁边拍手笑起来。

周如水表示不服,开始分辩道。"她的思想和我们的接近。我看她丝毫没有小资产阶级的习惯。"

"是,我知道了。"陈真忍不住噗嗤一笑。(巴金《爱情的三部曲(雾雨电)》)

(20)王世埙来到车站,指着工人喊道："罢工阻运违背军法国法,你们有几个脑袋?"郭亮从人群里闪出来,指着王世埙道："好个'军法国法'！工人们拼阳寿,挣下血汗钱,你们拿去贩运鸦片,牟利肥己,弄得工友们食不饱腹,衣不遮身,他们一不抢劫偷盗,二不讹诈诓骗,只是要求点正当的权利,犯的是哪一家的国法?"(《人民日报》1981 年 9 月 3 日)

例(18)中引起言者注意的是紫薇话语中的"处处无家处处家",于是言者提取了"处处无家处处家"作为引述对象。例(19)中引起言者注意的是"我看她不过是一个小资产阶级的女性",言者从中提取了"小资产阶级的女性"作为引述内容。例(20)引起言者注意的是交际对象的整个话轮内容"罢工阻运违背军法国法,你们有几个脑袋?",从中提取出"军法国法"作为引述内容。

那么为什么当引起言者注意的是 X 所在的短语或分句 ZX 或者整个话轮 S1 时,只有 X 被提取了出来呢？

一方面是出于语言的经济原则。法国语言学家 Andre Martinet 认为人们自觉或不自觉地对于语言活动中力量的消耗做出合乎经济的安排。在语言的使用过程中尽量使用较少的语言表达完整的意思,达到节省时间和空间的目的(张治国、杨玲,2003)。

另一方面出于 X 自身的特点。从 ZX 或 S1 中提取 X 有以下几个原因：

a. X 是言者的关注焦点或信息焦点;

b. X 可以指代或概括 ZX 或 S1;

c. 距离优先原则影响。

如上文例(19)中交际对象所言话语中引起言者注意的是"我看她不过是一个小资产阶级的女性",其中判断结果"小资产阶级的女性"是信息焦点,也是言者不认同的部分,因此也是言者的关注焦点,所以被优先提取出来。再看例(12)中引起言者注意的是整个 S1 部分"春二月的榆钱籽,五月的油菜籽,八月的石榴籽,这都是要籽的,三种籽儿加羊肝一起煮,可治'虚火'。"言者从这句话句首的并列式中提取了带有共同义素"月份"的"二五八"指代整句话。再看一例:

(21)"我常常怀疑,在今天的绘画上,平常所谓的'主题',已经变成了贻笑大方的东西。"

"好个主题!"听到的人哈哈大笑。"画画的人画人相的时候除非能确定没有一笔像他画的那个人的样子,就连这都不敢画了。如果我们把事情安排得好,而且放手让我去做,不出两年,我的诗人写出来的诗如果有一句话被人看懂,就自认为是耻辱。对,伯爵先生,你要不要打赌? 所有的意义,任何意义,都会被人认为是反诗的。非逻辑性,要变成我们的引路星。"(纪德《伪币制造者》)

此处是以话题来指代整句话,伯爵认为年轻人应该按照主题绘画,而言者持不同观点,引起言者注意的是交际对象的整个话轮 S1,S1 的话题为"(绘画)主题",言者提取"主题"指代对方的观点。

最后就是距离优先原则的影响,在语言听辨时,如果句子太长或内嵌句子(self-embedding sentence)太多,超过短时记忆的容量,人们就难以处理,所以在交际中我们采取各种语言策略以提高交际效率(张治国、杨玲,2003),当整句话都为言者的关注内容,可以提取该话轮中离言者要开启的话轮最近的部分,用离言者最近的 X 指代 ZX 或者 S1,一来最近的 X 在短时记忆中相比其他成分对言者 T2 的记忆更深刻,尤其是 ZX 或 S1 较长或较复杂时,言者也无法重述全句,因此提取自己能记住的最后一部分作为引述内容;二来这种做法在语言交际上提高了交际效率,对听话人识解信息而言也更为便捷,如例(22)听众们要回应的其实是全诗,但由于短时记忆的限制,不能引述全诗,选取诗句的最后一部分进行引述指代全诗,也提高了交际效率。

距离优先原则常与其他原则共同发挥作用。例如:

(22)忽听得金冬心放下杯箸,从容言道:"诸位莫吵。雪翁此诗有出处。这是元人咏平山堂的诗,用于今日,正好对景。"他站起身来,朗吟出全诗:廿四桥边廿四风,凭栏犹忆旧江东。夕阳返照桃花渡,柳絮飞来片片红。大家,一听,全都击掌:"好诗!""好一个'柳絮飞来片片红'! 妙! 妙极了!"(汪曾祺《金冬心》)

(23)"你们没有把它拿回来——你们给我说它不在那里,我偏说它就在那里,你们也知道,你们跟海边来的那些卑鄙的家伙磨牙时。把它扔到沙堆上了,要么稀里糊涂绑在马身上,半路里丢了。"

"真主和先知之灵在上,你完全错怪了我们。绿洲上什么也没扔下,路上也不会丢。它就是不在那儿,这是<u>千真万确</u>的。"

"<u>好一个'千真万确'</u>! 你们这伙可怜的撒谎虫。你们也承认,这里的那位绅士只喝水,滴酒不沾,你们这些酒鬼!"(伊迪丝·华顿《一瓶毕雷矿泉水》)

例(22)中的提取内容"柳絮飞来片片红"可指代全诗,同时也是上个话轮中距离言者最近的部分。例(23)中戈斯林把他的下属们召集起来进行训话,认定是他的下属把矿泉水丢了,此例中交际对象所言的整个句子 S1 都违反了言者的预期,"千真万确"加深了反预期的程度,成为言者关注的焦点,加之距离优先原则的影响,成为引述对象。

三、引述类"好个 X"的立场表达

话语立场是指关于命题内容或信息的态度、判断或评价的词汇和语法表达形式,既包括言者对所述命题的态度、评价,也包括言者对受话人的态度(Du Bois,2007;方梅、乐耀 2017)。引述类"好个 X"所标引的话语立场可以分为三类:评价立场、认识立场、情感立场。

人们在日常交际中会使用语言表达大量的评价,评价是通过判断来表达的,是评价者以价值的认知和取向为基础的、对被评价者的价值属性的认定和判断(罗桂花,2013)。引述类"好个 X"表达评价立场时,可进行正面或负面的表达,请看例句:

(24)宝钗笑道:"我想,柳絮原是一件轻薄无根无绊的东西,然依我的主意,偏要把它说好了,才不落套。所以我诌了一首来,未必合你们的意思。"众人笑道:"不要太谦。我们且赏鉴,自然是好的。""<u>白玉堂前春解舞,东风卷得均匀</u>。"湘云先笑道:"<u>好一个'东风卷得均匀'</u>! 这一句就出人之上了。"(曹雪芹《红楼梦》)

(25)"为的是比较隐秘,不容易教人知道。"

"<u>好个隐秘,好个不容易教人知道</u>"池大老爷冷笑一声。(高阳《状元娘子》)

例(24)是进行正面评价立场的表达,例(25)是进行负面评价立场的表达。Conrad & Biber(2000)指出认识立场是对命题确定性、可靠性、局限性的评论，以及对信息来源的评论，引述类"好个X"也常用来表示对对话所言命题真实性、可靠性的评论。例如：

(26) 杨过大声道："我师父冰清玉洁，你可莫胡言乱语。"李莫愁道："好一个冰清玉洁，就可惜臂上的守宫砂褪了。"（金庸《神雕侠侣》）

例(26)中言者对杨过所言的真实性持否定态度，以引述类"好个X"进行反驳。上文例(23)言者认定是下属们把矿泉水丢了，因此对交际对象的解释持否定态度，用引述类"好个X"表达负面认识立场。

以上是言者对交际对象话语本身的真实性、可靠性进行的判断、评价，言者用"好个X"表达认识立场时，还可以指向的是对方话语的前提条件。

(27) A："不是我说这样的话。你应该对自己说，他们没有权利来支配一个活人。"

B："权利！好一个权利！现在这世界上哪儿还有权利？人家已经把权利给谋杀了。每个人都有自己的权利，可是他们，他们却有权力，现在权力就是一切。"（斯蒂芬·茨威格《无形的压力》）

A说的话语中"他们没有权利来支配一个活人"的前提是"人人有自由的权利，不该被随意支配"，B对此持否定态度，用引述类"好个X"持负面认识立场。

人们说话的语句中常带有情感的表达，情感立场指说话者或作者对命题的情感态度，包括心情、感情、情绪等（柳淑芬，2017）。引述类"好个X"常常可以标引说话人的情感立场，请看例句：

(28) 秦叔礼：大哥……

秦伯仁：你还有什么脸见我呢？

秦叔礼：不论怎么说，咱们是一奶同胞啊！大哥，您还得帮帮我！

秦伯仁：我还得帮帮你？

秦叔礼：他们三个把金镯子拿走，没分给我！他们说，我要不服，就把我抓出去，因为我是您的亲弟弟！

秦伯仁：好个亲弟弟！小田哥，你怎么说？

田铁根：干脆，把他踢出去！（老舍《秦氏三兄弟》）

(29) 海伦·凯勒的老师渐渐老去，如今她的双眼也失明了。"再开一次刀吧！"安妮自忖。她去找医生，医生和蔼地告诉她："请不要伤心，以往你用眼睛过度，该让眼睛休息的时候，你没有休息，为海伦拼命地读那么多书，现在恐怕要付出代价了。好在你受过盲人教育，你那突出的盲文知识就够你读个心满意足了。"

安妮心如刀割。"好个心满意足！我痛恨盲文,我不能接受,我要眼睛。"这一次,安妮的努力徒劳失败。(海伦·凯勒《假如给我三天光明》)

例(28)中言者引述的"亲弟弟"不是否定"亲弟弟"的身份,而是由于秦叔礼的行为不符合自己以及社会预期中亲弟弟的认知,而使他产生不满、气愤的情感,这里的"好个亲弟弟"也是表达负面情感立场的标志。例(29)中言者用"好个"引述对话话语中的"心满意足"并非为了否定交际对象说的话,而是为了宣泄自己心中的悲伤。

引述类"好个 X"不仅可以表达负面的情感,也可以表达正面的情感,例如:

(30)"不如给她一个特别的称谓,让她超然一点,也与众不同一点!"纪晓岚又说。

"纪贤卿考虑得很周到,但是,什么称谓才好呢?"

纪晓岚沉吟片刻。抬头说:"'还珠格格'如何?"

乾隆想了想,不禁大喜。击掌叹道:"还珠格格!哈哈!好一个'还珠格格',朕喜欢!太喜欢了!就是这样了!还珠格格!她是朕的还珠格格!"(琼瑶《还珠格格1》)

例(30)中的"好一个'还珠格格'"表达了言者的兴奋与高兴的情感。

言者表达评价、认识、情感立场常常不是单独出现的,而是交织着表达的,在这种情况下,我们有必要区分引述类"好个 X"的主要立场和附属立场。引述类"好个 X"的表达通常有一个首要目的,如表达情感立场、表达认识立场或者评价,也就是主要立场,而实施首要目的时言者会自然地带有其他的方式,进行附属立场的表达。

比如引述类"好个 X"表达负面认识立场时,常常带有负面情感,例如:

(31)杨过一跳坐起,怒道:"郭姑娘你可别瞎说,我杨过为人虽不足道,焉有此意?"郭芙道:"好个'焉有此意'!是你师父亲口说的,难道会假?"(金庸《神雕侠侣》)

例(31)和上文例(27)中言者表达引述类"好个 X",是出于对对方话语的不认同,表达的首要目的是反驳,此时主要立场为负面认识立场,与此同时,言者也传达出了一种不满情绪,其附属立场为负面情感立场。

引述类"好个 X"表达情感立场时,在形式上也会体现为反驳,如例(20)言者说"好个 X"的首要目的是表达不满愤怒的情感,体现为斥骂,形式上体现为反驳,表达言者的负面认知立场,此时主要立场为情感立场,附属立场为认识立场。

根据以上分析,我们知道引述类"好个 X"的立场表达有正面也有负面,在我们搜集的 96 例互动中的引述类"好个 X"语料中,我们发现引述类"好个 X"表达评价立场时倾向于正面表达,而表达认识、情感立场时倾向于负面表达,表格如下:

表 1　引述类"好个 X"立场表达正负面频率对应表①

	正 面 表 达	负 面 表 达
评价立场	39	7
认识立场	0	21
情感立场	3	32

四、引述类"好个 X"的话语功能

Halliday 提出了语言的三大元功能:概念功能、人际功能、篇章功能。引述类"好个 X"的话语功能主要体现在人际功能和篇章功能两方面,人际功能除了上文讨论的立场表达之外,还有提示注意的功能,篇章功能有语篇衔接和前景化的功能。

4.1　提示注意功能

引述类"好个 X"有一个重要功能即提醒对方关注,后面通常是言者想要传达的焦点信息。例如:

(32) 李国香挥了挥手,适可而止地制止住了秦书田。她驾轻就熟地掌握、调节着会场的火候。接着提出了一个更为叫人胆战心惊的问题:"秦书田! 现在你当着广大贫下中农、革命群众的面,报一报你自己的阶级成分!""坏分子,我是坏分子。"秦癫子说。"好一个坏分子! 同志们,今天工作组要来戳穿一个阴谋。"李国香这时像一部开足了音量的扩音器,声音嘹亮地宣布:"根据我们内查外调掌握的材料,秦书田根本不是什么坏分子,而是一个罪行严重、编写反动歌舞剧向党向社会主义进攻的极右分子。"(古华《芙蓉镇》)

---

① 由于引述类"好个 X"进行标引立场时,并不是一一对应的关系,可能指标引一类立场,也可能同时标引多个立场,因此表格中的例子总和不等于总语料数。

例(32)中引述的内容"坏分子"对言者而言不是新信息,但是对群众(听者)而言是新信息,言者说"好个 X"的意图是引起听者注意,关注后面的信息。再如上文例(23)中言者意图表达和交际对象不同的观点,用"好个 X"引起对方关注,提醒对方注意自己接下去要表达的观点。

由于"好个 X"有引起对方注意的功能,所以在多人会话中可以起到上文提到的开启会话的功能。如例(20)中王世埙(交际对象 T1)一开始并不是与言者进行直接对话,言者用"好个"引述他话语中的"军法国法",引起他的注意,使他关注自己后面要说的内容,开启和王世埙的对话。再如:

(33) 抱琴转而引申说:"娘娘请看,这影儿多像一个胖娃娃呀!胖小子出世,那呱呱的啼声,不也正是身如束帛气如雷吗?不也会一声震得人皆恐吗?不也就能使妖魔胆尽摧了吗?"

抱琴的话,正合元春的私心。她正待再俯首细观,却忽然院门边响起一声:"好个能使妖魔胆尽摧!"

原来是圣上来了,元春与抱琴惶恐中赶忙跪接。(刘心武《刘心武选集》)

(34) 无忧又向沙克浚和长乐真人言道:"世事均各有缘份,不可强求,小妹身为道家,却愿用两句佛语提醒二位,那就是'欲除烦恼须无我,各有姻缘莫羡人'。"

"好一个'各有姻缘莫羡人'!"一声赞叹,一道银光,水晶宫主闪身而进。

长眉笑煞萧奇站起来施礼道:"我等落水遇难,虽说系无忧仙子立意搭救,却也仗宫主之大力,这里谢过了!"

水晶宫主摆手示意,答道:"老前辈不必言谢,无忧仙子说得好,凡事均有缘份,不知各位去向是否已定,登岸物件均已备妥当。"(司马紫烟《万丈豪情》)

例(33)和例(34)中,原先会话中言者不在场,于是言者可以引述他听到的最后一句话引起对方注意,作出场提示功能。

4.2 语篇衔接和前景化

语篇衔接不仅体现在书面语,也体现在口语中,引述类"好个 X"选取了交际对象话语中的部分内容回应对方,在形式上体现出自己的言谈与对方的言谈内容具有意义上的关联性(方梅,2012),从而引起对方注意,使对方关注自己的观点或者态度内容或后面的信息。

此外引述类"好个 X"还具有前景化的语篇功能,前景化是指把一个不在当前状态的话题激活、放到当前状态的话题处理过程(方梅,2000)。当交际对象言谈中无意提及的某一部分引起了言者的注意,言者可以用"好个 X"将其突出,前景化为下一话轮的信息焦点,作为新一轮会话的话题。

例(4)和例(19)中,"买泉两眼"和"小资产阶级的女性"是交际对象无意说出的内容,言者将这一部分提取出来进行前景化,使其成为下一话轮的话题。

五、结　语

本文从互动视角考察了引述类"好个 X"的形式特征、引述内容 X 的提取动因、引述类"好个 X"的立场表达、话语功能及规约化。

引述内容 X 提取的动因从说话人角度上看是由于交际对象所述话语引起了言者的注意,促使言者用引述类"好个 X"回应,言者提取 X 作为引述对象不一定是因为 X 引起了他的注意,还有可能是引起言者注意的是 X 所在的短语或分句或者整个话轮,言者从中提取了 X 代指引起其注意的内容(ZX 或 S1)。

当引起言者注意的是 X 所在的短语或者分句或者整个话轮时,只有 X 被说话人引述的原因是出于语言的经济原则,也是出于 X 自身的特点,有以下三个原因:第一,X 是言者的关注焦点或信息焦点;第二,X 可以指代或概括 ZX 或 S1;第三,距离优先原则影响。

引述类"好个 X"可以标引言者的评价立场、认识立场和情感立场,表达评价立场时以正面表达占优势,而表达认识、情感立场时以负面表达居多。

此外引述类"好个 X"还具有提示听者注意的功能,和语篇衔接、前景化的功能,其他类的"好个 X"是否呈现类似特点还有待考察。

参考文献

方　梅(2000)自然口语中弱化连词的话语标记功能,《中国语文》第 5 期。

方　梅(2012)会话结构与连词的浮现义,《中国语文》第 6 期。

方　梅(2017)负面评价表达的规约化,《中国语文》第 2 期。

方　梅、乐　耀(2017)《规约化与立场表达》,北京大学出版社。

柳淑芬(2017)话语中的立场:研究现状及发展路径,《当代修辞学》第 5 期。

罗桂花(2013)《法庭互动中的立场研究》,华东师范大学博士学位论文。

马国彦(2015)引语介体与话语的互文建构,《当代修辞学》第 4 期。

王收奇(2007)《"好(一)个 X"感叹句之多角度考察》,暨南大学硕士学位论文。

王长武(2016)《现代汉语引述回应格式研究》,上海师范大学博士学位论文。

尹海良(2014)现代汉语"好(你/一)个 X"构式分析,《中南大学学报》(社会科学版)第 4 期。

张治国、杨　玲(2003)缩略语成因之探究,《山东外语教学》第 2 期。

Susan，Conrad & Douglas，Biber(2000)Adverbial Marking of Stance in Speech and Writing. In S. Hunston & G. Thompson(eds.)，*Evaluation in Text: Authorial Stance and the Construction of Discourse*，56 - 73. Oxford：Oxford University Press.

John W. Du Bois (2007) The Stance Triangle. In R. Englebretson(ed.)，*Stancetaking in Discourse: Subjectivity*，*Evaluation*，*Interaction*. Amsterdam：John Benjamins Publishing Company.

(上海师范大学对外汉语学院,200000,zhujiaqi96@126.com)

语篇衔接理论视角下
对外汉语泛读教学探究[*]

石慧敏[1]　赵刚强[2]

〇、引　　言

阅读是语言输入的重要环节,也是二语习得的重要技能之一,分为精读和泛读,这两部分相辅相成、共同配合,以提高学习者的阅读能力。泛读作为阅读的一种形式,是检验学习者学习效果和综合运用语言知识的重要检测器。泛读之"泛",不仅在于其篇幅长、内容多,在文章的选材内容方面也涵盖较广。

在对外汉语教学中,精读和泛读在课程设置、教学实践重视度等方面始终是一条腿长,一条腿短。鲁健骥(2001)指出,对外汉语教学目前的问题是对泛读的认识不足,不落实,形成了精读一条腿走路的局面,影响了教学质量的提高。不能有精无泛,也不能有泛无精。要两条腿走路,哪一条腿也缺不得。

学习者说出、写出的句子是否合乎逻辑,是否符合正常表达习惯,输入的内容是主要影响因素之一。在考察整理留学生作文语料的过程中,我们发现有不少如下的句子:

(1) *我毕业于在这两年内,我负责带领游客到马来西亚的各个地方游玩,对那个国家十分熟悉。

(2) *我上小学的时候他对打棒球有兴趣。他每星期天有比赛。他跟我一起去操场。他打得不错,动作很灵活。我才知道他善于体育活动。

我们不难发现,以上句子读完后大概能明白作者的意思,但在句内逻辑和表

* 本文为上海师范大学对外汉语学院教学研究项目《风光汉语·中级泛读》(Ⅰ、Ⅱ)的修订及泛读教学研究"的阶段性成果,曾在第九届现代汉语虚词研究与对外汉语教学学术研讨会(2020年10月31日至11月1日,宁波)上宣读。

达习惯方面,读者容易在句意理解上造成解码困难。这样的句子结构零散,句内逻辑不太紧凑和连贯,整个句子的形成只是简单地将短句堆砌起来,造成逻辑、指称、连接等方面的错误。这便涉及"语篇衔接"问题。

泛读要从整体把握文章主旨,从关键处获取重要信息。"语篇"和"衔接"将原本零散的知识点串联成一个知识框架,让学习者从点到线、从线到面将知识运用到整体框架内。在对外汉语相关研究领域,以语篇衔接理论为指导的阅读教学、教材的编写、写作教学研究等都有较为丰硕的研究成果,但涉及泛读的研究却只有寥寥数篇。

关于语篇衔接理论,从国内研究现状来看,影响较大的有胡壮麟(1994)、廖秋忠(1991)、黄国文(1998)等众多学者,他们将语篇衔接理论的研究主体从英语逐渐引入汉语研究乃至对外汉语教学领域。其中,将语篇衔接理论应用到对外汉语阅读教学中的有杨石泉(1984)、罗青松(1999)、田然(2001)等。将泛读教学相关研究从阅读中细分出来并做了大量研究的学者有周小兵(1990)、鲁健骥(2001)、陈贤纯(2011)、周小兵和宋永波(2005)、周小兵、张世涛、干红梅(2008)等。

关于语篇的概念,学界有多种阐释。胡壮麟(1994)指出:"语篇是指任何不完全受语法约束的、在一定语境下表示完整语义的自然语言。语篇既包括话语(discourse)也包括篇章(text),它可以是一个词,也可以是一个短语或词组,还可以是一篇散文、一次对话、一场论文答辩,或是一份科研报告、一本文稿等等。"

本文采用胡壮麟的观点,认为语篇是能在特定语言环境下表达某种意义的语言单位,可以是词、短语、句子,语段、篇章可以是书面表达、也可以是口头陈述,不受篇幅长短的限制。本文的研究范围主要通过留学生书面语料发现偏误问题,尝试探析解决方法,主要研究重点放在句内或者上下文段与段之间的衔接分析上。

衔接指语言要素之间意义的衔接,这种衔接可以通过衔接手段来完成。在Halliday & Hasan(1976)的观点基础之上,黄国文(1998)将衔接分为语法手段、词汇衔接手段和逻辑衔接三类。就前两类语法和词汇衔接手段来说,二者都有具体的衔接标识,这些衔接标识可以作为考察上下文衔接的有力抓手,可以较容易地发现规律并学习掌握。而逻辑衔接手段需要学习者具备较高的汉语水平之后,在理解文本内容、把握作者情感和写作思路的基础上,才能更好地理解文章的前后逻辑,相比语法和词汇衔接手段而言较难进行量化。因此,本文将从语法手段和词汇手段两方面入手,尝试对留学生语料偏误进行分析讨论。在此基础上,结合两套泛读教材的课文及 HSK 长篇阅读试题部分,以语篇衔接手段为切入点,分别从教师教学、学生自身及教材编排三方面对泛读教学做出思考和建议,以期通过有效的泛读,从知识输入源头提高泛读教学质量,培养学生语篇衔接意识。

一、语法衔接手段相关的偏误分析

本文从 HSK 动态作文语料库、留学生书面材料等共搜集整理到语法和词汇衔接方面的偏误语料约 61 篇,其中语法手段语料约 37 篇,词汇手段语料约 24 篇。语法衔接手段主要是省略、替代、连接、照应。经过对 60 余篇语料的详细分析得出,语法衔接手段的偏误在省略和连接方面语料较丰富,而在照应和替代手段方面获得的语料较少。以下我们将结合语料对各类偏误进行分析。

1.1 省略手段使用不当

省略是语篇衔接中重要的语法衔接手段之一,指的是语篇表达中为了遵循经济性原则,对重复或前后相同词语进行的缺省,这些没出现在句中的词语可以在语篇其他部分找到。①

省略手段的恰当使用,不仅能使句子的表达更简洁顺畅,而且使上下文衔接更加连贯。句中省略掉的部分,我们可以通过上下文找出并还原到句子相应部分,这个过程其实在无形中将语篇串联了起来,使读者更易理解。但留学生在语言输出过程中,由于省略不当则会产生各种偏误。

1.1.1 不该省而省

不该省而省,即不合时宜的省略,指的是在句中不该省略的地方省去了相应部分,使句中信息残缺,出现理解障碍。例如:

(3) ＊每天放学回到家里,督促我做作业、辅导我。

(4) ＊我以前做经理在北京服装公司,那儿我工作了五年多。

如果将句子放在特定的语境下,读者可以理解作者所要表达的意思,但独立的句子中不恰当的省略,会影响意思的表达。例(3)中,根据语境是在说父亲对自己的要求,但这时候如果省略"父亲",句子的施事与受事主体便模糊不清。例

---

① 朱永生等(2001)认为,人们在不引起歧义的情况下要尽量使用简约的表达方式,这样既可以减轻编码的负担,又可以使听话者比较容易解码。

（4）是不恰当的介词省略，应改为"在那儿"。

1.1.2 该省未省

该省未省指的是在句中本该省略的地方没使用省略手段，造成文意表达上信息冗余、累赘。例如：

（5）＊在<u>我</u>这一生中，使我转变最大的，是我的中学时代。

（6）＊就<u>我</u>个人来说，我还是比较喜欢节奏慢的流行歌曲。

从以上例子可以看出，如果将句中第一次出现的人称代词省略，句子的表达反而更加简洁连贯。

（7）＊<u>我</u>父亲的这种忘我工作的精神感动了<u>我的心</u>，我一生都要向他学习。

（8）＊为什么他们和<u>他们的</u>同学、朋友相处得那么融洽，而回到家与父母沟通却往往有"代沟"的情况产生呢？

例（7）中，除了将第一次出现的人称代词省略，"感动了我的心"也显得冗余，改为"感动了我"即可。例（8）中偏误现象也是留学生书面语料中经常出现的，诸如"我们和我们的妈妈""他用他自己的手机"等。汉语表达所属时不像英语中物主代词的使用那么明显，所以句中"他们的"需要省略。

1.2 替代手段使用不当

替代手段是语法衔接手段之一，指用替代形式来取代上文中出现的相同的某一成分，同样也是为了避免重复，突出表达句子主要信息。替代的成分要从前文所替代的内容去寻找，在结合上下文寻找替代对象的过程中，替代手段会起到一定的衔接作用。

1.2.1 回避使用替代手段造成偏误

回避使用替代是学习者没有掌握替代手段，而采用回避策略，往往全句都用单一的人称代词来指称句中出现的同一个人或物。通常使句子不够精练，表达啰嗦赘余。试看以下例句：

（9）＊不过她却没这样想，她陪着我度过这些困难，从中教导我，<u>她</u>就是我的母亲。

（10）＊而且，我们用农药生产农产品的时候，不应该过度地用。有的农民，为了<u>收获更多的农产品</u>，会用过度的农药来生产农产品。

例（9）中原文是在描写自己的母亲，最后一个"她"如果用"这个人"替代，既起到了强调作用，又使整句更加自然连贯。例子（10）中反复出现"农产品"一词，应该使用"提高产量"来替代第二次出现的"收获更多的农产品"。

1.2.2　替代手段使用不恰当造成偏误

替代手段使用不恰当和回避使用替代不同,学习者可能知道一点替代手段的用法,想努力通过实践应用于自己的写作中,可是不恰当的替代往往达不到所要表达的效果,反而使句子读起来显得赘余。例如:

(11) ＊当年的我虽然不至于沦落到"自甘堕落"的地步,但也可以算是极其懒惰的<u>一个</u>。

(12) ＊长辈不要坚持自己是长辈一定是对的。只要大家明白<u>大家的</u>看法才可以沟通,减少代沟。

例(11)中,作者可能由于受到英语表达"the one"的影响,想用"一个"来替代前文的"我"。应将句中"一个"用"一个人"或"那个人"替代。例(12)中应使用"彼此的"替代"大家的","只要大家明白彼此的看法"这样的表达不仅更顺畅,意思也更明确。

1.3　连接手段使用不当

连接的关系一般是以关联词作为连接成分,来凸显句内逻辑联系,副词、介词短语等都可以是连接手段。当连接手段使用恰当时,会有助于语篇的衔接,但是当连接手段使用不当时,会造成语义表达不清,使人无法准确理解语篇要表达的意思,产生阅读障碍,对语篇的理解出现一定的困难。试看以下例句:

(13) ＊现在我们国家也用这个方法,但是关键<u>不是</u>方法,<u>就是</u>价格。

(14) ＊代沟,<u>不仅</u>是发生在中国,<u>而是</u>发生在全世界。

(15) ＊受病魔的纠缠,痛苦的煎熬,浪费了社会的资源,<u>又</u>使得家人忧心忡忡。

上例(13)错用了表转折义的连接手段"不是……而是",应改为"关键不是方法,而是价格"。另外,我们常使用不同的关联词来表达递进的逻辑关系,比如例(14)"中国"到"世界"是小范围到更大范围的递进,不能用"不仅……而是"来表达这种递进义,应改为"不仅发生在中国,还发生在全世界"。例(15)属于关联词部件缺失,"浪费社会资源"和"使家人忧心忡忡"是并列存在的两种情况,应该用表并列关系的"既……又"来衔接,改为"既浪费了社会资源,又使得家人忧心忡忡",使句意连贯通顺。

1.4　照应手段使用不当

照应是一种比较复杂的衔接手段,是回指某个以前说到过的单位或有意义的语言学单位。王灿龙(2000)指出,不管是名词、代词还是零形式照应手段,都为了实现在语篇中前后成分的相互照应,实现前后文内容呼应。下面我们结合搜集到的语料进行相关偏误分析。例如:

(16) *以后<u>他</u>一直在公立高中工作。三年以前他退休了。可是他希望继续工作,而且几个私立高中的校长要求<u>他</u>在<u>他们</u>的学校工作。

(17) *从此<u>他</u>为了家庭不顾自己的生活。什么苦难都不会让他觉得气馁。我母亲对女儿总是强调<u>他</u>这样的态度。

例(16)中属于前后照应和替代手段偏误的共现,全句使用第三人称"他",后面又出现了"校长""他们的",显得指代不明。应在句首交代人物,以后再出现时用代词替代,做到前后照应一致。应改为"以后父亲一直在公立高中工作。三年前他退休了,但他希望继续工作,几个私立高中的校长要求父亲在他们的学校工作"。例(17)根据前后照应原则,先交代清楚事件的主体,再用照应手段回指前面提到过的人或物,后面出现的"母亲""女儿"显得人物主体混乱。

二、词汇衔接手段相关的偏误分析

词汇衔接手段分为词汇的同现和复现关系。黄国文(1998)指出,同现关系主要指词汇共同出现,这种关系包含反义词、互补词同现。而复现关系指的是以原词、同近义词、上下义词、概括词等形式来体现,通过这种关系实现语篇的前后衔接功能。根据语料整理情况来看,偏误主要表现在词汇复现手段使用方面,词汇同现偏误几乎很难找到。故从发现问题的角度考量,本文将结合语料,主要从词汇复现手段(原词、同近义词、上下义词、概括词复现)进行讨论分析。

2.1 原词复现使用不当

原词复现是同一形式和意义的词语在同一语篇中反复出现,即句子后一部分重复前面出现过的某一词语来起到上下衔接的作用。原词复现相比其他词汇衔接手段,更能直观地起到衔接作用,学习者比较容易掌握。但是如果将原词复现简单地理解为词语的重复使用,也容易造成衔接不当,使句子冗余累赘。在留学生作文中,经常会出现同一个词语反复使用。例如:

(18) *人生有好几个<u>岔路口</u>。我到中国来留学,也是经过几个<u>岔路口</u>的结果。我现在想当中最重要的<u>岔路口</u>是选择高中的事。

从上例可以看出,语篇中同一词语反复出现,复现率高达三次。例(18)中

"岔路口"重复出现,使句子显得用词单一。第三处可使用适当的代词来替代原词"岔路口",如改为"人生有好几个岔路口。我到中国来留学,也是经过几个岔路口的结果。我现在想当中最重要的一个,是高中的选择"。

2.2　同、近义词复现使用不当

胡壮麟(1994)提到,同、近义词复现是指包含意义相同或者相近的不同词的义项之间的一种衔接、照应关系。殷维真(2012)也谈到,同、近义词同时出现在语篇中,可以使前后文内容相互照应,可以起到衔接作用。恰当的同、近义词复现不但能增加句子的多变性,还能强调主题,增强句子表达效果,但使用不当就会造成偏误。例如:

(19)　*这个问题是我们人类快要<u>完成结束</u>的一个重要的任务。

(20)　*他本性<u>纯朴单纯</u>,很喜欢孩子们,总是爱帮助那些贫穷却聪明的学生。

(21)　*这些历史景点是通过了国家的努力才得以<u>幸存保留</u>到今天的。

例(19)中"完成"和"结束"同现造成复现偏误;同样例(20)"纯朴"和"单纯"的同时出现也造成了同、近义词复现的偏误,将二者删去其一即可。例(21)"幸存"是有幸存在的意思,本身含有"保留、留存、存在"之意,和"保留"同时出现在句中,造成语义重复,故需删去其一。

2.3　上下义词复现使用不当

殷维真(2012)指出,一个词以上义词或下义词的形式重复出现在同一语篇中,我们可以称之为上下义词复现。正确使用上下义词复现手段可以起到一定的衔接作用。在我们搜集的语料中,可以看到学习者分不清词的上下义关系而出现错误的复现,使语篇前后矛盾、表述不清。例如:

(22)　*郊区的环境比城市好多了。有<u>小动物</u>、<u>小鸟</u>、<u>鱼</u>等等。车很少,空气也好!

(23)　*此外,我们还去超市买了<u>萝卜</u>、<u>青菜</u>、<u>西红柿</u>和<u>蔬菜</u>。

以上两例中,属于"动物(小鸟、鱼)"和"蔬菜(青菜、西红柿)"的上下义词误用,分别改为"有小鸟、鱼等动物""买了青菜、西红柿等蔬菜"。

2.4　概括词复现使用不当

概括词是指概括能力很强的一类词,能代表很多事物。诸如"地方、东西、事情"等词。殷维真(2012)指出,"概括词复现指一个词以概括词的形式重复出现在同一语篇中,来实现语篇的衔接"。此类偏误我们搜集到的较少,例如:

（24）﹡没有困难,我们一辈子就不知道幸福、快乐是什么<u>东西</u>。

（25）﹡那是动物园的<u>地方</u>,在那边有各种各样的动物。

例(24)中"幸福、快乐"是一种感受,用"东西"来概括不合适,应删去;例(25)中"动物园"本是一个具体的地方,再用"地方"来进行概括,显得多余。

三、语篇衔接手段相关的泛读教学建议

在以上语篇衔接手段相关的偏误分析基础上,我们结合两套泛读教材中的课文作为案例,另外结合《新 HSK 六级全真模拟测试题集》中的部分阅读试题,在语篇衔接手段视角下从教师、学生、教材三方面尝试提出泛读教学的一些思考和建议。

3.1　对教师及教学的建议

3.1.1　关注汉语语篇衔接相关的理论研究

教师作为知识的传播者、课堂教学的实践者,要想不断提高泛读教学质量,不仅要了解泛读教学及研究的现状,也要关注相关的理论研究,储备一定的理论知识,才能在具体教学实践中举一反三。关于语篇衔接理论,目前学界对语篇的定义和衔接手段的分类较多,理论研究对教师提出了较高要求,需要综合各家之言,结合教材内容、学习者的接受程度、学习者汉语水平等多方面进行理论深化,以提高学习者知识输入与输出的能力和阅读理解水平。

3.1.2　将语篇衔接理论应用于泛读教学实践

理论服务于实践,语篇衔接理论已被应用于汉语写作课、阅读课,还被用来考察留学生写作中的偏误情况,我们认为语篇衔接理论也可以应用到泛读教学实践中。

当然在实施教学前,应制定详细的教学计划,将课文中有关衔接手段的知识点梳理归类。例如课文《孩子们比想象的更懂事》(《拾级汉语泛读课本》6 级第五课),老师在讲到第二段"孩子们对过重的学业有意见,但大多数能体会到父母的苦心,对他们的行为充分理解。同时,他们在成长过程中自我意识提高,希望自己做出一些选择"时,可利用明显的替代衔接标识,指出"孩子们"这个主语,引导学生找出下文中出现的主语替代词,然后归类整理人称代词替代主语的情况。

教学实践中,教师应善于把握和捕捉学习者容易接受的点,创造机会及时引导学生将注意力放在衔接手段及应用上。当谈到"连接手段"时,可先讲解说明,再设置话题让学生发挥主观能动性造出有连接标识的句子。比如课文《如何消除"办公易怒综合征"》,第七段"有规律地休息,不仅能提高工作时的专心程度,全面恢复健康状态,还能增加与同事交流的机会"中含有连接的衔接标识,教学过程中教师可引导学生找出"有规律地休息"的三个好处,然后将注意力放在"不仅……还"这样的连接标识上。在学完后可引导学生进行应用。以"早起"为话题,老师可请学生说出三个"早起"的好处,然后仿照课文,造出"早起不仅能让人清醒,保持好的作息习惯,还能延长上午的学习时间"之类的句子。通过类似的课堂教学实践,或许可以有效减少语料中"代沟,不仅是发生在中国,而是发生在全世界"这样的偏误。

在课堂教学后,教师应适时地给学生适量的、可接受的任务来复习巩固课堂中学过的衔接手段。比如在上完第四课《七夕节——牛郎织女的故事》后,可让学生归纳总结"他、自己、它、他们"这一类对前文主语的同类替代手段。

3.2 对学生的建议

3.2.1 重视语篇衔接的训练,培养衔接意识

在课堂中,学习者应紧跟教学安排,将注意力集中到教师关于语篇衔接的引导上,重视课堂中强调的语法和词汇衔接点,突出识别记忆,只有经过系统的训练和积累,才能熟练辨认相关的衔接标识。除了课堂上习题的训练,学习者更应该重视教师在课后布置的相关衔接练习和阅读训练。相比于有限的课堂时间,对知识点的自主消化和强化,课后的训练有时更加重要,且记忆更深刻。

另外,泛读的"泛",强调阅读量的扩大,汉语基础扎实的学习者若轻松掌握了课堂所学知识,完全可以进行扩展阅读,将课内学到的方法应用到扩展阅读的篇目中。比如语法手段中的照应手段,总是用相同或类似的词语去照应前后文,当自主阅读中遇到同类词语时,可以归类总结;词汇衔接手段中的复现手段,可以尝试模仿课文的句子去写,请老师帮忙纠错等等。当阅读和训练达到一定量时,相关的衔接手段将会变得不那么难掌握。

3.2.2 善于整理归纳偏误问题,掌握学习规律

任何语言技能的获得都有规律可循,对规律的总结能使学习效果事半功倍。在学习汉语的过程中学习者常会出现各种偏误,有些偏误是反复出现、有规律可循的。如果学习者能将出现的错误认真归类处理,将会减少同类错误出现的频率。

比如学习者在表达或写作中出现过"人类终究有本性,在学习过程中分隔男女,不仅是学识上的损失,而是生活经验、人生历练的缺憾"类似的偏误,在泛读课堂中学习过"到苏州旅游,不仅可以领略吴文化的博大精深,还可以享受太湖的美丽风光"这类正确的句子,教师一般也会把"不仅(可以)……还(可以)……"作为重点句式来讲解训练。那此时学习者就要善于整理归纳文中使用过的语法连接手段相关的衔接标志,将它们集中识记。

再如"其"常在文中起替代衔接的作用,但对学习者来说并不容易,这就需要归纳总结。笔者在辅导留学生 HSK 六级强化课时发现,阅读第一部分找语病的题型中,常有用错"其"的病句。如:"小时候从童话故事里学到的东西,可能会受其影响我们的一生"。这类题学生往往找不出问题所在。其实在泛读课上,不少课文有这样的用例。如在《风光汉语·中级泛读Ⅱ》第三十课《东方威尼斯苏州》一文中,"中国四大淡水湖之一的太湖,五分之四的水域在其境内,东山、西山、光福等风景区分布其间。"这个例子就是使用了替代的语法衔接手段,用"其"替代了前文的"苏州",使句子显得紧凑简练。再如《拾级汉语泛读课本》(6级)第七课《绿色宝库梵净山》一文中有"梵净山丰富的生物资源,使其具有综合性的保护价值,因而应该保护其自然生态系统"。

在学习理解"其"所替代的内容和使用方法后,学习者可以将同类问题归纳汇总到一起,在表达相关意义的句子中,就可以有规律可循,使用相对应的衔接手段标记进行表述,这样便可提高学习效率。如果学习者掌握了老师在泛读课中教授的"其"所起到的替代衔接作用这一知识点,进行举一反三,那么在找语病题型中选出正确答案将会容易许多。

3.3　对教材编写的建议

3.3.1　把语篇衔接理论相关内容融入泛读教材编写

教材的质量一定程度上会直接影响教与学的质量。泛读教材的编写若能密切结合教学实践,并以相关理论为指导来进行,对教师来说,可以节省大量探究如何挖掘衔接相关知识点的时间,对学习者来讲,也可以系统地、有目的地复习和巩固课堂所学。

首先,就拿泛读教材的课文来说,很多教材课文的话题和体裁等分布都很全面,语句自然,长短合适,完全具备泛读课文应具备的题材广泛、篇幅适中的优点。但课文内容的编排,未经加工,太过自然。如果能有意识地以语篇衔接理论为指导,将课文中的某些句子或段落进行适当的加工,使之与衔接相关手段相吻合,争取每篇课文都能出现若干语法或词汇衔接手段,那么经过每篇课文的学习和训练,学生在无形中就可以较为系统地学习和训练到语篇衔接知识。其次,在字体选择和色彩搭配上,课文中出现的衔接手段标记可用较显眼的字体颜色突出标识,同一衔接手段用同一字体色调,这样教师可以引导学生归纳,学习者也可借用字体标识辨别,这样就能逐渐熟悉文中使用的衔接手段,并体会上下文的衔接技巧。总之,凸显泛读教材的特点,可以为教师的教、学生的学提供方便。

3.3.2 教材语料选择、练习设计应重视衔接训练

首先,在教材课文的选择方面,除了内容丰富、题材广泛、篇幅适中等要求外,对相关语料还应作进一步的调整完善,使之更有益于教学。比如《风光汉语·中级泛读》的一些课文内容话题分布广泛,选材很好,也潜在包含了很多衔接知识,但教材使用者较难准确辨别并运用。如果事先就能以明确的语篇衔接理论作为指导,凸显衔接意识,对语料中的语法或词汇衔接手段进行合理调整和加工的话,就会更有利于语篇衔接方面的教学。

其次,在课后练习的设计上,除了针对文中其他阅读理解角度设计题目外,还应设置一些针对衔接手段的题型。比如文中出现了上下义词复现的词汇衔接手段,可针对上义词设置练习,先解释上下义词之间的关系,再将上下义词复现作为解题突破口来引导学习者快速解题。教师在引导学生理解句子的基础上,再简单介绍上下义词复现在文中起到的前后衔接关系。例如《风光汉语·中级泛读Ⅱ》第十七课《中国近代第一陵》主课文中,第三段上下义词复现的练习手段除了判断题外,还可以设置选择题,比如"根据文章内容,中山陵的主要建筑不包含以下哪项? A. 石阶 B. 碑亭 C. 光华亭 D. 祭堂"。通过这种上下义词复现的练习设计,掌握上下义词的衔接用法。通过教材的练习设计让学生头脑中产生上下义词的概念,不但对阅读理解有帮助,而且可以减少语料中"我们还去超市买了萝卜、青菜、西红柿和蔬菜"这样的偏误。再比如文中出现连接的语法衔接手段,可针对句子表达的意思设置练习题,根据文意选择正确的带有衔接标识的答案。这样一来考察了学习者对句意的理解,二来锻炼了学习者对相关衔接手段所起衔接作用的识别能力。

再次,在练习形式上,除了选择题和判断题外,可适当增加一些搭配、排序等题型。例如针对词汇衔接中的同近义词复现手段,可设置"词语扩展",让学生选出合适的近义词、同义词,这样的练习方式一来可以扩展学生同、近义词词汇量;二来可以关联到语法衔接手段中的替代手段,有时同、近义词可以很好地替代前文出现过的内容,使表达更加多样化;其三是最主要也是最根本的目的,就是通

过多样化的练习方式提高学生对衔接的理解和运用。

在练习设计上,《拾级汉语泛读课本》在阅读后面设置的"写出下列词语的近、反义词"和"词语搭配练习"两种题型值得借鉴。近、反义词的练习可以培养学生同、近义词复现的衔接意识;词语搭配练习尤其是"选择合适的关联词填空"这一题型,恰巧配合了文中学过的连接语法衔接手段。例如《拾级汉语》(6级)第3课课前热身练习中,从以下课文中出现的句子里找出关联词:"我不是不想去,而是没时间"。学生掌握了表转折关联义的"不是……而是"的语法衔接手段,就能减少语料中"我知道他非常爱我,并不是因为我是独生女,而且他对每一个孩子都很关心"这样的偏误。此外,在HSK六级阅读第三部分选句填空题型中,如果学习者理解了连接手段的使用方法并能灵活运用,那么相关选句填空的题目甚至可以在不读短文的前提下,迅速地排除其他干扰选项,在短时间内选出正确答案。例如,在《新 HSK 六级全真模拟测试题集》第一套试题中有这样一道题:"正是在跑步中,他开始领悟到,_____,而是一场长跑。"五个答案选项分别是:① 他开始爱上了跑步的感觉② 生命不是百米冲刺③ 胸部肋骨毕露④ 悲剧不在于你这样死去⑤ 而在于你可以坚持到最后。此题中,关联词连接的语法衔接标识可以作为解题的重要突破口。

四、余　　论

衔接作为语篇的有形网络,通过语法手段和词汇手段表现出来,语法和词汇衔接手段有着明显的形式标记,是语篇衔接的有力抓手。通过衔接标记,引导学习者重视衔接手段的应用,在泛读课堂实践中具有可操作性。泛读作为语言输入环节中不可忽视的一部分,应在理论指导下加强引导学习者进行正确的、高质量的输入。目前从语篇衔接手段这个视角对泛读课进行课堂教学设计与研究的成果不多,本文在对留学生语篇衔接方面偏误分析的基础上,以语篇衔接手段为切入点,分别从教师教学、学生自身及教材编排三方面对泛读教学做出思考、提出建议,以期通过有效的泛读,从知识输入源头提高泛读教学质量,培养学生语篇衔接意识。

参考文献

陈贤纯(2011)《对外汉语阅读教学 16 讲》介绍,载《世界汉语教学学会通讯》第 5 期。

高顺全、吴中伟、陶　炼(2009)《拾级汉语泛读课本》(第5、6级),北京语言大学出版社。

胡壮麟(1994)《语篇的衔接与连贯》,上海外语教育出版社。

黄国文(1998)语篇分析中的语篇类型研究,《外语研究》第 2 期。

廖秋忠(1991)篇章与语用和句法研究,《语言教学与研究》第 4 期。

鲁健骥(2001)说"精读"和"泛读",《海外华文教育》第 3 期。

罗青松(1999)对外汉语语篇教学初探,《芝兰集》,人民教育出版社。

石慧敏主编(2012)《风光汉语·中级泛读》(Ⅰ、Ⅱ),北京大学出版社。

田　然(2001)语篇对留学生句式选择使用的制约简析,《海外华文教育》第 3 期。

王灿龙(2000)人称代词"他"的照应功能研究,《中国语文》第 3 期。

王尧美主编(2012)《新 HSK 六级全真模拟测试题集》,北京语言大学出版社。

杨石泉(1984)话语分析与对外汉语教学,《语言教学与研究》第 3 期。

殷维真(2012)《中高级阶段韩国留学生口语语篇衔接研究》,南京师范大学硕士学位论文。

周小兵(1990)谈留学生的速读训练,《中国对外汉语教学学会第三次学术讨论会论文集》,北京语言学院出版社。

周小兵、宋永波主编(2005)《对外汉语阅读研究》,北京大学出版社。

周小兵、张世涛、干红梅(2008)《汉语阅读教学理论与方法》,北京大学出版社。

朱永生、郑立信、苗兴伟(2001)《英汉语篇衔接手段对比研究》,上海外语教育出版社。

Halliday, M. A. K. & Hasan, R.(1976)*Cohesion in English*, London：Longman.

(1. 上海师范大学对外汉语学院,200234,hmshi@shnu.edu.cn

2. 上海师范大学对外汉语学院,200234,zhgq0337@163.com)

《基础商务汉语教材》词汇的选择与编排研究[*]

张祥火[1]　吴　颖[2]

〇、引　言

　　《基础商务汉语教材》是由上海师范大学对外汉语学院教师主编的初级商务汉语教材(待出版)。教学对象为通过 HSK3 级、具有 600 个词汇基础的第一语言非汉语的学习者。学完该教材以后,学习者能够具备日常交际及基本商务汉语交际任务的能力,且能够通过 HSK4 级,并为 HSK5 级做准备。

　　编写《基础商务汉语教材》,是针对当前中高级商务教材多,而急缺初级商务汉语教材的情况下展开的。作为基础性商务教材,它的编写难度远大于同类中高级,尤其是在词汇的选用控制上。通过调查,发现目前初级商务汉语教材在词汇编选方面主要存在的问题:第一,词汇编选随意,缺乏针对性和科学性,没有依据大纲选词,导致选词随意,词汇难易度控制差;第二,即使个别依据相关大纲选词,但词汇覆盖面远远不够;第三,缺乏针对性,尤其是缺少新的商务汉语词汇。

　　上述问题,均是《基础商务汉语教材》在词汇编选时注重改进的内容。本文重点是对《基础商务汉语教材》词汇的选择原则与编排实施情况进行定性与定量分析,并展开教材对比,旨在调查与分析《基础商务汉语教材》词汇的选择与编排原则的基础上,探讨专门用途汉语教材的编写原则与实践。

　　* 本文研究得到教育部中外语言交流合作中心 2021 年度《国际中文教育中文水平等级标准》教学资源建设重点项目"基于《国际中文教育中文水平等级标准》的《基础商务汉语教材》研发与编写"(项目编号:YHJC21ZD-044)的资助,曾在第九届现代汉语虚词研究与对外汉语教学学术研讨会(2020 年 10 月31 日至 11 月 1 日,宁波)上宣读。

一、《基础商务汉语教材》词汇的选择原则

1.1　选词依据与范围

1.1.1　词汇的选择依据

第一,《商务汉语考试 BCT(A)大纲》[①],孔子学院总部/国家汉办编制,于 2014 年由高等教育出版社出版。

第二,《新汉语水平考试大纲》[②],国家汉办/孔子学院总部编制,于 2010 年由商务印书馆出版。

1.1.2　词汇的选择范围

因该教材所针对教学对象为通过 HSK3 级、具有 600 个词汇基础的商务汉语学习者,故确定选词范围如下:

600 个 HSK4 级新增词汇(排除 600 个同 HSK3 级重复的词汇);229 个 BCT(A)词汇(排除 371 个同 HSK3 级重复的词汇);235 个 BCT(B)词汇(由教材编写组从 4 000 个 BCT－B 词汇中精心挑选)。其中因 600 个 HSK4 级新增词汇和 229 个 BCT(A)词汇存在 130 个重合词汇,为了便于统计,在此将其计入 BCT(A)词汇,而 HSK4 级新增词汇则剩余 470 个。

综上,该教材的选词范围总数如下:

470 个(HSK4 级新增词汇)＋229 个(BCT－A 词汇)＋235 个(BCT－B 词汇)＝934 个

1.2　话题与词汇选择

1.2.1　围绕教材话题,突出商务性

在商务汉语教材编写中,选择什么词、怎么编排词,决定了学习者所学习的内容。刘华(2018)借用心理词库理论构建话题词表,这给予教材编写组选词启示。教材作为学习者学习知识的重要材料,便承担着语言知识输入的重担。

---

① 该考试大纲内设 BCT(A)词汇表,包含 600 个词汇。这 600 个词汇是以《商务汉语能力标准》为主要依据,并根据多项权威汉语语料库词频情况和国际汉语教学实际情况设定的考试参考词汇,具有重要参考价值,是该教材最重要、最核心的选词依据。此外,选用《商务汉语考试 BCT(B)大纲》作为选词补充,但仅做少量参考。该大纲由孔子学院总部/国家汉办编制,于 2015 年由高等教育出版社出版。大纲中内设词汇表,包含 4 000 个词汇,具有参考意义。

② 该考试大纲内设 HSK(四级)词汇大纲,包含 1 200 个词汇。

因此,《基础商务汉语教材》在词汇编选时,紧紧围绕各课话题从选词范围表内进行选词,注重话题与词汇的联系性,使学习者在商务活动中碰到同类话题时,快速激发心理词库,顺利完成商务交际。以第四课"购物与消费"话题为例,通过人工干预方式,围绕该话题在所制范围词表内进行选词,得出如下话题词汇:

购物 打折 日期 逛 售货员 结账 排队 零钱 现金 刷卡 支付 网购 优惠 购买

《基础商务汉语教材》在编写时,各课话题(在此将其称为"主话题")根据功能场景的不同划分出更小的话题(在此将其称为"次话题"),此类话题为各课话题的下类,范围更小。例如第二课,主话题为"商务出行",围绕"机场"及"火车站"两个场景,形成"机场出行"及"火车站出行"两个次话题。两个次话题虽在词语选择上存在很大共同之处,但仍存在差异,为了凸显二者的不同,必须在选词上有所区分。

刘华(2007)提到"领域词语"的概念,将其定义为"具有强文本表示功能的特征词",并在此基础上,依据词语的领域流通度将其分为"领域通用词"与"领域专类词"。"领域通用词语"即是能表示领域特征的基本词语,如出行方面的"乘坐、商务舱、经济舱",这些词汇在上述两个次话题"机场出行"与"火车站出行"中都是通用的。"领域专类词语"即是指区别度高的词语,如出行方面的"托运、值机、登机牌",这些词汇明显属于次话题"机场出行"。据此概念,在围绕次话题进行选词时,需选用"领域专类词语"来将主话题下的两个次话题加以区分。

因此,围绕"商务出行"展开的次话题"火车站出行"选用"火车站、高铁"等词,"机场出行"选用"值机、登机牌"等词,以彰显话题特征,将二者区分开来。

1.2.2 加入新词汇,增强时代性

杨寄洲(2003)指出"一部新教材如果不吸收一定量的新词语,便称不上'新'"。《基础商务汉语教材》在词汇选择上有着同样的共识,即尽管参考各类大纲制作出选词范围表,但是这些大纲毕竟是数年前词频、字频统计的结果,其中的一些词语已经落后或者不能满足时代的需要,因此在词汇选择时应注意围绕话题谨慎地选取一些当代社会常用的词汇,将其编入教材中。如在"购物与消费"这个话题中加入"扫码、电商、网红",在"商务出行"这个话题中加入"充电宝"等。

二、《基础商务汉语教材》词汇的编排实施情况

2.1 各课词汇量情况分析

2.1.1 科学控制词汇量

《基础商务汉语教材》作为针对只有 600 个词汇量基础的学习者的初级商务汉语教材,一共 15 课,学习者学习完该教材后能够掌握 900 个新词汇的目标设定是合理的。因此,结合该教材 15 课的课文数,得出每课平均词汇量应为 60 个,该词汇量由每课的两段对话,即课文(一)和课文(二)共同组成。但让每课都达到相同的词汇量是难以实现的,故设定将每课词汇量控制在 60 个左右即可。

然而,尽管教材编写组努力控制各课词汇量,但是仍有部分课文出现词汇量超标现象。以第十课"公司情况"为例,该课原编课文词汇总量为 88 个。具体生词情况如下:

课文(一) 41 个生词

商业 目前 基本 月初 出口 白酒 报告 特点 传播 许多 密切 百分之 沿线 百分比 降低 参考 财务 计算 数据 比例 总 基本 引起 使 发生 厂商 需求 季度 涨 海外 长远 市场 面向 出售 真正 实力 期待 酒吧 聚会 倒时差 口罩

课文(二) 47 个生词

咳嗽 全身 力气 戴 阴天 充足 景色 空气 污染 温度 适中 散步 包退 包换 责任 目的 保证 形象 推广 每年 演员 广告 提高 作用 代言 投资 业绩 往往 正确 基地 规模 条件 合并 面积 消费者 幸福 创新 方面 经验 目标 竞争力 信心 内容 允许 签订 用餐 失陪

该课 88 个的词汇总量远超既定每课 60 个左右的词汇量范围,这势必会给学习者学习带来不小的压力,不利于课堂教学,因此,必须对该课词汇量进行删减。对此,教材编写采用以下步骤对该课的词汇总量做"减法":

第一,结合所制词表,对生词进行标识,找出所有超词表词(超出所制词表词汇范围,且不属于 HSK3 级的词汇)。

第二,对超词表词进行筛选,将部分词汇排除生词范围。主要从三方面来排除部分超词表词汇:一是"词的语义难度";二是"词的用法";三是"词的书写形

式"。以该课超词表词"用餐"为例,其排除过程如下:

首先,针对词汇的语义难度高低问题,主要参考李晋霞、李宇明(2008)的"语义透明度"理论来进行鉴定。"语义透明度(semantic transparency)"即指由合成词的构成语素推知词义的难易程度。其按照语义透明的高低,将其分为四类:一是"完全透明":词义基本等于语素义的直接相加,如"悲哀";二是"比较透明":词义不等于部分之和,词的意义不能从字面意义直接得出,但每个语素义对词义具有提示作用,如"茶饭";三是"比较隐晦":部分语素义基本上对语义不具有提示意义,如"洞察";四是"完全隐晦":每个语素义都对词义不起提示作用,如"物色"。就"用餐"而言,它的字面组合义为"使用吃(饭)",而其真正意义为"用饭(多用于比较正式的场合)",语义发生了变化,整体意义不等于部分义之和,但这个词的语素的意义具有提示作用,所以该词语义比较透明,难度低(对词义的确定参考《现代汉语词典》(第7版)中的释义)。

接着,从"用法"上来看,该词在句中主要做动词,用法单一,不复杂,故掌握难度较低。

最后从"书写形式"来看,"用餐"一词中,"餐"的书写形式比较复杂,参照《国际汉语教学通用课程大纲》(修订版)中的"常用汉字表"也发现其属于"四级"汉字,但在排除时考虑到教材用词的联系性,该字已经在教材第一课已经出现(出现词汇为"餐厅"),所以不再作为生字。

综上,结合语义、用法和书写形式等将"用餐"一词排除生词范围。

第三,结合所编课文,在尽量不影响课文自然、真实的情况下对超词表词汇进行"替换"或者"删除",即努力在减少词汇量与保证课文真实、自然之间达到协调。

在"替换"时关注前面已编课文生词状况,最佳状态为将该课超词表生词替换为前几课或本课出现的其他生词,这样既能减少生词,也能提高词汇复现率。

"替换"的情况如:

马　总:参考上一季度财务部门计算的数据,情况确实是这样的。尽管我
　　　们出口比例降低了,但是在总的销售额上,跟上一季度基本一致。

上述对话中,"基本"及"一致"都为超词表词,为减少生词,在保证语言自然、真实的情况下,将二者替换为四级词汇"差不多",该词在第二课便已作为生词。

"删除"的情况如:

文经理:目前公司的基本情况和上个月给您的材料一样。我们公司以出口
　　　白酒为主,最大的特点是要将中国酒文化传播到世界各地。

上述对话中,"目前"及"基本"都为超词表词,将二者直接删除并不影响课文语言的自然与真实。

第四,若在尽可能减少超词表词,但词汇量仍较多的情况下,则对所制词表中的BCT(B)词汇进行删除。原因是《基础商务汉语教材》的核心词汇是在HSK4级新增词汇及BCT(A)词汇中进行选择,BCT(B)词汇只作为辅助,且在选用时存在一定主观性,因此,对其同样采用"替换"或"删除"的方式进行。

综上,该课词汇量通过上述方式,共减少生词20个,最终词汇量为68个,其余课文的词汇量采取同样的方式进行控制,兹不赘述。

2.1.2 各课词汇量分布情况分析

对各课词汇量的控制贯穿《基础商务汉语教材》编写始终,控制后的各课词汇量分布情况如下(专有名词不计入生词统计):

表1 《基础商务汉语教材》各课词汇量统计情况表

课文		词汇量	各课词汇总数	课文		词汇量	各课词汇总数
第一课	课文(一)	29	53	第七课	课文(一)	23	60
	课文(二)	24			课文(二)	37	
第二课	课文(一)	30	62	第八课	课文(一)	42	72
	课文(二)	32			课文(二)	30	
第三课	课文(一)	38	62	第九课	课文(一)	29	59
	课文(二)	24			课文(二)	30	
第四课	课文(一)	39	66	第十课	课文(一)	34	68
	课文(二)	27			课文(二)	34	
第五课	课文(一)	28	55	第十一课	课文(一)	36	66
	课文(二)	27			课文(二)	30	
第六课	课文(一)	33	60	第十二课	课文(一)	28	60
	课文(二)	27			课文(二)	32	

续　表

课　　文		词汇量	各课词汇总数	课　　文		词汇量	各课词汇总数
第十三课	课文（一）	33	65	第十五课	课文（一）	33	67
	课文（二）	32			课文（二）	34	
第十四课	课文（一）	37	64	教材词汇总数			939
	课文（二）	27					

　　根据表 1 可知,《基础商务汉语教材》十五课词汇总量为 939 个,平均每课词汇量约为 63 个,符合既定每课 60 个左右的词汇数。此外,通过上表也可知,每课的两段课文(即课文(一)、课文(二))间词汇数量相差不大,不存在一段对话词汇量过多,一段对话词汇量极少的现象,这样的分布利于学习者的语言习得。

　　再看相邻各课之间词汇总数间的词汇量差距。为清楚直观,以课别为横轴,词汇数量为竖轴,制作出该教材的各课词汇量变化折线图:

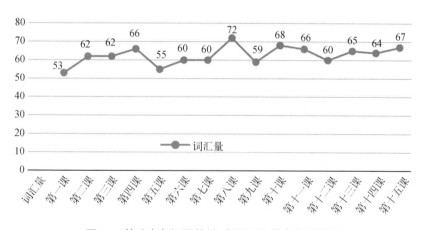

图 1　《基础商务汉语教材》各课词汇量变化折线图

　　通过观察上图可以发现,整个曲线波动较为均匀,趋于平缓,只有少数相邻课文间词汇总量波动稍大,分别为"第一课和第二课""第四课和第五课""第七课和第八课""第八课和第九课"和"第九课和第十课",占相邻课文匹配总数①的十

_____

① 相邻课文匹配总数为第一课至第 n 课能够相邻匹配的次数,其匹配总数为 n—1。

四分之五,比例较小。因此,《基础商务汉语教材》各课词汇量的变化总体上还是比较合理的。

综上,根据前人研究理论成果与数据分析可知《基础商务汉语教材》各课的词汇量安排具有合理性和科学性,基本上符合学习者的语言认知学习规律,利于学生学、教师教。

2.2 各课词汇编排情况分析

在统计教材各课词汇编排情况时,百分比数据均采用四舍五入的方法列出。此外,统计时发现存在选用 110 个 HSK4 级新增词汇和 BCT(A)词汇重合的词汇,沿用前文办法,计为 BCT(A)词汇。具体情况如下:

表 2 《基础商务汉语教材》各课词汇编排情况表①

课 数	各课词汇总量	HSK3 级词汇		HSK4 级词汇		BCT(A)词汇		BCT(B)词汇		超词表词汇	
		数量	百分比%	数量	百分比%	数量	百分比%	数量	百分比%	数量	百分比%
第一课	53	0	0.0%	13	24.5%	15	28.3%	2	3.8%	23	43.4%
第二课	62	2	3.2%	19	30.6%	17	27.4%	8	12.9%	16	25.8%
第三课	62	0	0.0%	4	6.5%	19	30.6%	26	41.9%	13	21.0%
第四课	66	0	0.0%	30	45.5%	14	21.2%	4	6.1%	18	27.3%
第五课	55	2	3.6%	13	23.6%	17	30.9%	9	16.4%	14	25.5%
第六课	60	0	0.0%	29	48.3%	11	18.3%	5	8.3%	15	25.0%
第七课	60	1	1.7%	24	40.0%	10	16.7%	7	11.7%	18	30.0%
第八课	72	1	1.4%	34	47.2%	11	15.3%	4	5.6%	22	30.6%
第九课	59	0	0.0%	21	35.6%	10	16.9%	9	15.3%	19	32.2%
第十课	68	0	0.0%	22	32.4%	16	23.5%	20	29.4%	10	14.7%

---

① 表格的个别行存在因小数点后的数字四舍五入而导致的百分比数值相加为 99.9% 或 100.1% 的现象。

续　表

课　数	各课词汇总量	HSK3 级词汇		HSK4 级词汇		BCT(A)词汇		BCT(B)词汇		超词表词汇	
		数量	百分比%	数量	百分比%	数量	百分比%	数量	百分比%	数量	百分比%
第十一课	66	0	0.0%	18	27.3%	10	15.2%	20	30.3%	18	27.3%
第十二课	60	6	10.0%	17	28.3%	10	16.7%	16	26.7%	11	18.3%
第十三课	65	0	0.0%	28	43.1%	9	13.8%	9	13.8%	19	29.2%
第十四课	64	0	0.0%	21	32.8%	11	17.2%	16	25.0%	16	25.0%
第十五课	67	0	0.0%	26	38.8%	6	9.0%	11	16.4%	24	35.8%
词汇总量	939	12	1.3%	319	34.0%	186	19.8%	166	17.7%	256	27.3%

根据表 2,可以得出《基础商务汉语教材》所选词汇具有如下特点:

第一,大纲词汇覆盖率广。

通过上表可知,《基础商务汉语教材》十五课共选用 319 个 HSK4 级新增词、186 个 BCT(A)词汇,分别约占 600 个 HSK4 级新增词汇、229 个 BCT(A)词汇(排除同 HSK3 级重复的词汇)的 53.2% 和 81.2%。因上表在数据统计时,将 HSK4 级新增词汇同 BCT(A)词汇重合的部分都记作 BCT(A)词汇,故该教材 HSK4 级新增词汇实则选用为 429 个(319 个＋110 个),占据 600 个 HSK4 级新增词汇的 71.5%。

李泉、金允贞(2008)提到"初、中、高级综合教材,能纳入有关大纲的词汇的比例分别在 80%、70%、60% 左右就已经是相当高的比例。"从《基础商务汉语教材》达到选用 71.5% 的 HSK4 级新增词汇比例和选用 81.2% 的 BCT(A)词汇(排除同 HSK3 级重复的词汇)比例可以看出该教材的大纲词汇覆盖率广,在大纲词汇选用比例上达到非常不错的成绩。

第二,每课都选入不少于五分之一的商务汉语词汇。

周小兵、干红梅(2008)提到"商务汉语教材跟通用汉语教材最大的区别就在于词汇选取的不同。"《基础商务汉语教材》所参考的 BCT(A)词汇及 BCT(B)词汇均为商务领域词汇,从上表可以看出该教材在每课中都融入不少于五分之一的商务领域词汇,使得该教材文本内容具有商务性,让其同通用汉语教材相区别,这是该教材科学性的体现。

第三,超词表词汇较多。

超词表词汇即超出《基础商务汉语教材》所设选词范围表的词汇。通过上表可知《基础商务汉语教材》平均每课的超词表数约为 17 个,超词表词汇达到了总词汇数的 27.2%,数量较多。该教材超词表词汇较多,原因有:

一是时代性词汇选用的影响。该教材在编写时注重对能够反映社会现象的时代性词汇的吸收,如"扫码、网购、网红"等,这些词汇明显不属于既制词表范围,故一定程度上增加了超词表词数量;

二是教材教学目标的影响。"学习者学完本教材后能通过 HSK4 级,并为 HSK5 级做准备"是该教材教学目标之一,因此,在教材词汇量控制时,保留了部分 HSK5 级词汇,如"出示、重量、人员"等,这也增加了超词表词数量。

第四,保留部分 HSK3 级词汇。

从该表可以看出《基础商务汉语教材》在生词处理上并没有完全将 HSK3 级词汇排除在外,而是保留少数 HSK3 级词汇,如"其他、不但……而且……、其实、包、层、满意"等。保留的 HSK3 级词汇有如下特点:

一是词汇中汉字笔画复杂,难书写,如"满意"中的"满";

二是词性为副词、代词、量词,用法较为空灵,不容易掌握,如"总是""其他"及"层";

三是关联词较难,且为课文语法项目,如"不但……而且……"。这些词汇对于学习者而言较难,教材对其进行保留,利于学习者重温掌握。

三、与《基础实用商务汉语》教材词汇对比

一部教材的好坏,只有在与同类教材对比中才能反映出来。在此选用《基础实用商务汉语》作为《基础商务汉语教材》的对比对象,分别从教材词汇等级分布情况及教材词汇复现率情况来考察二者在词汇选用上的特点,并以此分析词汇选用情况对教材的影响。

3.1 《基础实用商务汉语》教材特点

《基础实用商务汉语》(第 3 版)由关道雄编著,于 2018 年由北京大学出版社出版,其所针对的使用对象主要为已学习一年到一年半汉语课程,且对汉语语法结构有基本了解的母语非汉语的商务汉语学习者。选择这套教材进行对比有三

个原因:

第一,该教材自出版以来便受到国内外学校的欢迎,经历多次出版与更新,是一部比较成熟、质量较好的初级综合性商务汉语教材;

第二,该教材同《基础商务汉语教材》的课文数相近,前者为 16 课,后者为15 课;

第三,该教材同《基础商务汉语教材》均是为商务汉语学习者编写的"基础"商务汉语教材,故具有可比性。在此选用该教材最新再版的、于 2018 年 5 月出版的第三版进行对比。

3.2 教材词汇等级考察

3.2.1 教材词汇等级划分依据

因至今尚未有"商务汉语词汇等级大纲",且现有的《商务汉语 BCT(A)考试大纲》及《商务汉语 BCT(B)考试大纲》词表都未对词汇进行等级划分,故只能参考权威通用汉语词汇大纲来进行词汇等级划分。《汉语水平词汇与汉字等级大纲》作为通用词汇等级大纲,于 1992 年出版,2001 年修订,但出版年份较早,其中很多词汇已经不能适应社会发展的现状,所以在此选用《新汉语水平考试大纲》(1—6 级)中的词汇表来划分教材词汇等级。

3.2.2 教材词汇统计标准说明

由于教材中词汇数量较多,统计过程较为复杂,且两部教材在词汇处理上采用不同的标准,据此,针对统计中遇到的问题做出如下说明:

统计范围:词汇统计范围只涉及教材主生词表内容,不包含专用名词。

统计原则:统计时,严格以《新汉语水平考试大纲》的词表为标准,凡是不属于该大纲词表中的词汇均算作超纲词;《基础实用商务汉语》在生词表标注生词时,会在生词下标注出其中可以单独成词的部分,如在"信用证"下标出"信用",在此,根据课文内容,只统计课文中所出现的词汇"信用证";用括号表示的词或短语此处只统计括号外的词,如"提出(来)",只对"提出"进行统计。

数据统计办法:所统计的数据均采用四舍五入的方法列出。

3.2.3 两部教材词汇等级分布情况

通过对《基础商务汉语教材》《基础实用商务汉语》这两部教材进行词汇量及词汇等级统计分析,得出下表:

表3　两部教材词汇同《新汉语水平考试大纲》对比的词汇等级情况表

教材	总量	一级		二级		三级		四级		五级		六级		超纲	
		数量	百分比%	数量	百分比%	数量	百分比%	数量	百分比%	数量	百分比%	数量	百分比%	数量	百分比%
《基础商务汉语教材》	939	0	0%	0	0%	12	1.3%	429	45.7%	162	17.2%	71	7.6%	265	28.2%
《基础实用商务汉语》	951	0	0%	2	0.2%	16	1.7%	121	12.7%	207	21.8%	123	12.9%	482	50.7%

从上表可以看出,两部教材在词汇量及词汇等级上有如下特点:

第一,两部教材的词汇总量差距不大。

《基础商务汉语教材》词汇总量为939个,《基础实用商务汉语》词汇总量为951个,两部教材之间的词汇总量接近,可见两部教材对初级商务汉语教材应具有的词汇总量有着较为一致的看法。

第二,两部教材的选词在等级分布上差距较大,《基础商务汉语教材》教材词汇同大纲重合度高,《基础实用商务汉语》教材词汇同大纲重合度低。

两部教材选词的等级差异如下列柱状图:

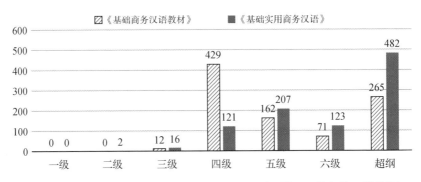

图2　两部教材词汇同《新汉语水平考试大纲》对比的词汇等级情况柱状图

根据以上柱状图可以看出《基础商务汉语教材》同《基础实用商务汉语》在词汇等级分布上存在很大的差异。《基础商务汉语教材》所用词汇对大纲覆盖率高,覆盖比例达到71.8%。在各词汇等级分布中HSK4级词汇所占比重最大,达到45.7%。词汇比例按从大到小的顺序进行排列,结果为:HSK4级词汇>

超纲词汇＞HSK5 级＞HSK6 级＞HSK3 级。而《基础实用商务汉语》所用词汇对大纲覆盖率低,覆盖比例仅为 49.3％。在各词汇等级分布中超纲词所占比例最大,达到 50.7％,超过半数。词汇比例按从大到小的顺序进行排列,结果为:超纲词汇＞HSK5 级＞HSK6 级＞HSK4 级＞HSK3 级＞HSK2 级。

根据二者教材选用词汇对大纲覆盖率及词汇等级比例分布情况,可以看出《基础商务汉语教材》在词汇选用上有所控制,围绕相关大纲进行选词,而《基础实用商务汉语》教材的选词更为随意。据此,可知《基础商务汉语教材》在词汇的选择上更具有合理性,词汇"难易度"控制优于《基础实用商务汉语》。

第三,两部教材超纲词都较多,但《基础实用商务汉语》的超纲词远多于《基础商务汉语教材》。

《基础商务汉语教材》超纲词比例为 28.2％,而《基础实用商务汉语》超纲词比例为 50.7％。可见,两部教材的超纲词汇较多,但后者远远多于前者,其主要原因就是《基础实用商务汉语》词汇的选编没有严格参照大纲,也未能科学地控制词汇难度,选词较为随意。

综上,两部教材虽在词汇量上差距不大,但是在选词上各具特点。《基础商务汉语教材》在选词上控制得好,紧紧围绕大纲进行,故同大纲覆盖率高,超纲词较少,这有利于教材文本难易度的控制,具有科学性与合理性。而《基础实用商务汉语》选词较为随意,没有依据大纲,大纲的词汇覆盖率低,超纲词过多,不利于控制教材文本难易度。

3.3 教材词汇复现率考察

复现率是指字或词在教材中重复出现的次数,是评判一部教材的重要量化标准。因此,要对《基础商务汉语教材》《基础实用商务汉语》这两部教材的词汇复现率进行统计分析,考察其复现情况。

3.3.1 教材词汇复现率统计说明

统计范围:统计语料为教材课文的标题及正文部分,不包含生词表、注释、练习等内容;词汇复现率所查词汇仅涉及教材主生词表内容,不包含专用名词。

统计原则:统计中,若出现同音同形,但意义不相同的词汇,则将其记为两个词,如"省";若出现词汇的重叠形式,如"幸会幸会",考虑到其出现在一处,将其算作复现 1 次。

复现率统计办法:一个词汇的复现率等于该词汇在语料中出现的总次数—1,如"生意"一共在统计语料中出现 28 次,那么其复现率为 27 次。

相关统计术语：统计中，将教材中主生词表生词称为总词数；将所有生词重复出现的总和称为总词频；将总词频除以总词数得出的数据称为平均词频。

3.3.2 两部教材词汇复现情况

通过对《基础商务汉语教材》《基础实用商务汉语》这两部教材进行词汇复现率情况调查，得出下表：

表 4 两部教材词汇复现总体情况表

教　　材	课文总数	总 词 数	总 词 频	平均词频
《基础商务汉语教材》	15	939	1 377	1.47
《基础实用商务汉语》	16	951	1 649	1.73

根据 Saragi，Nation & Meister(1978)的研究成果，"词语在文章中出现 6 次以下，有半数被试可以习得，而出现六次或者更多，则有 93% 的受试可以习得"，据此，可以将词汇一共出现 6 次作为词汇习得的标准，那么词汇复现率标准便为 5 次。依据这个指标，可知上述两本教材 1.47、1.73 的平均词频远没有达到该标准，教材词汇复现情况并不理想。

平均词频反映的是教材词汇整体的复现情况，为更为清楚地展现教材词汇的复现分布特点，需对教材词汇的复现率进行分级考察。根据 Saragi，Nation & Meister(1978)的研究成果及教材词汇复现情况，分为 0 复现率、1≤复现率<5、5≤复现率<10、10≤复现率<20、20≤复现率<50 及 50≤复现率<100 这六个考察等级。具体调查情况如下：

表5 两部教材词汇复现分布情况表①

复 现 等 级	《基础商务汉语教材》		《基础实用商务汉语》	
	词汇数量	占全书总词数的百分比	词汇数量	占全书总词数的百分比
0 复现率	497	52.9%	496	52.2%
1≤复现率<5	354	37.7%	369	38.8%

---

① 表格的个别列存在因小数点后的数字四舍五入而导致的百分比数值相加为 99.9% 的现象。

续 表

复 现 等 级	《基础商务汉语教材》		《基础实用商务汉语》	
	词汇数量	占全书总词数的百分比	词汇数量	占全书总词数的百分比
5≤复现率<10	64	6.8%	54	5.7%
10≤复现率<20	20	2.1%	24	2.5%
20≤复现率<50	4	0.4%	6	0.6%
50≤复现率<100	0	0.0%	2	0.2%

由表 5 可知：第一，两部教材 0 复现率词较多，均达到 50% 以上，超过教材所统计词汇的半数；第二，两部教材词汇复现次数处在"1≤复现率<5"的词也较多，均超过词汇总数的三分之一；第三，复现次数处于"5≤复现率<10"的词汇刚好符合标准，但是两部教材中达到此标准的词汇未超过 10%；第四，两部教材高复现率词汇都很少，占比都未超过 5%。据此可知，两部教材的词汇复现情况都较差。

综上，根据表 4 及表 5 统计结果可知，两部教材的词汇复现情况都并不理想，这在一定程度上是不利于学习者的词汇习得的。那么，词汇复现率低是教材编写者在编写过程中忽视词汇的复现问题吗？并非如此。《基础商务汉语教材》在编写设计时，教材编写者并非没有考虑词汇的复现问题，反而时时秉持词汇复现的思想。《基础实用商务汉语》的编者关道雄在其"第三版修订说明"中也提到商务汉语教材词汇的复现率问题，并认为"商务汉语教材词汇复现率一直是一个不容易解决的问题"。据此可知，并非编者不关注词汇的复现问题。那么，是什么原因导致教材词汇的复现率低呢？

在此，便以本文所研究的《基础商务汉语教材》作为分析，可能的原因如下：

第一，商务汉语词汇具有较强的领域性，不少词汇仅能够在特定的课文话题下使用，难以在其他话题下运用，如"登机牌、安检"等词就只适合用于"商务出行"这个话题下，在其他话题中便难以使用。

第二，根据前文表 2 可知，《基础商务汉语教材》在词汇选用时，达到较高的大纲词汇覆盖率，即"选用 429 个 HSK4 级新增词汇、186 个 BCT(A)词汇，分别约占据 600 个 HSK4 级新增词汇、229 个 BCT(A)词汇(排除同 HSK3 级重复的词汇)的 71.5% 和 81.2%"。在达到这么高的大纲词汇选用情况下，词汇复现率的降低是难免的。

四、结　　语

本文对《基础商务汉语教材》词汇的选择原则与词汇编排实施情况进行分析,得出以下结论:

词汇选择原则上,该教材紧扣相关的词汇大纲设计词汇数量与难度,同时围绕话题选用词汇,注重商务性与时代性,体现出选词的系统性与科学性。

词汇编排情况上,该教材具有各课词汇量分布较均衡、难易度合理、大纲词汇覆盖率广等特点,具有科学性。

最后,通过从词汇难度等级和词汇复现率等方面与《基础实用商务汉语》作对比,发现《基础商务汉语教材》词汇对大纲词汇的覆盖面及等级控制明显优于《基础实用商务汉语》,但二者词汇复现率都存在不足的情况。

该研究调查有助于专门用途基础汉语教材的编写,尤其是对词汇选编具有参考价值。

参考文献

关道雄(2018)《基础实用商务汉语》(第 3 版),北京大学出版社。

国家汉办、孔子学院总部(2009)《新汉语水平考试大纲》(1—4 级),商务印书馆。

国家汉办、孔子学院总部(2010)《新汉语水平考试大纲》(5—6 级),商务印书馆。

孔子学院总部、国家汉办(2014a)《国际汉语教学通用课程大纲》(修订版),北京语言大学出版社。

孔子学院总部、国家汉办(2014b)《商务汉语考试 BCT(A)大纲》,高等教育出版社。

孔子学院总部、国家汉办(2015)《商务汉语考试 BCT(B)大纲》,高等教育出版社。

李　泉、金允贞(2008)论对外汉语教材的科学性,《语言文字应用》第 4 期。

李晋霞、李宇明(2008)论词义的透明度,《语言研究》第 3 期。

刘　华(2007)基于文本分类中特征提取的领域词语聚类,《语言文字应用》第 1 期。

刘　华(2018)商务汉语常用词语表的重构与等级划分,《华文教学与研究》第 1 期。

杨寄洲(2003)编写初级汉语教材的几个问题,《语言教学与研究》第 4 期。

中国社会科学院语言研究所词典编辑室(2016)《现代汉语词典》(第 7 版),商务印书馆。

周小兵、干红梅(2008)商务汉语教材选词考察与商务词汇大纲编写,《世界汉语教学》第 1 期。

T. Saragi, I. S. P. Nation & G. F. Meister(1978) Vocabulary learning and reading. *System* 6(2):72 - 78.

(1. 上海师范大学对外汉语学院,200234,zhangxianghuo@126.com;

2. 上海师范大学对外汉语学院,200234,wuying@shnu.edu.cn)

基于语料库的澳大利亚留学生
副词"就"的习得研究[*]

〇、引　　言

现代汉语副词"就"有多个义项,用法复杂,不仅是语言学界探讨的重点话题之一,也是外国人学习汉语的难点之一。关于副词"就"的研究,有从本体角度探讨的,如"就"和"才"的若干问题的解释(金立鑫,2015)、现代汉语副词"就"字的功能视角研究(何伟,2016)、"就""才"的量级构式研究(邓川林,2018)等。还有从第二语言习得的角度研究副词"就"的,如外国留学生多义副词"就"的习得考察(黄露阳,2009),留学生对多义副词"就"的习得顺序及教学研究(刘莹莹,2014),留学生副词"就"习得偏误分析(崔硕,2015)等。

有关第二语言习得副词"就"的研究或基于语料库,或采用调查问卷的实验设计,对外国留学生习得副词"就"的过程、偏误进行分析,对汉语教学有一定的启发和帮助。然而,以往对外国留学生副词"就"的习得研究,几乎没有专门针对澳大利亚留学生的研究,所以我们想知道澳大利亚留学生在习得多义副词"就"的时候,有什么特点,习得顺序是怎样的。

本文采用语料库的分析方法考察澳大利亚留学生副词"就"的习得情况。语料来自北京语言大学 HSK 动态作文语料库,我们选取全部澳大利亚留学生的语料进行分析,共71篇,每篇字数大概为 400 字,共计约 3 万字。以下,我们从副词"就"的义项分类,澳大利亚留学生使用多义副词"就"的频率、特点、偏误以

* 本文曾在第九届现代汉语虚词研究与对外汉语教学学术研讨会(2020 年 10 月 31 日至 11 月 1 日,宁波)上宣读。

及习得顺序对澳大利亚留学生副词"就"的习得展开讨论。

一、副词"就"的义项分类

关于副词"就"的义项分类,《现代汉语八百词》(1999：315－318)里将其分成 7 个义项：表示很短时间以内即将发生;强调在很久以前已经发生;表示两件事情紧接着发生;加强肯定;确定范围：只;强调数量多寡;表示承接上文,得出结论。根据上述分类,并结合相关汉语教材以及有关文献的分析,考虑到留学生习得"就"的具体实际情况,我们采用了黄露阳(2009)对副词"就"的义项分类,将其分为以下 6 类,分别以"就$_1$""就$_2$"……"就$_6$"表示。下面是对"就"各义项的具体解释。

"就$_1$"：表示事情或动作即将发生或在很短时间内就发生了。如：

(1) 他三天就完成了任务。

"就$_2$"：表示说话人认为事情发生得早。如：

(2) 天没亮,我就出发了。

"就$_3$"：表示动作前后紧密发生。如：

(3) 我吃完饭就睡觉了。

"就$_4$"：用于复句中,关联分句。如：

(4) 如果明天不下雨,我就出去玩。

"就$_5$"：表示限定。如：

(5) 我就学过英语。

"就$_6$"：加强肯定,或表示意志坚决,或表明主体符合某种条件。如：

(6) 我家就在这条街。

二、澳大利亚留学生副词"就"的使用情况

我们对澳大利亚留学生副词"就"的使用频次、特点和偏误进行了分析,以下具体讨论。

2.1 "就"各类义项使用频率

我们从近 3 万字的语料中,筛选出 163 例使用副词"就"的句子,各类义项使用频次如下表所示：

表 1　澳大利亚留学生副词"就"各类义项使用频次

义项	就$_1$	就$_2$	就$_3$	就$_4$	就$_5$	就$_6$	总计
数量	2	24	7	81	37	12	163
占比	1.23%	14.72%	4.30%	49.69%	22.70%	7.36%	100%

从上表我们可以看出,澳大利亚留学生在使用副词"就"时,各类义项使用频次高低不一。"就$_4$"的使用频次最高,占 49.69%,其次是"就$_5$",占 22.70%。使用频次最低的是"就$_1$"和"就$_3$",为 1.23% 和 4.30%。"就$_2$"和"就$_6$"居中,分别是14.72% 和 7.36%。

因此,我们得出了副词"就"的使用频次排列顺序:"就$_4$">"就$_5$">"就$_2$">"就$_6$">"就$_3$">"就$_1$"。

2.2　各类"就"的使用特点

澳大利亚留学生在使用副词"就"的各类义项时频次不同,在具体使用过程中也有不同的特点,以下选取具有代表性的例句,对"就"的六个义项使用特点进行分析①。

2.2.1　"就$_1$"

在我们收集的语料中,只有 2 例"就$_1$"。如:

(7) 他们可以很快就把他们身边的事物记起来。

(8) 小时候孩子们很容易就会受到周围人的影响。

通过对"就$_1$"的分析,我们发现,"就$_1$"出现的形式主要有一种:"很+形容词+就"[如例(7)和例(8)]。

2.2.2　"就$_2$"

在我们收集的语料中,有 24 例"就$_2$"。如:

(9) 父母在我没开始上学的时候就开始教我很多知识,一直到现在。

(10) 我自己从小就开始从我优秀的父母身上学习,他们的所作所为和思想观念都会在我身上体现出来。

(11) 别人的兴趣爱好,思想观念,行为举止,无一不是从幼年就开始在孩子心目中打下深深的烙印。

---

① 为方便展示例句,已对错句进行修改。

（12）像我一样，从小就把我的爸爸当作最伟大的人。

通过对"就₂"的分析，我们发现，"就₂"出现的形式主要有两种："时间词语＋就"［如例（9）］，"从＋就"［如例（10）（11）（12）］。这两种形式的使用频率从高到低依次为："从＋就"，"时间词语＋就"。

2.2.3 "就₃"

在我们收集的语料中，有 7 例"就₃"。如：

（13）一看到这一点，你就会迈出第一步。

（14）现在，我有空就和家人谈天，一起外出，以便更了解他们。

通过对"就₃"的分析，我们发现，"就₃"出现的形式主要有两种："一＋动词短语₁＋就＋动词短语₂"［如例（13）］，"动词短语₁＋就＋动词短语₂"［如例（14）］。经统计，"一＋动词短语₁＋就＋动词短语₂"的使用频率高于"动词短语₁＋就＋动词短语₂"的使用频率。

2.2.4 "就₄"

在我们收集的语料中，有 81 例"就₄"。如：

（15）如果父母不尊重子女的"新观念"，那么"代沟"就成了必然的问题。

（16）如果父母试着去理解子女的想法与行为，那么就不会偏激地批评子女"不听话，难以管教"。

（17）摩擦增多了，婚姻也就会容易出问题。

（18）耶稣看到她，知道她心里很不安，就跟她说："我能给你活水喝。"

通过对"就₄"的分析，我们发现，"就₄"出现的形式主要有四种："关联词＋主语₁＋动词短语₁，主语₂＋就＋动词短语₂"［如例（15）］；"关联词语＋主语＋动词短语₁，就＋动词短语₂"［如例（16）］；"主语₁＋动词短语₁，主语₂＋就＋动词短语₂"［如例（17）］；"主语＋动词短语₁，就＋动词短语₂"［如例（18）］。

这四种形式的使用频率从高到低依次为"关联词语＋主语＋动词短语₁，就＋动词短语₂"；"关联词＋主语₁＋动词短语₁，主语₂＋就＋动词短语₂"；"主语＋动词短语₁，就＋动词短语₂"；"主语₁＋动词短语₁，主语₂＋就＋动词短语₂"，这表明包含关联词语的"就"的使用频率要明显高于没有包含关联词语的"就"的使用频率。

2.2.5 "就₅"

在我们收集的语料中，有 37 例"就₅"。如：

（19）我就这样生了好几天闷气，好几次想重读十一年级。

（20）就因为这个原因，她连晚饭也没有吃就睡了。

(21) 就因为这,我妈很看不惯。

(22) 没了阅读的能力,我们就仿佛盲人一样,不可以了解世界在发生什么事。

(23) 就如苏轼父子,杨家将等千古传颂的父子故事,都说明了父母对孩子成长、培育方面的重大影响。

通过对"就₅"的分析,我们发现,"就₅"出现的形式主要有三种:"就＋这样"［如例(19)］,"就＋小句"［如例(20)(21)］,"就＋仿佛/如"［如例(22)(23)］。这三种形式的使用频率从高到低依次为"就＋仿佛/如""就＋小句""就＋这样"。

2.2.6 "就₆"

在我们收集的语料中,有 12 例"就₆"。如:

(24) 我觉得我根本就不了解你。

(25) 许多孩子就是在父母为他们创造的这些条件下,从而发现他们在音乐方面的才华,而走上成为音乐家之路的。

通过对"就₆"的分析,我们发现,"就₆"出现的形式主要有两种:"就＋小句"［如例(24)］,"就＋是"［如例(25)］。这两种形式的使用频次从高到低依次为"就＋小句""就＋是"。

以上是对澳大利亚留学生使用副词"就"的特点分析,可以发现,澳大利亚留学生在使用副词"就"的时候,不仅是 6 个义项的使用频次不同,具体到每个义项的内部,也各有使用特点,每种义项的具体形式的使用频次也有所不同。总体说来,有常见搭配的"就"的使用频次要高于其他形式的使用频次,比如"很快＋就""从＋就""关联词语＋就"等。

2.3 "就"的偏误分析

Corder(1967)最早提出了偏误分析的方法。他认为偏误发生在学习者的第二语言中,屡次发生且学习者不能认定其为偏误,也就是偏误形式已经融入了学习者的语言系统。

分析学习者的偏误有三方面的作用:"教师可以通过偏误了解学习者在第二语言上的进步情况,知道他们达到了哪个发展阶段,还有多少内容有待学习掌握。研究者可以通过偏误发现学习者如何习得语言以及采用的学习策略。学习者可以把偏误作为一种学习手段,通过偏误学习语言。出现偏误时,让学习者自己发现偏误并通过验证不同的假设最终获得正确形式,是有效的学习方法"(赵杨,2015：46)。下面,我们分析澳大利亚留学生习得副词"就"的偏误情况。

经过统计分析,澳大利亚留学生副词"就"各类义项偏误情况如下表所示:

表 2　澳大利亚留学生副词"就"各类义项偏误情况

义项	就₁	就₂	就₃	就₄	就₅	就₆	总计
数量	2	24	7	81	37	12	163
偏误	0	0	0	5	0	1	6
占比①	0	0	0	83.3%	0	16.7%	100%

通过对错误句子的分析,我们发现,澳大利亚留学生副词"就"的用法偏误主要有以下几种形式。

2.3.1　误用

所谓误用,就是将"就"与其他词语混淆,该用"就"的时候,用了其他词语,该用其他词语的时候,用了"就"。如:

(26) 世界变得很快,每天社会就不一样。(都②)

2.3.2　漏用

所谓漏用,就是本该使用"就"的时候,却没有出现"就"。如:

(27) 晚辈该说出他们所有的问题,让长辈知道他们生活如何,是这么简单。(就是)

(28) 那么他们跟年轻的一辈交流的时候,能够明白年轻人想法。(就能)

(29) 有了新的概念和知识,对于子女的所作所为,会有更好的了解。(就会)

(30) 他的意思是,谁信了他能有永生,心里不会再苦。(就能)

2.3.3　语序错误

所谓语序错误,就是在使用"就"的过程中,将"就"与其他句子成分的顺序颠倒。如:

(31) 可能这就是爱之越深,就越自己的儿女有事吧。(自己的儿女就越有事吧)

从上述错句可以看出,澳大利亚留学生在使用副词"就"的过程中容易将

---

① "占比"指每个义项的偏误数量占总偏误数量的比例,由表 2 可知:"就₄"的偏误占总偏误的83.3%,"就₆"的偏误占总偏误的16.7%,表明在所有义项中,"就₄"的偏误率最高,其次是"就₆",即澳大利亚留学生在习得"就₄"及"就₆"时最容易出错,教师在教学过程中应注重对"就₄"及"就₆"的讲解。

② 括号中为正确用法。

"就"与其他相关副词混淆,常见的有"都"等,误用是没有正确区分"就"与其他相关副词,这说明正确区分用法相近的副词仍然是汉语教学中的重点和难点。漏用也许是没有真正习得"就"的用法,采用了回避的学习策略。语序错误也暴露出了澳大利亚留学生在习得"就"时的不足。教师在教学过程中应该就上述偏误加以重视和强调。

三、澳大利亚留学生副词"就"的习得顺序

从第二语言习得的角度看,词类不同义项的习得不是同时,也不是任意习得的,而是有一定顺序。第二语言习得理论认为学习者在习得目的语的不同语言项目时存在一个内在的自然顺序,也就是说有的语言项目在另外一些项目之前习得;同一语言项目特别是比较复杂的语言项目内部不同的意义和用法之间也存在着习得顺序(高顺全,2011)。

自然顺序假说所依据的第二语言习得研究文献显示,学习者习得形式语法特征的顺序几乎是不变的。这个假说断言,语法结构的习得顺序是可预知的。因此,当学习者进行自然交际任务时,他就会表现出标准的顺序(Rod Ellis,1985:338)。下面,我们就澳大利亚留学生副词"就"的习得顺序展开讨论。

3.1 澳大利亚留学生副词"就"的习得顺序

副词在句法上可以分为三类:范围副词、关联副词和语气副词(范开泰,2000)。范围副词起到的是修饰限制的作用,具有语义功能;关联副词起到的是关联两个分句的作用,具有句法功能;语气副词起到的是表示语气的作用,具有语用功能。那么,具体到副词"就"上,我们认为表限定的"就$_5$"具有语义功能;表前后相承的"就$_3$""就$_4$"具有句法功能;表语气的"就$_6$"具有语用功能;表时间短、快或早的"就$_1$""就$_2$"具有主观评价功能(黄露阳,2009)。经过这样的分析,我们重新对副词"就"的各义项进行分类,即"就$_1$"和"就$_2$"一组,表示主观评价功能;"就$_3$"和"就$_4$"一组,表示连接功能;"就$_5$"一组表示语义;"就$_6$"一组,表示语用。

人类认知处理的一个基本策略是先处理简单的、容易加工的信息,后处理复杂的、不容易加工的信息(袁毓林,1999)。

自然度理论认为第二语言中某个特征对学习者是否凸显、一个已知形式与其意义之间的关系是否简单明了、语言项目是简单形式还是复杂形式都会影响第二语言的习得(周小兵、朱其智、邓小宁等,2007:372)。自然度高的语言项

目,学习者容易习得,自然度低的语言项目,学习者习得得晚。

那么按照上述人类认知的基本策略和自然度理论,句法功能最简单,语义功能次之,语用功能最难。我们可以认为学习者在学习语言过程中,最先掌握句法功能,其次是语义功能,最后是语用功能。因此,学习者在习得副词"就"的时候,应该先习得"就$_3$"和"就$_4$",其次习得"就$_5$",然后习得"就$_6$",这与我们的统计结果基本一致:各组义项的使用频次从高到低依次为"就$_3$"+"就$_4$">"就$_5$">"就$_1$"+"就$_2$">"就$_6$",也就是说澳大利亚留学生在习得副词"就"时,习得顺序是连接功能、语义功能、主观评价功能和语用功能。

3.2 澳大利亚留学生副词"就"的习得顺序与汉族儿童副词"就"的习得顺序对比

傅满义(2005)研究发现,汉族儿童在习得副词"就"时,最先习得"就$_1$""就$_2$",最后习得"就$_6$"。也就是说在习得副词"就"时,澳大利亚留学生和汉族儿童最先习得"就"的义项时表现不一致,这反映出了作为第一语言的习得顺序与作为第二语言的习得顺序存在差异。

在第一语言习得中,儿童获得的抽象复杂的语言知识远远超过他们接收到的语言输入,但在第二语言习得中,学习者们接收到的输入却非常有限,还要在此基础上生成抽象复杂的二语知识系统,也就是说学习者习得的二语知识,有些并不能从二语输入中抽取获得,有限的输入材料与复杂的语法知识之间便产生了矛盾(赵杨,2015:86)。另外,儿童在习得第一语言时,接收到的输入知识主要来源于口语,而学习者在习得第二语言时,接收到的输入知识主要来源于书面语。口语注重内容,因而儿童有非常丰富的语言材料,便于他们灵活运用习得知识,从而输出的内容更具有自己的主观态度;书面语注重形式,更强调句法的连接功能,学习者会利用有限的输入反复运用这些句法形式进行输出,因而输出的内容更倾向于包含这些句法形式,于是就出现了澳大利亚留学生在习得副词"就"时先习得句法功能的情况。这也是汉族儿童与澳大利亚留学生在习得副词"就"时顺序不同的原因。

四、结　　语

戴庆厦、关辛秋(2002)认为母语和目的语的语法差异有两种:一是某一语法范畴或语法结构关系,目的语和母语都有,但语法形式不同;二是某一语法范畴或语法结构关系,目的语有而母语没有,这就是空缺。第二语言习得者由于缺少目的语语法的某一格式,在习得中就要进行填补,必须经历一个"从无到有"的过程,在语言输出机制中填补一个新的格式,这涉及整个结构系统的变化,因而要有多倍的练习与巩固,难度较大。如果量的刺激不够,就很难植入新的格式。在语法输出时,如果缺少某一格式,习得者在使用目的语时,常常是回避使用这一格式。该说的不说,或是出现偏误,这样就很难达到预想的教学效果。

英语中没有副词"就"的句法结构,因此汉语中的副词"就"对澳大利亚留学生来说就是一个语法空缺项目,因而学习起来会很困难。于是就出现了上述的误用、漏用、语序错误等偏误。

以上我们采用了语料库的分析方法,分析了澳大利亚留学生使用副词"就"的频次、特点、偏误等,并根据相关理论和统计探讨了其习得顺序,希望能对教材编写和课堂教学有所帮助,尤其是针对澳大利亚留学生的汉语教学。副词"就"作为澳大利亚留学生的语法习得空缺项目,是其语言习得中的重要难点,也是习得过程中出现偏误的困难层次,作为对外汉语教育工作者,我们要做到"有的放矢",帮助其克服这个重要难点,才能帮助其更好地掌握汉语。

参考文献

崔　硕(2015)《留学生副词"就"习得偏误分析》,黑龙江大学硕士学位论文。

戴庆厦、关辛秋(2002)第二语言习得中的语法"空缺",《语言教学与研究》第5期。

邓川林(2018)"就""才"的量级构式研究,《语言教学与研究》第4期。

范开泰(2000)现代汉语虚词功能探新,《语法研究和探索》(九),商务印书馆。

傅满义(2005)副词"就"与"才"的习得及相关问题,《淮北煤炭师范学院学报》(哲学社会科学版)第2期。

高顺全(2011)多义副词"还"的语法化顺序和习得顺序,《华文教学与研究》第2期。

何　伟(2016)现代汉语副词"就"字的功能视角研究,《外语学刊》第5期。

黄露阳(2009)外国留学生多义副词"就"的习得考察,《语言教学与研究》第2期。

金立鑫(2015)关于"就"和"才"若干问题的解释,《语言教学与研究》第6期。

刘莹莹(2014)《留学生对多义副词"就"的习得顺序及教学研究》,西南大学硕士学位论文。

吕叔湘主编(1999)《现代汉语八百词》(增订本),商务印书馆。

袁毓林(1999)定语顺序的认知解释及其理论蕴含,《中国社会科学》第2期。

赵　杨(2015)《第二语言习得》,外语教学与研究出版社。

周小兵、朱其智、邓小宁等(2007)《外国人学汉语语法偏误研究》,北京语言大学出版社。

Corder，S. P. （1967）The Significance of Learners' Errors. In B. Malmberg and G. Nickel (eds.). *International Review of Applied Linguistics in Language Teaching*. Vol. 4. Heidelberg：Julius Groos Verlag.

Rod Ellis(2015)《第二语言习得概论》，牛毓梅译，商务印书馆。

（北京外国语大学中国语言文学学院，100089，liuna7372@foxmail.com）

图书在版编目(CIP)数据

现代汉语虚词研究与对外汉语教学. 第九辑 / 齐沪
扬，杜轶主编. —上海：学林出版社，2022

ISBN 978 - 7 - 5486 - 1841 - 6

Ⅰ. ①现… Ⅱ. ①齐… ②杜… Ⅲ. ①汉语－虚词－
对外汉语教学－教学研究－国际学术会议－文集 Ⅳ.
①H195.3 - 53

中国版本图书馆 CIP 数据核字(2022)第 109355 号

责任编辑 李晓梅　王思媛
封面设计 魏　来

现代汉语虚词研究与对外汉语教学(第九辑)

齐沪扬　杜　轶　主编

出　　版 学林出版社
　　　　　 (201101　上海市闵行区号景路 159 弄 C 座)
发　　行 上海人民出版社发行中心
　　　　　 (201101　上海市闵行区号景路 159 弄 C 座)
印　　刷 上海商务联西印刷有限公司
开　　本 720×1000　1/16
印　　张 16.75
字　　数 29 万
版　　次 2022 年 8 月第 1 版
印　　次 2022 年 8 月第 1 次印刷
ISBN 978 - 7 - 5486 - 1841 - 6/H • 154
定　　价 98.00 元